Mein Ernährungsplan für ein gesundes Leben

BEAR GRYLLS

Bärenstarke Küche

Meine besten Rezepte ohne Milch, Weizen und Zucker

BOOKS4SUCCESS

Die Originalausgabe erschien unter dem Titel
Bear Grylls/Fuel For Life
Achieve maximum health with amazing dairy, wheat and sugar-free recipes and my ultimate 8-week eating plan
ISBN 9780593075876

Fotos: Emma Myrtle & Cristian Barnett. Design: Smith & Gilmour; Shutterstock.

Übersetzung: Christina Jacobs
Gestaltung Cover: Johanna Wack
Gestaltung, Satz und Herstellung: Martina Köhler
Lektorat: Karla Seedorf
Druck: Stürtz GmbH, Würzburg

ISBN 978-3-86470-393-5

Bibliografische Information der Deutschen Nationalbibliothek:
Die Deutsche Nationalbibliothek verzeichnet diese Publikation in der Deutschen Nationalbibliografie; detaillierte bibliografische Daten sind im Internet über <http://dnb.d-nb.de> abrufbar.

BÖRSEN MEDIEN
AKTIENGESELLSCHAFT

Postfach 1449 • 95305 Kulmbach
Tel: +49 9221 9051-0 • Fax: +49 9221 9051-4444
E-Mail: buecher@boersenmedien.de
www.books4success.de
www.facebook.com/books4success

Ich danke dir, Kay, dafür, dass du mir geholfen hast,
einen tollen Weg zu finden, megagesundes Essen
auch megalecker zuzubereiten –
ein echtes Aha-Erlebnis, das mein Leben verändert hat!
Und ich danke dir auch dafür, dass du meine Familie
und mich über Ernährung aufgeklärt hast.

Du hast uns geholfen, uns im Dschungel der Ernährungswissenschaft
zurechtzufinden und Fakt von Fiktion zu trennen,
unser Ziel fest im Blick: fettarme, unverarbeitete,
leckere Nahrungsmittel zum Leben und Altwerden.

Inhalt

EINLEITUNG

Es ist nicht zu leugnen: Heute, mit über 40, bin ich fitter, schlanker und gesünder als mit 25, als ich den Mount Everest bestieg und in einer Eliteeinheit der britischen Armee diente. Ich werde Ihnen in diesem Buch zeigen, wie das möglich ist. Und es ist einfacher, als Sie sich vielleicht vorstellen können.

Ich trainierte mir während der Militärzeit und auch danach den Hintern ab, doch das schien nie zu den gewünschten Ergebnissen zu führen. Und darum sah ich, obwohl ich reichlich Kraft und Ausdauer besaß und eine eiserne Willenskraft zum Weitermachen, nie besonders muskulös aus. Ich nahm an, dass ich zu der Sorte Mensch gehöre, die einfach niemals einen Sixpack bekommen!

Da lag ich falsch, und der Grund dafür war, dass ich mir niemals Gedanken darüber gemacht hatte, was ich aß.

Aber von Anfang an.

Eine kluge, die Lebensqualität verbessernde Ernährung war kein Thema, als ich heranwuchs. Ich denke, das hatte wahrscheinlich kulturelle Gründe und lag auch an der Generation. Man brachte mir in der Schule mit Sicherheit nie bei, wie man sich gesund ernährt, und zu Hause, als kleiner Junge, lernte ich das auch nicht. Soweit ich mich erinnere, waren Mahlzeiten oft eine ziemlich hektische Angelegenheit, und das Essen war traditionell und typisch englisch: zum Beispiel Lammkoteletts, Kartoffeln, geschmorter Kohl und dann als Nachspeise „Spotted Dick" mit Sahne, ein gehaltvoller Pudding mit viel Fett und Trockenfrüchten. Und wenn wir zwischen den Mahlzeiten Hunger hatten, rannten wir in die Küche, machten uns haufenweise Toasts mit Butter und Marmelade und verputzten sie.

Dann verließ ich die Schule, stürzte mich ins Leben und trat der Armee bei, wo Ernährung darin bestand, möglichst viel in möglichst kurzer Zeit zu essen; was man aß, spielte keine so große Rolle. Bevor ich es realisierte, hatten sich Gewohnheiten eingeschlichen, und das war's!

Erst ein Schock rüttelte mich wach. Es geschah etwa ein Jahr, nachdem ich vom Mount Everest zurückgekehrt war. Inzwischen hatte ich auch den Dienst beim Militär quittiert. Ein Jahr, in dem ich zu viel aß, keinen Sport trieb und auch mein erstes Buch schrieb. Ich hatte gerade eines meiner ersten Fernsehinterviews gegeben, und ich erinnere mich daran, wie ich es mir im Fernsehen ansah und mir klar wurde, wie teigig und aufgedunsen ich aussah. Kein schöner Anblick. Aber ich machte mir immer noch keine großen Gedanken darüber. Dann heirateten Shara und ich.

Wir hatten nicht viel Geld, kauften in Discountern günstig ein, aßen ziemlich ungesund und erlebten, wie mein Vater an einer Herzerkrankung starb. Ich hatte mit allen möglichen Baustellen zu kämpfen, als ich einen Monat später die Chance geboten bekam, für ein Deodorant einen Fernsehwerbespot zu machen, in dem es um meine Besteigung des Mount Everest ging. Das fühlte sich an wie ein Geschenk meines Vaters aus dem Jenseits und kam zu einer Zeit, als ich wirklich eine Verschnaufpause brauchte. Der Haken an der Sache war, dass ich ohne T-Shirt zu sehen sein würde! Das war eine echt gute Motivation. Ich beschloss, dass es Zeit für eine Veränderung war. Dafür hatte ich drei Monate.

Ich fing an, wild zu experimentieren. Ich trainierte im Fitnessstudio wie ein Wahnsinniger. Ich versuchte es mit Hungern. Ich kann mich sogar daran erinnern, dass ich es mit pflanzlichen Diätpillen probierte, die ich in einer Straßenwerbung entdeckt hatte. Ich verlor durch schiere Willenskraft einige Kilos und zog den Werbespot (mit geschickter Beleuchtung und vorteilhafter Kameraeinstellung!) durch – so gerade eben. Bald darauf bekam ich weitere Angebote vom Fernsehen und unternahm weiterhin alles Mögliche, um fitter und schlanker zu werden, wieder nur durch Willenskraft und eine sehr disziplinierte Ernährung, was nicht besonders viel Spaß machte. Das Problem war: Allein mit meiner Motivation kam ich, ohne entsprechendes Wissen, nicht weiter.

Egal, was ich anstellte, ob ich nun wie verrückt Sport trieb oder die neueste Atkins-Variante ausprobierte, ich konnte nie gleichzeitig schlank, stark, zufrieden und gesund werden. Was auch immer ich machte, ob ich nun härter trainierte, weniger aß, meine Essenszeiten änderte, Kohlenhydrate und Proteine in unterschiedlichen Anteilen zu mir nahm oder eine Blutgruppendiät machte – nichts funktionierte über gelegentliche kurze Erfolge hinaus.

Ich erkannte bald, dass die Ernährung der eigentliche Knackpunkt für Veränderungen war – denn sonst hätte ich als fitter, starker Mensch beim Militär viel besser ausgesehen. Die Ernährung musste der wichtigste Faktor sein. Aber ich verstand diese undurchsichtige Welt der Gesundheit und der Ernährung einfach nicht gut genug. Ich wusste, dass ich mich weiterbilden musste, wenn ich wirklich die Art positive Veränderungen erleben wollte, die ich anstrebte.

Also tat ich das. Ich las viel, um mein Wissen über Ernährung auszubauen. Ich sah mir die Gewohnheiten anderer Leute, die es richtig zu machen schienen, genau an. Und während ich immer mehr von positiver Ernährung verstand, darüber, wie man sich so ernährt, dass man möglichst gesund und lange lebt, verlor ich meine Scheuklappen und legte meine traditionellen Ansichten und meine schlechten Ernährungsgewohnheiten ab. Natürlich machte ich zwischendrin auch Fehler und landete gelegentlich in einer Sackgasse, aber ich entwickelte allmählich eine Methode, mich gesund zu ernähren, die für mich funktionierte. Der Unterschied war erstaunlich. Ich fühlte mich großartig und ich fing an, sehr viel besser auszusehen als zu meiner Anfangszeit beim Fernsehen.

Aber es gab nach wie vor ein Problem. Das, was ich wirklich gern aß, waren die ungesunden Sachen. Ich musste immer noch ziemlich diszipliniert sein und mich anstrengen, mich vernünftig zu ernähren, denn es schmeckte total langweilig (und dass ich kein Gemüse mochte, war auch nicht hilfreich!).

Die nächste Herausforderung bestand für mich also darin, dafür zu sorgen, dass die gesunden Sachen auch unglaublich lecker schmeckten. Ich hatte keine Lust, mich jedes Mal, wenn ich etwas zu mir nahm, mit langweiligem Essen herumzuärgern oder das Gefühl zu haben, dass mir etwas fehlt. Ich wollte ein Stadium erreichen, in dem mich nach den guten Sachen gelüstete, weil sie besser schmeckten als ungesundes Essen.

War eine solche Ernährung Utopie?

Ich begann, nach tollen Rezepten zu suchen, die mich fürs gesunde Essen begeistern konnten und dafür sorgten, dass ich es nicht nur als lästige Pflicht ansah. Zunächst fand ich ein einziges Rezept, das nicht übermäßig viel Fett oder Zucker enthielt, aber superlecker schmeckte, und ernährte mich einen Monat davon. Ich versuchte, es zu optimieren, indem ich die ungesunden Zutaten durch gesündere ersetzte, die ich recherchiert hatte, bis der Punkt erreicht war, an dem das Gericht immer noch superlecker schmeckte, aber jetzt 100 Prozent gesundheitsfördernd war. Dann fand ich ein neues Rezept – und allmählich wuchs mein Rezeptfundus. Nach kurzer Zeit stellte ich fest, dass mir die gesunden Lebensmittel sogar besser schmeckten als die ungesunden – und dazu kam, dass das gesunde Essen immer viel satter zu machen schien, was bedeutete, dass ich deutlich weniger aß. Ein echter Glückstreffer: Ich war satter, konnte aber essen, so viel ich wollte; es schmeckte besser als ungesunde Gerichte und machte mich schlank und stark.

Heureka!

Genau davon handelt dieses Buch: von gesunden, natürlichen Nahrungsmitteln, die besser schmecken als das verarbeitete Zeug, an das viele von uns so lange gewöhnt sind. Von wirklich gutem Essen und neuartigen „Wohlfühl"-Rezepten, mit denen es uns fantastisch geht und wir auch so aussehen. Wir wären doch verrückt, das nicht mal auszuprobieren, oder?

Natürlich geht es nicht nur darum, wie wir uns fühlen und wie wir aussehen, sondern auch um unsere langfristige Gesundheit. Früher dachten die Menschen, dass unsere Gesundheit zu 80 Prozent auf Bewegung beruht und zu 20 Prozent auf Ernährung. Heute gilt es weithin als anerkannt, dass es andersherum ist.

Unsere Gesundheit, unsere Fitness, unser Wohlbefinden, unser Geisteszustand, unsere Produktivität und wie lange wir leben, das alles hängt zum überwiegenden Teil wirklich von dem ab, was wir uns in den Mund stecken. Wenn ich heute etwas esse, denke ich bei mir: „Trägt dieses Essen wirklich dazu bei, dass Zellen verjüngt und Toxine ausgeschieden werden? Ist es ein ‚Kraftstoff fürs Leben', der wirklich was für mich tut, oder laugt es mich nur aus und belastet mein System?" Ich möchte Sie dazu anregen, sich jedes Mal, wenn Sie etwas essen, auch solche Fragen zu stellen. Machen Sie eine unterschwellige Gewohnheit daraus. Mit den Informationen in diesem Buch haben Sie die Werkzeuge und das Wissen, um Antworten darauf zu geben – und dann kluge Entscheidungen zu treffen, wie Sie sich gesund ernähren können.

Wenn mir eine Person jemanden empfiehlt, höre ich zu. Wenn mir zwei Personen jemanden empfehlen, höre ich etwas genauer zu. Wenn mir 20 Personen jemanden empfehlen, spitze ich wirklich die Ohren. Das passierte bei Kay van Beersum, mit der ich dieses Buch schrieb.

Kay sieht unglaublich gesund, fit und vital aus. Noch bevor wir ein Wort miteinander gewechselt hatten, dachte ich: „Ihr werde ich zuhören."

Ich bin froh, dass ich das tat. Kay ist die erstaunlichste Ernährungstherapeutin, die man sich vorstellen kann.

Sie ist unglaublich bescheiden und bezieht ihre Motivation allein daraus, dass sie jeden mit guten Gesundheitstipps, erstklassigen Ernährungsratschlägen und leckeren Rezepten beglückt. Sie ist der am wenigsten materiell eingestellte Mensch, den ich kenne – sie will einfach nur, dass andere mehr vom Leben haben, und es gibt ihr enorm viel, wenn sie erfährt, dass sich die Gesundheit von Leuten durch ihre ernährungsspezifischen Ratschläge verbessert hat.

Alles, was Kay mir bei unserer Begegnung erzählte, ergab einen Sinn. Sie war wie ein Fundus all der Weisheiten, die ich über die Jahre aus Büchern und von Menschen gesammelt hatte. Wenn Kay etwas sagte, schien alles so einfach und logisch – wie die besten Lebensweisheiten! Es hörte sich nicht so an, als würde das, was sie sagte, ein Jahr später schon wieder überholt sein; es fühlte sich an, als würde man nach Hause kommen. Sehr viel von dem, was ich tagtäglich über Ernährung lese und erfahre, scheint das zu bestätigen, was Kay mir schon die ganze Zeit über gesagt hat. Und wenn neue Forschungsergebnisse veröffentlicht werden, dann stimmen diese oft genau mit dem überein, was sie mir zu essen und einzukaufen geraten hat.

Beim Verfassen dieses Buchs war Kay eine tolle Partnerin. Viele Stunden lang suchte sie eifrig nach Rezepten – zerhackte Sachen, entsorgte sie, überarbeitete und verfeinerte Rezepte – während meine Familie, meine Freunde und ich den viel einfacheren Part übernahmen, sie zu testen und zu kosten! Sie ist die wahre Heldin hinter diesem Buch und dafür hat sie reichlich Anerkennung verdient. Ich fühle mich extrem privilegiert, Seite an Seite mit Kay den Versuch zu starten, die Botschaft einer positiven Ernährung und lebensbejahenden Gesundheit in die Welt zu tragen, die die Menschen für sich anpassen und die sie für den Rest ihres Lebens beibehalten können.

Das ist das Ziel! Willkommen im Club. Auf dass SIE ein gesünderer, schlankerer, zufriedenerer und fitterer Mensch werden.

GRUNDLAGEN DER ERNÄHRUNG

Ohne Essen können wir nicht existieren. Und ich meine damit nicht nur draußen in der Wildnis. Ich spreche über unser tägliches Leben. Nahrung spendet Energie. Sie sorgt dafür, dass unser Gehirn und andere Organe arbeiten, dass unser Herz schlägt. Sie lässt unsere Muskeln wachsen und Wunden heilen. Sie sorgt dafür, dass unsere Haut, Haare und Nägel gesund und kräftig bleiben. Wenn wir nicht richtig essen, bricht unser Körper irgendwann zusammen und wir funktionieren nicht mehr richtig. Doch wir denken selten auf diese Art über Essen nach. Menschen essen aus allen möglichen Gründen – weil sie hungrig sind, weil sie gestresst sind, weil ihnen langweilig ist oder weil sie einen schnellen Energiekick brauchen. Aber wie oft essen wir bewusst aus dem wahren Grund, weshalb wir Nahrung brauchen: um unseren Körper mit den richtigen Bausteinen zu versorgen, die er zum Leben und Arbeiten benötigt?

Ihr Körper ist wie ein Haus (oder ein Auto)!

Stellen Sie sich vor, Ihr Körper wäre ein Haus. Es ist aus soliden Backsteinen gebaut und hat einen Kamin, der es von innen wärmt. Doch mit der Zeit sorgen die Wetterverhältnisse und die allgemeine Abnutzung sowohl an der Innen- als auch an der Außenseite für Verschleißerscheinungen.

Zum Glück gibt es einen ständigen Nachschub an soliden Backsteinen und geeignetem Zement, um das Haus in einem tadellosen Zustand zu erhalten, und Feuerholz, damit es warm bleibt. Mit den richtigen Vorräten lassen sich die Abnutzungserscheinungen auf ein Minimum begrenzen.

Jetzt stellen Sie sich vor, dass Sie Schäden nicht mehr mit Backsteinen und Zement reparieren, sondern sich für eine einfachere Lösung entscheiden und jede Menge Sand und schmutziges Wasser beschaffen. Statt Feuerholz legen Sie einen Vorrat an Plastik an, um es im Kamin zu verbrennen. Das ist schließlich billiger, sieht schöner aus und ist im Überfluss vorhanden.

Mag sein, dass Sie mit Sand und Wasser einige Risse auffüllen können. Doch Sie werden schnell feststellen, dass der Sand nicht richtig haftet und das schmutzige Wasser die Wände bloß beschädigt. Sie werden außerdem bemerken, dass beim Verbrennen von Plastik im Kamin Rauch entsteht, der sich überall verbreitet, nicht abzieht und die Innenwände des Hauses verrußt. Aber es hält Sie warm, also machen Sie so weiter, weil es so simpel scheint, es ist eben die einfachste Möglichkeit …

Klingt das für Sie nach einer guten Idee? Kann ich mir nicht vorstellen.

Oder stellen Sie sich vor, Ihr Körper wäre ein nagelneues Auto: blank poliert, schnell und leistungsstark. Man braucht guten Kraftstoff und erstklassiges Öl, um den Motor in einem Topzustand zu erhalten, und hochwertiges Wachs, damit es weiterhin glänzt.

Natürlich gibt es auch günstigeren Kraftstoff und billigeres Öl – das lässt sich leicht beschaffen und wird überall angepriesen als der Hit. Und es gibt auch anderes Wachs in einer schickeren Dose, also beschließen Sie, das mal zu testen.

Ihre Zeit ist knapp – vielleicht haben Sie auch nur keine Lust –, also lassen Sie Ihr Auto wochenlang in der Auffahrt oder in der Garage stehen, ohne sich groß darum zu kümmern. Binnen kurzer Zeit verschlechtert sich der Zustand Ihres Autos. Sie stellen fest, dass alle möglichen Reparaturen nötig werden. Es fährt nicht mehr so schnell wie am Anfang, ist nicht mehr halb so leistungsstark, überall bildet sich Rost und Teile werden brüchig. Und so gut wie zu Beginn sieht das Auto auch nicht mehr aus.

Es leuchtet jedem sofort ein, warum Ihr Haus zerfällt und schwarze Rußspuren an den Wänden aufweist. Es ist jedem sofort klar, warum Ihr schickes Auto jetzt regelmäßig Pannen hat. Doch dass es sich mit unserem Körper nicht anders verhält, wollen wir oft nicht wahrhaben. Wenn wir uns ungesund ernähren, geben wir ihm nicht die Bausteine, die er braucht, um stark und in einem guten Zustand zu bleiben. Wir geben ihm nicht den Kraftstoff, den er benötigt, um schnell und leistungsstark zu bleiben. Wir geben ihm nicht das Wachs, das er braucht, um blendend auszusehen.

Ich möchte Ihnen das Geheimnis verraten, wie Sie sich so ernähren können, dass Sie lange und möglichst gesund leben. Wenn Sie sich Ihren Körper als Haus oder Auto vorstellen, haben Sie Ihr Ziel schon halb erreicht. Jetzt müssen Sie nur noch lernen, wie Sie Ihrem Körper die richtigen Nährstoffe geben, die er täglich braucht.

Mit den Informationen in diesem Buch können Sie das schaffen. Aber zunächst möchte ich einige Tipps an Sie weitergeben, die ich auf meinem eigenen Weg hin zu einer gesunden Ernährung gesammelt habe.

Wie bekommen wir es hin, dass gesundes Essen richtig lecker schmeckt und satt macht?

Wenn Sie ähnlich denken wie ich, wird folgende Frage Sie beschäftigen: Wie bekomme ich es hin, dass gesunde Lebensmittel mir die gleichen tollen Vorteile bieten wie viele vorverarbeitete bzw. Convenience-Lebensmittel?

Glauben Sie mir, das geht. Und zwar aus folgendem Grund: Naturbelassene Lebensmittel schmecken natürlich gut. Wir müssen nur unsere Geschmacksnerven umgewöhnen. Das geschieht nicht von einem Tag auf den anderen, ist aber ganz einfach, und ich hoffe, dieses Buch wird Ihnen helfen, den Prozess zu beschleunigen.

Die Aromen ungesunder, vorverarbeiteter Lebensmittel können sehr süchtig machen. Geschmacksverstärker, Salz, Zucker und Fett – sie alle scheinen unser Gehirn in einen Glückszustand zu versetzen, wenn auch nur vorübergehend. Historisch betrachtet ergibt das einen Sinn.

Wenn ich draußen in der Wildnis auf Nahrungssuche gehe, kann ich mich nicht allzu intensiv mit optimaler Ernährung befassen. Ich muss Lebensmittel finden, die mich am Leben erhalten, egal worum es sich handelt oder wo ich gerade bin. Gleiches galt für die Jäger und Sammler früherer Zeiten. Nahrung war nicht immer leicht zu beschaffen. Man aß, was immer man an diesem Tag oder im Laufe der Woche jagen oder sammeln konnte. Es gab unweigerlich Zeiten, in denen man hungern musste. Darum entwickelte der Körper ein Verlangen nach Essen, das uns am besten am Leben erhält – nach Lebensmitteln, mit denen man mit dem geringsten Aufwand die größtmögliche Kalorienmenge zu sich nahm, die sofort Energie lieferten oder als Reserven für schlechte Zeiten dienen konnten. Bei Zucker und Fett können wir hier ein Häkchen setzen, daher überrascht es kaum, dass unser Körper gelernt hat, danach zu gelüsten, selbst wenn sie langfristig nicht besonders gut für uns sind.

Zucker ist in seinen zahlreichen Erscheinungsformen genauso wie Salz eine Substanz, die stark abhängig macht. Untersuchungen belegen, dass Zucker achtmal so süchtig machen kann wie Kokain. Eine Studie hat ergeben, dass Salz die gleichen Bereiche im Gehirn aktiviert wie gewisse Drogen. Meiner Ansicht nach sind das keine guten Nachrichten. Ein weiteres Problem bei Salz und Zucker ist: Unsere Geschmacksnerven passen sich an ihren Verzehr an. Je mehr Sie davon essen, desto mehr brauchen Sie, um das gleiche Geschmacksergebnis zu erzielen. Wenn Sie regelmäßig mit Salz würzen, werden Sie finden, dass ungesalzenes Essen furchtbar fade schmeckt.

Doch das können wir zu unserem Vorteil nutzen. Wenn Sie sich Ihren Salz- oder Zuckerkonsum schrittweise abtrainieren, werden Sie feststellen, dass sich Ihre Geschmackseinstellung gegenüber Salz und Zucker komplett ändern wird. Lebensmittel, die Sie früher liebten, werden Ihnen viel zu salzig oder süß vorkommen. Das passiert ziemlich schnell.

Wir müssen also einige kleinere Laster loswerden und bei einigen Dingen eine neue Routine entwickeln. Auf den folgenden Seiten erfahren Sie, wie Sie das ungesunde Zeug durch naturbelassenere Alternativen ersetzen. Aber ich verspreche Ihnen, Sie werden nicht sehr viel aufgeben müssen. Ich werde Ihre Möglichkeiten und Ihren Horizont sogar erweitern.

Gewinnen Sie Zeit dazu, indem Sie Zeit investieren

Wenn Ihr Leben so ist wie meins, dann haben Sie viel um die Ohren. Ich verstehe das sehr gut, wenn Leute sagen, dass sie einfach keine Zeit haben, gesunde Mahlzeiten zu kochen. Lange Arbeitszeiten scheinen inzwischen Priorität vor Sport und gesunder Ernährung zu haben.

Ich habe jedoch festgestellt, dass Sie mit einer gesunden Ernährung sogar Zeit sparen können. Wenn sich das seltsam anhört, führen Sie sich die folgenden beiden Szenarien vor Augen.

Szenario eins

Sie setzen sich nach einem langen Arbeitstag ins Auto. Auf Ihrem Nachhauseweg kommen Sie an einem Schnellrestaurant vorbei. Zu Hause wollen Sie noch ein paar berufliche E-Mails schreiben, Rechnungen online bezahlen und die Wäsche machen. Sie würden auch liebend gerne Sport treiben. Um Zeit zu sparen, steuern Sie also das Restaurant an und holen sich eine große Portion Backfisch mit Pommes.

Nach dem Essen sind Sie erst mal satt, dann fühlen Sie sich voll und werden schließlich träge. Schnell setzt die Müdigkeit ein. Ihr Energielevel sinkt. Also beschließen Sie fernzusehen und lassen so den Abend ausklingen, bis es Zeit zum Schlafengehen ist. Sie sagen sich, um die rückständigen E-Mails, die Wäsche und den Sport werde ich mich schon noch kümmern ... morgen.

Mit Ihrem Abendessen haben Sie erhebliche Mengen an Kalorien zu sich genommen, viel zu viele ungesunde Fette, Salz und Kohlenhydrate – und sind träge geworden!

Szenario zwei

Sie setzen sich nach einem langen Arbeitstag ins Auto. Auf Ihrem Nachhauseweg kommen Sie an einem Supermarkt vorbei. Sie halten an, kaufen Wildlachssteaks, Gemüse und Süßkartoffeln. Sie grillen den Lachs mit einigen Kräutern, garen das Gemüse und die Kartoffeln. Während das Essen kocht, stecken Sie die Wäsche in die Waschmaschine.

Ihr Essen ist innerhalb von 20 Minuten fertig, und nach 40 Minuten haben Sie Ihr Essen beendet. Sie sind satt, fühlen sich aber nicht vollgestopft. Es setzt keine Trägheit ein; Sie haben vielmehr einen klaren Kopf und sind stolz auf Ihre tollen Kochkünste.

Sie fühlen sich immer noch frisch genug, um die überfälligen E-Mails und die offenen Rechnungen in Angriff zu nehmen. Eine Stunde später haben Sie Ihr Essen verdaut, Ihre E-Mails und die Rechnungen sind erledigt, und Sie haben sogar Lust, mit dem Hund einen längeren Spaziergang zu machen. Vor dem Zubettgehen ist noch etwas Zeit, um zu relaxen, fernzusehen oder ein Buch zu lesen.

Mit Ihrem Abendessen haben Sie viele Vitamine, Mineralstoffe, gesunde Fette, Ballaststoffe und Proteine zu sich genommen. Sie fühlen sich gut, aktiv und energiegeladen. Sie werden die Nachwirkungen dieses Essens sogar an der Qualität Ihres Schlafes feststellen, an Ihrer Verdauung und an Ihrem Energielevel, wenn Sie am nächsten Morgen aufstehen.

Diese Szenarien sind absolut realistisch. Die Nahrung, die Sie zu sich nehmen, kann sich massiv auf Ihren Energielevel auswirken. Ein Tag in der Wildnis reicht aus, um das zu begreifen, aber in unserem alltäglichen Leben scheinen wir es vergessen zu haben. Nahrung, die unseren Körper aus dem Gleichgewicht bringt, bringt auch unseren Geist aus dem Gleichgewicht. Die Folge? Es mangelt uns an Konzentration, Zielen, Inspiration, Motivation und Antrieb. Wollen wir wirklich so unser Leben verbringen?

Sobald Sie sich angewöhnt haben, jeden Tag gesund zu kochen, wird die Menge an Energie, die Sie gewinnen, Ihnen viel Zeit sparen. Bei mir funktioniert es, das kann ich gar nicht oft genug betonen.

Der Abschnitt „Die Grundlagen des Einkaufens" wird Ihnen helfen, Vorratsschrank, Kühlschrank und Gefrierschrank so zu füllen, dass Sie in Ihrer Küche immer alles parat haben, um ein schnelles, gesundes Essen zubereiten zu können. Egal, wo oder wie beschäftigt ich bin, ich stelle mir vor dem Essen immer folgende vier Fragen:

- Werde ich mich nach dem Verzehr dieser Nahrungsmittel energiegeladen oder erschöpft fühlen?
- Werde ich mich nach dem Verzehr dieser Nahrungsmittel gut oder schlecht fühlen?
- Wird der Verzehr dieser Nahrungsmittel meinen Körper kurzfristig und langfristig ernähren oder zerstören?

- Bin ich mit dem Verzehr dieser Nahrungsmittel meinem Körper und meinem Geist gegenüber achtsam oder achtlos?

Die 80:20-Regel

Ich möchte das Leben in vollen Zügen genießen, und ich wette, Ihnen geht es genauso. Dafür müssen wir uns auf die Dinge konzentrieren, die uns Spaß machen. Für viele von uns – mich eingeschlossen – gehören Essen und Kochen zu diesem Spaß dazu. Tatsächlich würde ich so weit gehen und sie zu meinen Leidenschaften zählen. Wer liebt nicht den Duft eines frisch gebackenen Brotes oder den Geschmack von kühlem Eis an einem heißen Sommertag?

Überhaupt wäre das Leben ziemlich langweilig, wenn wir uns die ganze Zeit an Regeln halten würden. Es ist gesund, hin und wieder ein paar davon zu brechen. Daraus mache ich gern eine Regel!

Ich hoffe, ich kann Ihnen zeigen, dass Essgenuss nicht nur mit Dickmachern und Zuckerbomben zu tun hat, sondern dass frisch zubereitete, gesunde Mahlzeiten und Snacks genauso lecker schmecken können. Ich möchte sogar noch einen Schritt weitergehen und Ihnen zeigen, dass der Genuss, den Ihnen diese Art Lebensmittel bieten, viel länger anhält als der temporäre Kick, den Ihnen ein ungesunder Snack gibt; dass gesundes Essen sich positiv auf Ihren Geist und Ihren Körper auswirkt, dass es Ihre Stimmung verbessert und langfristig auch Ihr Leben und dass es Körper, Geist und Seele nährt.

Doch sehen wir den Tatsachen ins Auge: Wir alle sind Menschen, und manchmal möchten wir uns einfach verwöhnen und nicht über langfristige Konsequenzen nachdenken. Keiner will immer diszipliniert und stark sein. Denken Sie nur an all die Damen auf der Titanic, die aufs Dessert verzichtet haben!

Es ist absolut in Ordnung, sich dann und wann eine Auszeit zu gönnen, und darum halte ich mich an die 80:20-Regel. 80 Prozent der Zeit über ernähre ich mich bewusst mit viel qualitativ hochwertigem frischem Obst und Gemüse, guten Fetten, Proteinen und unraffinierten Kohlenhydraten – all die Dinge, über die Sie auf den folgenden Seiten lesen werden.

Und 20 Prozent der Zeit über – wenn ich mit Freunden ausgehe, grille, auf einer Geburtstagsparty bin oder einfach, weil ich das so will – esse ich, worauf ich gerade Lust habe. Das heißt, auch wenn ich mich inzwischen supergesund ernähre, gönne ich mir manchmal einen Burger mit Pommes und ein Stück Käsekuchen. Ich sehe darin kein Problem. Autor und Fitnessguru Tim Ferriss, der für seine Ernährungsratgeber zahllose Selbstversuche durchführte, geht sogar so weit zu behaupten, dass ein „Cheat Day“ pro Woche, also ein Tag, an dem man alles essen darf, was man will, ganz entscheidend ist! Er wies nach, dass sein Stoffwechsel für die vor ihm liegende Woche dadurch angekurbelt wurde und ein solcher

Tag sich somit sowohl auf seine Gesundheit als auch auf seine Fitnessziele, schlank und muskulös zu bleiben, positiv ausgewirkt hat. Wirklich toll, Tim. Gute Arbeit!

Es stimmt, ich schätze und freue mich auf einen guten Cheat Day oder eine Schlemmermahlzeit (wobei viele der Rezepte in diesem Buch so verdammt lecker sind, dass Schlemmermahlzeiten gar nicht mehr denselben Reiz ausüben wie früher, als die geschmackliche Kluft zwischen gesunden Lebensmitteln und Junkfood viel größer war. Merkwürdigerweise, das sei versprochen, schmeckt mein Schokoladenkuchen viel leckerer als die ungesunde Variante, die es im Restaurant gibt – so viel dazu!).

In die Praxis umgesetzt funktioniert die 80:20-Schummelregel so, dass ich entweder an einem Tag pro Woche esse, was ich möchte, oder das auf mehrere Mahlzeiten über die Woche verteile, je nachdem, was anliegt oder wo ich gerade bin. Selbst im Urlaub versuche ich, diese Routine streng einzuhalten. Nach einer Weile ist das aber gar nicht mehr so schwer, und dieses Buch soll zeigen, wie Sie gesunde Lebensmittel so zubereiten können, dass sie genauso lecker schmecken wie ungesunde, wenn nicht sogar leckerer! Und dann wird es wirklich einfach, konsequent zu bleiben.

Ein Cheat Day oder mehrere Schlemmermahlzeiten sind für mich daher immer etwas Besonderes – niemals „Routine" – und oft geben sie mir einen Motivationskick für die junkfoodfreie, fettarme Woche, die vor mir liegt.

Eine Warnung jedoch, sofern man das so nennen kann: Wenn Sie mehr gesunde Dinge essen, werden Sie vielleicht feststellen, dass Ihr Körper es nicht mehr mag, wenn Sie ungesundes Zeug essen. Es könnte passieren, dass all die Dinge, die Sie früher aßen, Ihnen nun Unwohlsein oder Verdauungsprobleme bereiten oder Sie sehr müde oder träge machen. Es ist ein gutes Zeichen, dass Ihr Körper sich darauf einstellt und erkennt, dass Junkfood Ihnen nicht gut tut. Nutzen Sie das Gefühl als Motivation für die junkfoodfreie, fettarme Woche, die vor Ihnen liegt – für die positiven 80 Prozent, die auf Sie warten.

Wenn Sie alle wichtigen Schritte befolgen, werden einige der Sie plagenden gesundheitlichen Probleme, von denen Sie dachten, sie wären ein Teil von Ihnen, vielleicht dahinschmelzen wie Schnee in der Sonne. Bei mir war das so, und ich beobachtete das Gleiche bei vielen Mitgliedern unserer Filmcrew und auch bei unseren Familien. Der Verzehr fettarmer, unverarbeiteter und naturbelassener Lebensmittel setzt sich bei vielen von uns Abenteuerlustigen als positive Lebensweise durch, und darauf bin ich sehr stolz. Wir haben diese wichtigen Fakten über Ernährung gemeinsam gelernt und sind so alle zu besseren, stärkeren und gesünderen Menschen geworden! (Ich muss immer schmunzeln, wenn ich irgendwo im Dschungel bei einer Location eintreffe und im Basislager der Crew schon Grünkohlchips und Schoko-Proteinbomben auf uns warten!)

KAY SAGT ...

Unser Körper strebt permanent nach einem Zustand des Gleichgewichts. Dieses Gleichgewicht nennt sich „Homöostase“. Wir sind täglich Belastungen und Toxinen ausgesetzt und verzehren ungesunde Lebensmittel, daher ist es ganz schön schwer, die Homöostase aufrechtzuerhalten! Um das zu erreichen, nimmt unser Körper kleine Veränderungen vor. Es kann zum Beispiel sein, dass unsere Leber ein bisschen mehr zu tun hat, um mit übermäßigem Alkoholkonsum fertigzuwerden. Oder vielleicht müssen unsere Knochen und Gelenke einige Anpassungen vornehmen, um die Extrapfunde um unsere Taille und Hüfte tragen zu können. Unser Darm muss sich extrem anstrengen, um die schwere, ungesunde Kost, die wir so häufig verzehren, zu verdauen, und unser Herz muss noch effizienter arbeiten, um das Blut durch unsere Arterien zu pumpen, die allmählich verstopfen. Dies verursacht merkliche Abnutzungserscheinungen. Vielleicht wachen Sie mit schmerzenden Gelenken auf. Vielleicht fühlen Sie sich aufgebläht oder leiden nach dem Essen unter Sodbrennen. Vielleicht strahlt Ihre Haut nicht mehr so, und Sie haben oft dunkle Ringe unter den Augen. Wir sind so sehr daran gewöhnt, dass unser Körper immer mit allem fertig wird und sich auf alles einstellt, dass wir solche Symptome als normal ansehen.

Natürlich verschlechtert sich der Zustand unseres Körpers mit der Zeit, doch wir können in hohem Maße kontrollieren, wie schnell das passiert. Viele der kleinen Zipperlein, Verdauungsprobleme, Hautprobleme oder die nachlassende Energie, die wir im Laufe der Zeit erleben, sind Zeichen dafür, dass wir etwas falsch machen. Magengeschwüre, Typ-2-Diabetes, Gicht, Herzleiden und Arthritis haben wir uns durch unsere Ernährung und unseren Lebensstil oft selbst zuzuschreiben. Die Lebensmittel, von denen Sie sich laut vorliegendem Buch nach und nach verabschieden sollen, können oft als Schuldige ausgemacht werden. Menschen, die auf Weißbrot und andere Weißmehlprodukte verzichten, werden vielleicht feststellen, dass sie müde werden und sich aufgebläht fühlen, wenn sie doch wieder davon essen, und das, obwohl diese zuvor vielleicht zu ihren Hauptnahrungsmitteln gezählt hatten und ihnen die Blähungen normal vorgekommen waren.

50:50

Falls Ihnen die 80:20-Regel für den Anfang zu schwer durchführbar erscheint, ist das okay. Sie entscheiden, wie schnell Sie vorankommen wollen.

Wenn Sie das Gefühl haben, dass Sie einiges an Übergewicht mit sich herumschleppen, wenn Sie selten Sport machen und sich überwiegend von Fertiggerichten oder Fast Food ernähren, möchten Sie vielleicht eher mit dem 50:50-Ansatz anfangen. Halten Sie sich zu 50 Prozent der Zeit an gesundes Essen und behalten Sie für die übrigen 50 Prozent Ihre alten Gewohnheiten bei.

Während der Zeiten, in denen Sie den neuen Speiseplan befolgen, werden Sie so viel mehr Energie gewinnen, dass Sie dazu beflügelt werden, das Verhältnis gesund:ungesund zu erhöhen.

Wenn Sie sich für ziemlich gesund halten, aber noch nicht alle Fakten über gesunde Ernährung kennen oder nicht wissen, wie Sie Ihre Mahlzeiten alle zubereiten sollen, fangen Sie am besten mit einem 70:30-Ansatz an. Sie werden nicht mehr als ein paar Wochen brauchen, um Ihr Ziel zu erreichen, nämlich ein Verhältnis von 80:20.

Meiner Einschätzung nach ist es aber immer gut, große Träume zu haben und ihnen mit großen Schritten entgegenzugehen! Kleine Ziele bringen uns selten bedeutend weiter – wenn ich an Ihrer Stelle wäre und Veränderungen sehen und schlank werden wollte, würde ich gleich in die Vollen gehen. 80:20 ist auch nicht wirklich zu extrem oder zu verrückt. Meine Familie und meine Kinder packen das ohne großes Drama; und selbst wenn Sie dieses Ziel ins Auge fassen und es am Anfang knapp verfehlen, machen Sie jetzt wenigstens echte Fortschritte hin zu einem gesünderen, schlankeren Selbst.

Das Acht-Wochen-Programm am Ende des Buches ist für jeden geeignet. Damit können Sie alle nötigen Schritte in der von Ihnen gewählten Zeit und in Ihrem eigenen Tempo machen. Doch bevor Sie loslegen, ist es wichtig, dass Sie wissen, warum Sie es tun. Im nächsten Abschnitt „Bärenstarke Fakten" geht es um die guten, die schlechten und die hässlichen Seiten all der Lebensmittel, die Sie bisher gegessen haben …

BÄRENSTARKE FAKTEN

KALORIEN

Was sind Kalorien überhaupt?

Das Wort kam im 19. Jahrhundert als Maßeinheit auf, besonders im Zusammenhang mit der Untersuchung von Wärme und Energie bei Maschinen. Eine Kalorie ist die Menge an Energie, die benötigt wird, um die Temperatur von einem Kilogramm Wasser um ein Grad Celsius zu erhöhen. Im Laufe der Zeit fing man an, die Kalorie als Maßeinheit für die Energie im menschlichen Körper zu benutzen, und es kam in Mode, sie als Abnehminstrument zu verwenden.

Ich persönlich halte nichts vom Kalorienzählen. Nicht, weil man mit dem Verzehr weniger Kalorien nicht abnehmen kann. Man kann das sehr wohl. Doch die Sache hat einen Haken: Kalorie ist nicht gleich Kalorie.

Wir unterscheiden zwei Arten von Kalorien: nährstoffhaltige Kalorien und leere Kalorien (siehe Infobox unten). Leere Kalorien tragen nichts zur Gesundheit bei, nährstoffhaltige Kalorien dagegen schon.

Wir brauchen bestimmte Vitamine, Mineralstoffe, Proteine, Fette und Kohlenhydrate, damit unser Körper richtig arbeiten kann, damit

Leere Kalorien

Ein Portionsbeutel (circa 40 g) gesalzene Chips (230 Kalorien), eine dicke Scheibe Toastbrot (79 Kalorien), ein Vollkornkeks (71 Kalorien).
Insgesamt: 380 Kalorien.
Nährwert: Reich an ungesunden Fetten, Salz, Zucker und Zusätzen. Enthält weder Vitamine noch Mineralstoffe.
Auswirkungen auf die Gesundheit: Schlecht für den Blutzuckerhaushalt, den Hormonhaushalt, die Herzgesundheit, die Verdauung, den Energielevel, die Hirnfunktion, die Stimmung, Haut, Haare und Nägel.

Nahrhafte Lebensmittel

Eine halbe Avocado, Meersalz und Pfeffer (160 Kalorien), 40 g Hummus mit einem halben, in Streifen geschnittenen roten Paprika (70 Kalorien), drei Datteln und drei Walnüsse (150 Kalorien).
Insgesamt: 380 Kalorien.
Nährwert: Reich an Ballaststoffen, gesunden Fetten, Proteinen, Mineralstoffen und Vitaminen.
Auswirkungen auf die Gesundheit: Sehr gut für den Blutzuckerhaushalt, den Hormonhaushalt, die Herzgesundheit, die Verdauung, den Energielevel, die Hirnfunktion, die Stimmung, Haut, Haare und Nägel.

wir nicht krank werden und damit wir uns stets fit, voller Energie und für alles bereit fühlen. Manche Lebensmittel – nennen wir sie nahrhafte Lebensmittel – enthalten alle möglichen guten Dinge. Andere wiederum – nennen wir sie leere Kalorien – enthalten nichts von diesen guten Sachen. Nahrhafte und Lebensmittel mit leeren Kalorien können die gleiche Anzahl an Kalorien enthalten.

Damit klar wird, was ich meine, tun wir mal so, als würden wir Snacks mit insgesamt 380 Kalorien essen, aber auf zwei unterschiedliche Arten: Einmal essen wir nur Lebensmittel mit leeren Kalorien, das andere Mal nur nahrhafte Sachen.

Lebensmittel mit leeren Kalorien können Sie wirklich aus dem Tritt bringen. Und weil sie Sie mit nichts von dem versorgen, was Ihr Körper braucht, gelüstet Sie oft nach noch mehr. Ihr Körper kann nicht in Worten zu Ihnen sprechen. Wenn er also beispielsweise mehr Protein braucht, sendet er Signale an Ihr Gehirn und verlangt nach Essen, irgendeinem Essen, in der Hoffnung, dass Sie das Richtige aussuchen. Sie kennen das Gefühl, dass eine Scheibe Toast nie reicht? Das Gleiche gilt für Chips und Kekse. Sie haben nichts zu bieten außer leere Kalorien. Ich bezweifle aber, dass Sie nach einer ganzen Avocado noch Hunger hätten.

Qualität geht vor Quantität – immer!

Nahrung ist Kraftstoff. Wenn Sie Ihr Auto mit schlechtem Kraftstoff betanken, ist der Tank vielleicht voll, aber das Auto fährt nicht so gut wie sonst und der Kraftstoff ist schneller verbraucht. Das Gleiche gilt für unsere Nahrung. Wenn Sie Ihren Magen mit schlechtem Kraftstoff und leeren Kalorien füllen, fühlen Sie sich irgendwann schlapp und antriebslos, und Ihre Gesundheit verschlechtert sich. Tanken Sie hingegen anständigen Kraftstoff – damit meine ich nahrhafte Lebensmittel – werden Sie sich wohlfühlen.

Essen sollte Spaß machen!

Kalorienzählen kann einem beim Essen echt den Spaß verderben. So viele Faktoren müssen dabei berücksichtigt werden.

BÄRENSTARKE INSIDERINFOS

Obwohl es in der westlichen Welt reichlich Nahrung gibt, schaffen wir es spielend, uns mangelhaft zu ernähren. Das liegt nicht daran, dass wir nicht genug, sondern dass wir nicht das Richtige essen. Angesichts der Fülle an erhältlichen Lebensmittel hört es sich vielleicht verrückt an, dass so mancher an Vitamin- oder Mineralstoffmangel leidet, aber das kommt tatsächlich vor. Es gibt eine Bezeichnung für den Zustand, übergewichtig, aber fehlernährt zu sein: qualitative Mangelernährung. Lassen Sie nicht zu, dass Sie in einen solchen Zustand geraten.

Wie lange haben Sie geschlafen? Wie viel Sport haben Sie gemacht? Sind Sie zu Fuß zum Supermarkt gegangen oder mit dem Auto hingefahren? Sollten Sie morgen hungern, weil Sie heute gesündigt haben?

Ich kenne viele, die wie besessen die Anzahl der Kalorien verfolgen, die sie beim Sport verbrennen. Um ehrlich zu sein, kann ich mir für mich nicht vorstellen, jedes Mal Berechnungen anzustellen, wenn ich etwas esse oder Sport mache. Was für ein Aufwand! Ich pflege viel lieber einen entspannten Lebensstil in dem Wissen, dass alle Lebensmittel, die ich verzehre, gut für meinen Körper sind. Und jetzt, wo ich weiß, dass Kalorienzählen an den wichtigen Fragen guter Ernährung vorbeigeht, tausche ich den Taschenrechner liebend gern gegen einen Teller wirklich gutes Essen ein.

Abnehmen auf die richtige Art

Viele fangen an, Kalorien zu zählen, wenn sie überschüssige Pfunde loswerden wollen. Sie müssen jedoch aufpassen.

Überschüssige Toxine werden im Fett gespeichert. Wenn Sie dieses Fett verbrennen, kann es sein, dass die Toxine anfangen, durch Ihren Körper zu wandern. Es ist Aufgabe Ihrer Leber und Ihrer Nieren, die Giftstoffe wieder loszuwerden. Aber Ihre Leber und Ihre Nieren benötigen eine Menge Vitamine und Mineralstoffe, um ordnungsgemäß zu funktionieren. Wenn Sie dadurch Gewicht verlieren, dass Sie überwiegend leere Kalorien verzehren, verfügen die Organe nicht über einen ausreichenden Vorrat an Vitaminen und Mineralstoffen, um richtig arbeiten zu können. Sie fühlen sich wahrscheinlich müde und schlapp und haben dunkle Ringe unter den Augen. Sie denken, wenn Sie Gewicht verlieren, sind Sie für alles gewappnet, was da kommen mag. Doch das stimmt nicht.

Wenn Sie aber mithilfe nährstoffreicher Kalorien Gewicht verlieren, dürften Ihre Leber und Ihre Nieren einwandfrei funktionieren und mit den überschüssigen Toxinen fertigwerden. Die Chancen stehen gut, dass Sie sich gleichzeitig fit, schlank und gesund fühlen und voller Tatendrang stecken.

Was mich betrifft, so ist dies das höchste Ziel, wenn ich weiß, dass ich in Bestform sein muss.

PROTEIN

Sie haben mich auf meiner Suche nach lebenswichtigem Protein wahrscheinlich einige ziemlich eklige Sachen essen sehen. Keine Sorge: Lebende Maden stehen heute nicht auf dem Speiseplan. Aber Protein spielt im alltäglichen Leben eine genauso wichtige Rolle bei der Ernährung wie draußen in der Wildnis. Daher müssen wir gut überlegen, was das ist und wie wir es bekommen.

Ich will ehrlich sein. Hätten Sie mich vor einigen Jahren gefragt, was Protein ist, wie der Körper es verwendet und welche Lebensmittel gute Proteinquellen sind, hätte ich Ihnen vermutlich keine sehr gute Antwort gegeben. Ich hätte wahrscheinlich gesagt, dass Protein hauptsächlich zum Aufbau von Muskelmasse verwendet wird und man es in Fleisch und Eiern findet. Warum? Weil ich eine Menge meiner muskulöseren Kumpels dabei beobachtete, wie sie nach ihren Gewichthebe-Sessions im Fitnessstudio bergeweise Hühnerfleisch und Omelettes aus vier Eiern aßen oder wie sie riesige Steaks vertilgten, nachdem sie den ganzen Tag Rugby oder Fußball gespielt hatten. Das hat bei mir aber nie so richtig funktioniert, und zwar aus folgendem Grund: Auch wenn meine Antwort nicht komplett falsch wäre, ist sie nur die Spitze des Eisbergs.

Proteine dienen nicht nur dem Muskelaufbau und sie sind mit Sicherheit nicht nur in Fleisch und Eiern enthalten. Sie haben eine viel grundlegendere Bedeutung. Sie sind die primären Bausteine allen pflanzlichen und tierischen Lebens. Ohne Proteine gäbe es kein Leben. Sicher, unsere Muskeln werden aus Protein gebildet, doch das Gleiche gilt für Teile unserer Haut, für Knochen, Haare, Nägel, Augen, Organe, Drüsen und andere Gewebezellen. Abgesehen davon bestehen unsere Hormone, Immunzellen, Neurotransmitter, Enzyme und Blutzellen hauptsächlich aus Protein. Neben Wasser ist Protein die in unserem Körper mengenmäßig am stärksten vertretene Substanz.

Alles in allem also ganz schön wichtig!

BÄRENSTARKE INSIDERINFOS

Das Wort „Protein" stammt vom griechischen Wort „protos" ab, was so viel bedeutet wie „Erster". Das ergibt Sinn: Proteine sind der erste Baustein, den der Körper für das Wachstum, die Reparatur, eine intakte Immunfunktion, den Hormonhaushalt, die Fortpflanzung sowie für die Verdauungs-, Hirn- und Muskelfunktion benötigt.

BÄRENSTARKE INSIDERINFOS

Wenn Sie bei jeder Mahlzeit oder jedem Snack eine Proteinquelle essen, hilft Ihnen das, länger satt zu bleiben. Proteine werden viel langsamer verdaut als Kohlenhydrate und tragen zu einem ausgeglichenen Energielevel bei.

Woraus bestehen Proteine?

Proteine bestehen aus winzigen, Aminosäuren genannten Bausteinen. Wissenschaftler sind geteilter Ansicht, wie viele es gibt, aber rund 20 Aminosäuren sind allgemein bekannt. Stellen Sie sich diese als bunte Legosteine vor. Durch Zusammenstecken der Steine könnten Sie eine Vielzahl unterschiedliche Formen entstehen lassen. Auf die gleiche Art kann unser Körper Tausende verschiedene Proteine bilden – das gesamte Protein, das er benötigt – nur aus diesen 20 Aminosäuren.

Von diesen 20 Aminosäuren kann unser Körper elf selbst herstellen, ohne irgendwelche Hilfe von außen. Die übrigen neun müssen wir uns aus unserem Essen holen. Die neun Aminosäuren, die wir nicht selbst herstellen können, werden als „essenzielle Aminosäuren" bezeichnet. Unser Körper bricht das Protein, das wir zu uns nehmen, in Aminosäuren auf und stellt daraus dann neue Proteine her.

Fleisch, Eier und Fisch enthalten alle neun essenziellen Aminosäuren. Doch das tun auch bestimmte pflanzliche Nahrungsmittel wie **Quinoa**, **Hanf**, **Amarant**, **Buchweizen**, **Chiasamen**, **Soja** und einige **Meeresalgen**. Außerdem gibt es eine umfangreiche Liste pflanzlicher Nahrungsmittel, die zwar nicht alle, aber viele der essenziellen Aminosäuren enthalten, darunter **Nüsse**, **Kerne**, **Samen**, **Bohnen** und **Hülsenfrüchte**, **Avocado**, Gemüsesorten wie **Brokkoli**, **Spinat**, **Grünkohl** und **Süßkartoffeln**, Getreide wie **Hafer**, **Reis** und **Hirse**, **Sprossen** und **Pilze**.

Eigentlich enthalten alle pflanzlichen Nahrungsmittel einige der neun essenziellen Aminosäuren. Sie brauchen nur mehrere davon kombinieren, um alle neun in Ihren Speiseplan zu bekommen. Das Gute daran: Das ist ziemlich einfach. Sie könnten Haferflocken mit Kernen, Samen und Nüssen mischen. Oder ein Gemüsecurry mit Süßkartoffeln, Spinat und Linsen zubereiten. Sie könnten auch Ihrem Frühstücks-Smoothie ein wenig Spirulina und Avocado beimischen. All diese Kombinationen dürften Sie mit ausreichend Aminosäuren versorgen, um die Proteine herstellen zu können, die Ihr Körper braucht. Und denken Sie daran, Sie brauchen nicht bei jeder Mahlzeit alle neun.

Wenn das einfach klingt, dann, weil es einfach ist: So beschränkt sich das Essen auf den Verzehr verschiedener gesunder, naturbelassener Lebensmittel.

Pflanzliches versus tierisches Protein

In der freien Natur gibt es oft zwei Arten, die Dinge anzugehen: den beschwerlichen und den einfachen Weg. Meistens ist es klüger, den einfachen Weg zu wählen. Denn das spart Zeit und wertvolle Energie.

Das Gleiche gilt für die Ernährung, besonders für Proteine. Stellen Sie sich vor, Sie würden ein blutiges Steak essen. Als Erstes müssen Sie es in kleine Stücke schneiden. Dann müssen Sie die Stücke gut durchkauen, bevor Sie sie herunterschlucken können. Doch damit hat der Verdauungsprozess noch gar nicht richtig begonnen. Ihr Magen und Ihr Darm müssen besonders schwer arbeiten, um dieses teils durchgekaute Stück Fleisch aufzuspalten, damit daraus die Proteine isoliert werden können. Und wenn Ihre Verdauung nicht zu 100 Prozent funktioniert – was bei Menschen mit einem stressigen westlichen Lebensstil oft der Fall ist – kann das extrem anstrengende Arbeit sein. Unterm Strich dauert das Verdauen von Fleisch sehr lange und verbraucht viel Energie.

Bei pflanzlichen Proteinen ist das anders. Sie sind tendenziell leichter zu verdauen. Nehmen Sie eine reife Avocado. Schon sie zu essen ist ein einfacher Prozess – Sie können sie in einen Smoothie mischen, sie direkt aus der Schale löffeln oder einen Avocado-Brotaufstrich daraus machen. Und ist die Avocado dann in Ihnen drin, sind die Dinge auch einfacher. Im Vergleich zu einem Steak muss Ihr Körper nur halb so viel arbeiten, um das Protein zu isolieren. Pflanzliche Proteine sind von Natur aus leicht zu verdauen. Dies mag einer der Gründe sein, warum Menschen, die sich von pflanzlicher Kost ernähren, im Allgemeinen länger und gesünder zu leben scheinen – sie sparen sehr viel Energie ein, weil sie nicht das ganze Fleisch aufspalten müssen, das die meisten von uns essen.

An anderer Stelle in diesem Buch werden Sie lesen, dass Fleisch durchaus seinen Platz in einer gesunden Ernährung haben kann. Aber die Hauptbotschaft hier ist, dass fast alle pflanzlichen Nahrungsmittel, die wir täglich verzehren, Proteine enthalten. Nicht zu jeder Mahlzeit

benötigen wir Fleisch, und wir brauchen uns bestimmt keine Sorgen machen, dass wir nicht ausreichend Protein bekämen, wenn wir nicht täglich Fleisch essen.
Bei einer ausgewogenen, auf pflanzlicher Kost basierenden Ernährung ist Proteinmangel praktisch unmöglich.

Wie hoch ist unser Proteinbedarf?

Es wird empfohlen, dass wir knapp 0,9 Gramm Protein pro Kilogramm Körpergewicht zu uns nehmen sollen. Doch das ist nur ein Richtwert. Welche Menge tatsächlich benötigt wird, ist von Mensch zu Mensch verschieden und hängt von diversen Faktoren ab wie Alter, Gewicht, Größe und Körperbau, ob Sie schwanger sind, wie Ihr Gesundheitszustand derzeit ist, und natürlich davon, wie viel Sport Sie treiben. Jemand, der jeden Tag Sport macht, braucht mehr Protein als jemand, der den ganzen Tag auf dem Sofa sitzt und Videospiele spielt. Die Rezepte in diesem Buch sind ausgewogen und werden Sie mit einer gesunden Menge an Protein versorgen. Doch wenn Sie wirklich ins Detail gehen möchten, gibt es mehrere Apps für Ihr Handy, mit denen Sie die für Sie empfohlene Proteinzufuhr berechnen können.

Sie sollten allerdings Folgendes bedenken: Zu viel Protein kann schädlich sein. Erstens führt jede Art Nahrung zur Gewichtszunahme, wenn wir zu viel davon essen. Zweitens entstehen beim Verdauen von Protein – besonders von tierischem Protein – Abfallprodukte. Unsere Nieren müssen harte Arbeit leisten, um diese Abfallprodukte herauszufiltern, und dadurch werden sie zusätzlich belastet. Das ist ein weiterer guter Grund, warum Sie Ihren Fleischkonsum insgesamt einschränken und versuchen sollten, mehr Protein aus pflanzlichen Nahrungsmitteln zu beziehen.

TOP 10 der pflanzlichen Proteinquellen

Hanfsamen
Quinoa
Avocado
Nüsse
Erbsen
Spinat
Kichererbsen
Brokkoli
Hafer
Buchweizenmehl

Wann ist Proteinpulver sinnvoll?

Eins vorab: Wenn ich von Proteinpulver spreche, meine ich damit nicht das stark aromatisierte, überzuckerte Zeug, das voller Zusatzstoffe ist, damit es besser schmeckt. Ich rede von natürlichem Proteinpulver in unverarbeiteter Form. Meine drei Favoriten sind Hanf-, Reis- und Erbsenproteinpulver.

Hanfprotein – enthält gesunde Fette wie Omega-3-Fettsäuren, außerdem reichlich Ballaststoffe für eine gesunde Verdauung. Es ist grün und manche Leute finden den Geschmack etwas penetrant. Um es mal auszuprobieren, können Sie einen Teelöffel Pulver in Ihren Smoothie geben oder die köstlichen Hanfprotein-Bomben probieren (Rezepte Seite 193, 194). Den Hanf werden Sie kaum herausschmecken, aber die Kugeln sind lecker und geben tonnenweise Energie.

Reisprotein – viel milder im Geschmack und kann in größeren Mengen Smoothies beigemischt werden, ohne dass man es zu stark herausschmeckt. Qualitativ am hochwertigsten ist Pulver aus biofermentiertem, gekeimtem braunem Naturreis.

Erbsenprotein – schmeckt ein wenig nach … Erbsen! Passt gut zu herzhaften Gerichten wie legierten Suppen. Das Pulver darf nicht erhitzt werden – einfach über das fertige Gericht streuen.

Was Proteinpulver betrifft, so sollten wir immer nach veganen Quellen Ausschau halten, die keinen Weizen und keine Milchprodukte enthalten. Molkeprotein ist unter Sportlern immer noch ein Thema. Es hat Vor- und Nachteile und die Diskussion darüber wird weitergehen. Doch nach eigenen Recherchen komme ich wie Millionen andere zu dem Schluss, dass es langfristig gesehen für die Gesundheit immer besser ist, auf eine pflanzliche Proteinquelle zurückzugreifen, also verwende ich fast ausschließlich veganes Proteinpulver.

Ich bin nicht militant gegen Molkeprotein und verwende es gelegentlich auf Reisen, es ist allerdings nicht meine erste Wahl. Wenn Sie Molkeprotein verwenden wollen, nehmen Sie eines mit möglichst wenig Zuckerzusatz (Stevia als Süßstoff ist okay) und möglichst wenig künstlichen Aromastoffen.

BÄRENSTARKE INSIDERINFOS

KARTOFFELN VERSUS SÜSSKARTOFFELN

Kartoffeln enthalten sehr wenig Ballaststoffe, aber sehr viel Stärke. Aus diesem Grund werden sie beim Verdauen relativ schnell in Glukose verwandelt und können extreme Spitzen in unserem Blutzuckerspiegel zur Folge haben. Das wiederum hat großen Einfluss auf unseren Energielevel und auf unsere Gesundheit im Allgemeinen. (Außerdem zählen sie zur Gattung der Nachtschattengewächse, die viele Menschen nicht gut vertragen.)

Süßkartoffeln gehören trotz ihres Namens zu einer anderen Gattung. Sie enthalten mehr Ballaststoffe, haben einen geringeren Einfluss auf den Blutzuckerspiegel und sind eine hervorragende Vitamin-A-Quelle. Außerdem schmecken sie großartig!

Ich esse Süßkartoffeln in Maßen, versuche aber in jedem Fall, ihnen den Vorzug vor normalen Kartoffeln zu geben. Keine große Sache, aber sie hat sich enorm positiv auf meine Gesundheit ausgewirkt. (An Cheat Days können Sie mich hin und wieder mit einer Schüssel Pommes antreffen!)

ZUCKER & KOHLENHYDRATE

Viele Lebensmittel – Obst, Gemüse, Bohnen, Getreide, Nudeln, Brot, Kartoffeln, Kuchen und Süßigkeiten – enthalten Kohlenhydrate. Aber nicht alle Kohlenhydrate sind gleich. Sie lassen sich grob in zwei Hauptgruppen einteilen: unraffinierte Kohlenhydrate und raffinierte Kohlenhydrate.

Unraffinierte Kohlenhydrate

Wenn wir Kohlenhydrate essen, spaltet unser Körper diese in kleinere Glukoseeinheiten auf. Glukose ist die Hauptenergiequelle für unsere Muskeln und unser Gehirn. Manche Kohlenhydrate werden sehr schnell in Glukosemoleküle aufgespalten, andere langsam.

Generell gilt: Ein Produkt enthält umso mehr Ballaststoffe, je weniger es raffiniert und verarbeitet wurde, und desto länger braucht der Körper auch, um es aufzuspalten. Das ist aus folgendem Grund eine gute Sache.

Ballaststoffe sind in vielfacher Hinsicht nützlich. Sie tragen dazu bei, dass wir länger satt sind. Sie helfen uns, die Freisetzung von Glukose ins Blut zu verlangsamen. Das wiederum trägt dazu bei, unseren Blutzuckerspiegel und unseren Energielevel im Gleichgewicht zu halten. Ballaststoffe binden Wasser, dadurch wird unser Stuhl weicher und der Stuhlgang fällt uns leichter. Sie stimulieren außerdem die gesunden Bakterien in unserem Darm, was uns dabei hilft, unsere Nahrung ordentlich zu verdauen, sodass unser Immunsystem stark bleibt.

Wir brauchen pro Tag mindestens 30 Gramm Ballaststoffe. Viele Menschen denken, dass Schwarzbrot und Faserstoffe die besten Quellen für die tägliche Ration sind – aber das stimmt nicht, denn sie enthalten sehr wenige andere Nährstoffe. Viel besser sind Ballaststoffe aus naturbelassenen, unverarbeiteten pflanzlichen Nahrungsmitteln, und die enthalten jede Menge davon: darunter Gemüse wie **Brokkoli**,

Weißkohl, **Grünkohl**, **Erbsen**, **Rosenkohl**, **Spinat**, **Pastinaken**, Vollwertkost wie **Naturreis**, **Quinoa**, **Kerne**, **Samen**, **Nüsse**, **Haferflocken**, **Bohnen** und **Hülsenfrüchte**.

Raffinierte Kohlenhydrate

Raffinierte Kohlenhydrate sind für gewöhnlich sehr stark verarbeitet. Das bedeutet, dass die meisten Ballaststoffe und andere gröbere Bestandteile entfernt wurden, aber auch viele Vitamine und Mineralstoffe. Tatsächlich können im Zuge des Verarbeitungsprozesses mehr als 20 wertvolle Nährstoffe verloren gehen. Gute Beispiele dafür sind alle Weißmehlprodukte (einschließlich Nudeln) und weißer Reis.

Raffinierte Kohlenhydrate werden sehr schnell und einfach in Glukose aufgespalten. Selbst der Speichel in unserem Mund schafft das, was bedeutet, dass Sie theoretisch die Glukose sogar aus Ihrer Nahrung ziehen könnten, ohne das Essen herunterzuschlucken.

Raffinierte Kohlenhydrate sind nicht besonders gut für uns. Da die Ballaststoffe entfernt wurden, können sie den Darm verstopfen. Außerdem enthalten die entfernten Ballaststoffe viele wertvolle Nährstoffe wie zum Beispiel Vitamin B, Vitamin E und Magnesium. Wenn Sie raffinierte Kohlenhydrate verzehren, essen Sie Lebensmittel, die praktisch keine Nährstoffe enthalten. Und weil sie so schnell und so leicht verdaut werden, haben wir oft Appetit auf noch mehr.

Zucker

Zucker gehört zu den Kohlenhydraten und ist in fast allen verarbeiteten Lebensmitteln, die es zu kaufen gibt, enthalten. Gehen Sie nicht davon aus, dass nur süß schmeckende Lebensmittel wie Kekse und Schokolade Zucker enthalten. Der steckt auch in Chips, Fertiggerichten und Fertigsaucen, Dosensuppen, Brot, Cerealien und verarbeitetem Fleisch, um einige Beispiele zu nennen. Fangen Sie an, sich die Etiketten mit den Inhaltsstoffen auf den Gesamtzuckergehalt hin anzusehen. Rund vier Gramm entsprechen einem gehäuften

BÄRENSTARKE INSIDERINFOS

EINIGE GESUNDE ZUCKERAUSTAUSCHSTOFFE

Melasse *– eine sirupartige Substanz mit einem sehr intensiven Geschmack. Obwohl sie ein Nebenprodukt bei der Herstellung von weißem Zucker aus Zuckerrohr ist, enthält sie relativ viele Vitamine und Mineralstoffe, darunter Vitamin B6 und Eisen.*

Palmzucker *und* ***Jaggery*** *– hergestellt aus dem Saft der Kokos- beziehungsweise der Dattelpalme. Enthält Ballaststoffe und verschiedene wertvolle Vitamine und Mineralstoffe. Wirkt sich weniger stark auf den Blutzuckerspiegel aus als weißer Zucker.*

Xylit *– ein aus pflanzlichen Ballaststoffen hergestellter Zuckeraustauschstoff, der wenig Kalorien enthält. Prima für Diabetiker, kann aber zur Magenverstimmung führen, wenn es in großen Mengen verzehrt wird.*

Stevia *– ein aus einer Pflanze gewonnener, natürlicher Süßstoff, der keinen Einfluss auf den Blutzuckerspiegel und die Zähne hat. Der Geschmack ist je nach Marke unterschiedlich, da heißt es ausprobieren.*

Teelöffel Zucker. Speziell Fruchtsaftgetränke enthalten jede Menge Zucker (lassen Sie sich nicht vom Zuckergehalt pro 100 Milliliter täuschen – wir trinken meistens 250 Milliliter, wenn nicht mehr). Sie wären wohl ziemlich überrascht, wenn Sie wüssten, wie viele Teelöffel Zucker Sie täglich verzehren.

Das Problem: Zucker ist nicht immer als Zucker angegeben. Es gibt so viele Tarnnamen dafür, von denen einige sogar richtig gesund klingen, zum Beispiel: „verdampfter Zuckerrohrsaft", „Gerstenmalzsirup", „Rübenzucker", „Maiszucker", „Maissirup", „Traubensaftkonzentrat aus weißen Trauben". Andere Stoffe hören sich nicht so gesund an und sind es auch nicht: „hydriertes Stärkehydrolysat", „Dextrose", „Disaccharid", „Laktose", „Glukose-Fructose-Sirup", „Maltodextrin, flüssig".

Unsere Gehirne sind so programmiert, dass sie Zucker mögen. Es ist die am schnellsten verfügbare Energiequelle und in Zeiten der Knappheit hält uns der Stoff am Leben. Überlebensnahrung also, nicht mehr und nicht weniger.

Man könnte daher meinen, ich wäre ein Zuckerfan. Sicher, wenn es ums nackte Überleben ginge, würde ich eher Zucker essen als zu verhungern. Aber ich habe gelernt, im Alltag sorgfältig damit umzugehen.

Immer wenn wir Zucker essen – das gilt für alle Kohlenhydrate – steigt der Glukosegehalt in unserem Blut. Um die Glukose nutzbar machen zu können, setzt unsere Bauchspeicheldrüse das Hormon Insulin frei. Insulin hilft, die Glukose aus dem Blutkreislauf heraus in unsere Zellen zu transportieren, wo sie verwertet werden kann. Darum bekommen wir einen Energieschub, wenn wir etwas Süßes essen.

Wird die Glukose nicht verwertet, wird sie für eine spätere Verwertung in den Muskeln und in der Leber gespeichert. Doch der Speicherplatz dort ist begrenzt. Essen wir mehr, als wir verbrauchen, verwandelt unser Körper daher die Glukose für eine langfristige Speicherung in Fett. Das ist der Grund, warum Zucker uns dick machen kann.

Ich habe festgestellt, dass es mir so gut wie unmöglich ist, komplett auf Kohlenhydrate und Zucker zu verzichten. Aber heutzutage beschränke ich den Verzehr ausschließlich auf unraffinierte Kohlenhydrate und natürlichen Zucker. Das heißt, auf Fruchtzucker oder

Zucker aus Quellen, die so wenig verarbeitet sind wie möglich. Meine drei Favoriten unter den Süßstoffen sind **Stevia**, **Datteln** und **Ahornsirup**.

Stevia

Stevia ist ein Süßstoff, der aus einer wunderschönen grünen Pflanze gewonnen wird und seit Jahrhunderten in Südamerika als natürliche Süße Verwendung findet. Was für viele „neuartige" Lebensmittel gilt, trifft auch hier zu: Es dauerte viele Jahre, bis Stevia in Europa und Nordamerika als Zuckerersatz zugelassen wurde, inzwischen bekommt man den Süßstoff jedoch in den meisten großen Supermärkten und Naturkostläden.

Stevia enthält praktisch keine Kalorien. Es erhöht nicht den Blutzuckerspiegel. Es ist geeignet für Diabetiker. Es schadet den Zähnen nicht, sondern kann sogar den Zahnbelag verringern helfen. Und man kann es für alle möglichen Gerichte verwenden.

Es brauchte eine Weile, bis ich mich an Stevia gewöhnt hatte. Wichtig ist, dass man nicht zu viel davon nimmt, weil man sonst sein Essen übersüßt oder es sogar leicht bitter schmecken kann. Zunächst mag einem Stevia teuer vorkommen, aber sobald man raus hat, wie wenig man davon für ein Rezept braucht, stellt man fest, dass es überhaupt nicht teuer ist.

Eine kleine Warnung: Nicht alle Firmen bieten unter dem Namen Stevia das Gleiche an. Einige Marken sind eine Mischung aus Stevia und einem künstlichen Süßstoff oder sogar gewöhnlichem Zucker – was seinen Verwendungszweck komplett über den Haufen schmeißt. Die Sorten schmecken auch unterschiedlich – einige schmecken gut, manche noch besser, und dann gibt es auch welche, die grässlich schmecken. Geben Sie nicht auf, wenn Sie den Geschmack der ersten Marke, die Sie probieren, nicht mögen.

Wenn Sie damit anfangen, Stevia in Ihre Ernährung einzubauen, verwenden Sie es als Zuckerersatz zum Süßen von Tee, Kaffee oder Kakao. Sie können auch Obstkuchen damit bestreuen, es zur Herstellung zuckerfreier Limonade verwenden (Rezept

BÄRENSTARKE INSIDERINFOS

EINIGE GESUNDE ZUCKER-AUSTAUSCHSTOFFE

Datteln *– reich an Ballaststoffen, Vitaminen und Mineralstoffen, haben allerdings auch einen hohen Gehalt an natürlichem Fruchtzucker. Eignen sich ausgezeichnet zum Backen, sollten aber in Maßen verzehrt werden.*

Ahornsirup *– von Natur aus supersüß, daher braucht man nicht viel davon, um einen süßen Geschmack zu bekommen. Der aus dem Ahornbaum gewonnene Saft enthält wertvolle Antioxidantien, Vitamine und Mineralstoffe.*

Lucumapulver *– das supergesunde Pulver wird aus den Früchten des Lucumabaums hergestellt. Es hat einen süßen, karamellähnlichen Geschmack und ist reich an Ballaststoffen, Antioxidantien, Vitaminen und Mineralstoffen. Super zum Süßen von Getränken, Smoothies und Desserts.*

Seite 252) und beim Backen damit experimentieren. Schon bald werden Sie wie ich auch zu den Bekehrten gehören.

Datteln

Datteln sind großartige Früchte und ein toller natürlicher Süßstoff. Sie enthalten einen hohen Anteil an natürlichem Fruchtzucker. Das heißt, im Unterschied zu Stevia beeinflussen sie unseren Blutzuckerspiegel und können mit für die Gewichtszunahme verantwortlich sein, wenn Sie zu viel davon essen. Trotzdem sind Datteln viel besser für uns als raffinierter Zucker, weil sie eine ausgezeichnete Quelle für Ballaststoffe, Vitamine und Mineralstoffe darstellen. Bei süßen Leckereien sind sie ein hervorragender Ersatz für Weißzucker.

Der in Datteln enthaltene Zucker wird vom Körper sehr schnell aufgenommen. Daher eignen sie sich auch optimal als Sportnahrung – erheblich besser als zuckerhaltige Getränke oder Snacks, weil sie viele andere Vorteile für die Gesundheit mit sich bringen.

Ahornsirup

Ich liebe Ahornsirup: Er kommt direkt aus dem Ahornbaum und schmeckt super. Außerdem enthält er reichlich Antioxidantien, Vitamine und Mineralstoffe. Aber ich würde lügen, wenn ich behaupte, dass er supergesund ist. Er ist stark zuckerhaltig, daher sollten Sie nicht zu viel davon essen.

Ahornsirup guter Qualität ist teuer, noch ein Grund, warum Sie eher sparsam damit umgehen sollten. Er ist geschmacksintensiv und daher brauchen Sie nicht mehr viel von dem weißen Zuckerzeug.

Bewahren Sie Ahornsirup nach dem Öffnen im Kühlschrank auf, er könnte sonst schimmeln.

Andere Süßstoffe

Es sind alle möglichen chemischen Süßstoffe auf dem Markt. Ich bin kein Fan davon. Hinweise darauf, dass sie uns langfristig schaden können, gibt es reichlich. Ich hatte auf jeden Fall keine Lust, herauszufinden, ob das stimmt, und verwende sie überhaupt nicht mehr.

Es gibt aber eine Reihe gesünderer Süßstoffarten, auf die ich gern zurückgreife. Dazu zählen **Melasse, Palmzucker, Jaggery** und **Xylit**.

FETT

Ich erinnere mich an die Zeiten, in denen man uns weismachen wollte, dass Fett generell schlecht ist. Fettarme Produkte wurden – und werden oft immer noch – als Zauberformel zum Abnehmen präsentiert. Und wie viele andere dachte ich früher: Wenn ich die fettarme Version von etwas esse, bedeutet das, dass sie weniger Kalorien hat, was wiederum heißt, dass ich doppelt so viel davon essen kann! (In Wahrheit enthielt die fettarme Version meistens mehr Zucker und künstliche Aromen in dem – mehrheitlich misslungenen – Versuch, sie so gut schmecken zu lassen wie die Vollfettversion.)

Wir müssen uns von der Vorstellung lösen, dass Fett im Allgemeinen schlecht ist. Zucker und Kohlenhydrate können viel mehr Schaden anrichten und dick machen. Selbst wenn Sie sämtliches Fett aus Ihrer Ernährung streichen, könnten Sie immer noch zunehmen, wenn Sie sich ausschließlich von Kohlenhydraten ernähren. Und was dazu kommt: Wenn Sie bei Ihrer Ernährung komplett auf Fett verzichten, könnten Sie Ihrem Körper ernsthaft schaden.

Wir brauchen Fett. Es versorgt uns nicht nur mit einer hochkonzentrierten Form von Energie, sondern ist für den Menschen auch lebenswichtig. Jede Zelle in unserem Körper ist umgeben von einer doppelten Schicht aus Fettmolekülen. Ohne diese Moleküle würden unsere Zellen einfach auseinanderfallen. Fette werden benötigt, um die verschiedensten Hormone in unserem Körper zu produzieren. Eine Fettschicht schützt unseren Körper und unsere Organe. Außerdem isoliert sie vor Wärme und Kälte. Fette transportieren bestimmte wichtige Vitamine im Körper, darunter die Vitamine A, D, E und K (sogenannte „fettlösliche" Vitamine). Davon abgesehen sorgen Fette dafür, dass unser Gehirn stets optimal arbeitet. Fette sind überlebenswichtig.

Es gibt jedoch gesunde und ungesunde Fette. Es ist wichtig, zwischen diesen beiden Arten zu unterscheiden. Zunächst zu den ungesunden Fetten.

Ungesunde Fette

Gehärtete Fette, teilgehärtete Fette und Transfettsäuren

Hierbei handelt es sich größtenteils um chemisch hergestellte Fette. Der menschliche Körper kann sie weder verwerten noch verarbeiten, und sie können sehr schädlich für unsere Gesundheit sein. Sie fördern Entzündungen, schädigen die Zellen und erhöhen den Cholesterinspiegel. Wenn Ihnen diese Bezeichnungen auf einem Lebensmitteletikett begegnen, lassen Sie die Finger davon! Solche Fette finden Sie in Keksen, Kuchen, Chips, Tiefkühlgerichten, Milchgetränken zum Erwärmen, einigen Gemüseaufstrichen und anderen verarbeiteten Lebensmitteln. Die meisten Supermärkte im Vereinigten Königreich haben diese Fette aus ihren Produktlinien verbannt, aber Sie sollten die Etiketten supermarktfremder Marken auf jeden Fall sorgfältig lesen.

Fett in frittierten Lebensmitteln

Auf sehr hohe Temperaturen erhitzte Fette sind sehr schlecht für uns. Sie bilden „freie Radikale". Im Abschnitt über Cholesterin wird näher darauf eingegangen, warum das echt miese Typen sind. Frittierte Lebensmittel umgibt eine Ölschicht, die voller solcher freien Radikalen ist. Selbst an einem Cheat Day sollten Sie nur geringe Mengen davon essen. Wenn Sie hin und wieder eine Portionstüte Chips oder eine ganze Schüssel Pommes essen, wird Sie das nicht umbringen, aber achten Sie darauf, dass Sie es nicht allzu häufig tun.

Gesättigte Fettsäuren in Fleisch und Molkereiprodukten aus Massentierhaltung

Jüngere Untersuchungen legen nahe, dass gesättigte Fettsäuren, in Maßen verzehrt, nicht unbedingt schlecht für uns sind. Sie sind gute Energielieferanten und können in kleinen Mengen gesund sein. Doch Sie sollten gesättigten Fettsäuren in Molkereiprodukten und Fleisch aus Massentierhaltung aus dem Weg gehen. Eine hohe Zufuhr an solchen Fetten kann die Leber belasten und die Produktion von „schlechtem" Cholesterin (siehe Seite 45) ankurbeln. Und denken Sie daran: Gesättigte Fettsäuren sind hart, das heißt, sie können unsere Zellwände verdicken, wenn wir zu viel davon essen.

Wenn Sie gesättigte Fettsäuren verzehren, dann am besten aus pflanzlichen Quellen wie **Nüssen**, **Kernen**, **Samen** und **Avocados** sowie in kleinen Mengen aus **magerem Bio-Fleisch** oder **Wild** oder **Fisch**. Alles in Maßen, das ist wichtig.

Reine oder raffinierte Pflanzenöle

Die Rede ist hier von Rapsöl , Reisöl, Sojaöl, Sonnenblumenöl, Färberdistelöl, Erdnussöl und reinem oder leichtem Olivenöl.

Lassen Sie sich von den Begriffen „rein" und „pflanzlich" nicht in die Irre führen. Solche Öle sind stark verarbeitet und alles andere als rein. Sie sind transparent, geruchs- und geschmacksneutral, weil sie umfangreiche chemische Prozesse durchlaufen haben, in denen mit Lösungsmitteln, hohen Temperaturen und Bleichstoffen das Öl von seinem Ausgangsprodukt extrahiert wird – zum Beispiel einem Sonnenblumenkern. Dabei gehen sämtliche Nutzen des eigentlich gesunden Kerns verloren. Raffinierte Öle haben sehr wenig Gutes an sich.

Andererseits haben sie eine lange Haltbarkeitsdauer und einen hohen Rauchpunkt. Das bedeutet, dass sie bei hohen Temperaturen nicht so schnell verbrennen oder ihre chemische Struktur ändern, weshalb sie zum Braten bei hohen Temperaturen geeignet sind. Das macht sie so beliebt. Aber wir versuchen, vom Braten in der Pfanne wegzukommen – besonders bei hohen Temperaturen! Es gibt immer einen besseren Weg – zum Beispiel Backen oder Grillen. Wenn Sie etwas in der Pfanne braten wollen, tun Sie das bei geringer Hitze und nehmen Sie nur ein wenig natives Olivenöl. Der Effekt ist der gleiche, aber Sie verwenden nur einen Bruchteil von dem ungesunden Zeug.

Gesunde Fette

Es gibt jede Menge wirklich gesunde Fette, die uns mit Energie versorgen und gut für unseren Körper sind. Ich versuche, meine tägliche Ration aus einer Kombination aus **Kernen**, **Samen**, **Nüssen**, **Avocados**, **fettem Fisch**, **Kokosnuss**, **Eiern**, **Bio-Fleisch aus Weidehaltung**, **magerem Wild**, **grünen Gemüsesorten** und **unraffinierten Ölen** zu beziehen.

Unraffinierte Öle sind meistens kalt gepresst (das heißt, das Öl wurde bei niedrigen Temperaturen extrahiert) und sie wurden im

Gegensatz zu raffinierten Ölen nicht chemisch behandelt. Daher können sie trüb, dunkel und geschmacksintensiv sein. Das ist genau das, was wir wollen, weil viele der guten Eigenschaften des Ausgangsprodukts – egal, ob Kern, Samen, Nuss oder Olive – im Öl noch enthalten sind. Es ist reich an Antioxidantien und Vitaminen.

Beispiele für unraffinierte, kalt gepresste Öle sind **natives Olivenöl extra vergine** und **natives Olivenöl**, **Hanf-**, **Lein-**, **Walnuss-**, **Kürbiskern-**, **Avocado-** und **Sesamöl**. Überprüfen Sie das Etikett, um sicherzugehen, dass kalt gepresst, unraffiniert und vorzugsweise Bio draufsteht. Sie alle schmecken großartig und tun Ihnen so viel Gutes! Am besten bewahrt man sie an einem dunklen, kühlen Ort auf, damit sie nicht ranzig werden.

Abgesehen von Avocadoöl, das stark erhitzt werden kann und sehr gut zum Kochen geeignet ist, sollten unraffinierte Öle nicht stark erhitzt werden – am besten gar nicht. Ideal sind solche Öle für Rohkost, Salate, rohe Kuchen, als Zugabe zu Smoothies oder zum Eintunken von Crackern oder Gemüse. Auf niedriger oder mittlerer Temperatur kann man natives Olivenöl zum Kochen verwenden.

Mein absoluter Favorit ist jedoch Kokosöl.

Kokosöl

Die Kokosnuss ist ein umwerfendes Überlebensmittel. Schon der Geschmack erinnert mich an all die Male, die ich in den Tropen verbrachte (und an die vielen Male, die ich auf Kokospalmen kletterte, um an ihre lebensrettenden Früchte heranzukommen). Die Kokosnuss enthält ein erstaunlich nährstoffreiches Wasser, das voller rehydrierender Elektrolyte und den Feuchtigkeitshaushalt ausgleichender Mineralstoffe steckt (darunter Natrium, Magnesium, Kalium und Phosphor). Es enthält zudem verschiedene Vitamine (zum Beispiel die Vitamine C, E, B1, B5 und B6), außerdem Eisen, Selen, jede Menge Ballaststoffe, etwas Protein – und viel gesundes Fett. Molkereiprodukte wie Milch, Sahne und Butter ersetze ich heute in erster Linie durch Kokosmilch, Kokoscreme und Kokosöl.

Kokosöl besteht hauptsächlich aus gesättigten Fettsäuren. Aber sie gehören zu den gesündesten gesättigten Fettsäuren, die es gibt. Es wird schnell verstoffwechselt und dient daher als direkte Energiequelle – was super ist für Leute wie mich, die viel Sport machen, sich aber kohlenhydratarm ernähren. Dazu kommt, dass Kokosöl helfen kann, den HDL-Wert zu erhöhen – das sogenannte „gute" Cholesterin (siehe Seite 45). Es macht nicht dick, sondern trägt zur Fettverbrennung bei (falls Sie nicht zu viel davon essen). Es senkt das Risiko von Herzerkrankungen, stärkt die Abwehrkräfte und hat eine positive Wirkung auf die Schilddrüse, auf die Gesundheit der Prostata und auf die Verdauung.

Klar so weit?

Dies alles sind Gründe, warum ich das Zeug so schätze. Wenn Sie den Geschmack oder den Geruch von Kokosöl wirklich nicht mögen – es werden auch verschiedene geruchlose Marken angeboten. Achten Sie aber darauf, dass Sie die richtige Sorte kaufen: reines, natives Bio-Kokosöl.

Mit Kokosöl kann man nicht frittieren, doch das sollten wir sowieso nicht so oft tun. Es eignet sich super für schnelle Pfannengerichte, Currys, rohe Kuchen, Haferkekse und Energieriegel. Es funktioniert auch gut bei vielen Ofengerichten, weil es sich gefahrlos bis 180 °C erhitzen lässt.

Omega-3-Fettsäuren

Öle, die Omega-3-Fettsäuren enthalten, sind wirklich wichtig. Sie halten unser Gehirn gesund. Sie halten uns bei guter Laune und helfen, Depressionen zu bekämpfen. Sie halten die Anzahl von Entzündungen in unserem Körper gering. Sie halten unsere Zellen gesund und unsere Haut elastisch. Sie können das Risiko für Herzerkrankungen und Krebs senken. Sie können den Cholesterinspiegel senken helfen (siehe Seite 38) und den Blutdruck senken.

Gute Quellen für Omega-3-Öle sind **fettreicher Fisch** wie **Lachs**, **Makrele**, **Forelle**, **Sardellen**, **Heilbutt**, **Sardinen**, **Thunfisch und Hering**; **Hanfsamen** und **Hanföl**; **Leinsamen** und **Leinöl**; **Chiasamen**; **Walnüsse**; **Kürbiskerne** und **Kürbiskernöl**; **mit Omega-3-Fettsäuren angereicherte Eier** (von Hühnern, denen Futter mit einem hohen Omega-3-Fettsäuregehalt gegeben

DIE KOKOSNUSS – DAS ÜBERLEBENSMITTEL

Kokosöl ist enorm vielseitig, ich habe es in meinem Survival Kit immer dabei. Es wirkt antibakteriell, sodass Sie es bei Schnittverletzungen und Verbrennungen benutzen können. Man kann es auch auf rissige Fersen und aufgesprungene Lippen auftragen. Sie können damit Ihre Zähne putzen, um Keime und Mundgeruch loszuwerden. Wenn Sie keine Alternative parat haben, dient es als natürlicher Sonnenschutz (es hat einen Lichtschutzfaktor von etwa 10). Sie können es als Feuchtigkeitspflege für Ihre Haut und Ihre Haare benutzen und damit Ihre Messer und andere Werkzeuge einfetten. Es kann als Brennstoffquelle dienen, um ein Feuer zu entfachen. Und Sie können es als Kraftstoffquelle für sich selbst verwenden, wenn es wenig zu essen gibt. Denken Sie daran, dass Kokosöl unterhalb von etwa 20 °C steinhart ist, aber ab rund 23 °C wird es flüssig. Zimmertemperatur ist also genau richtig (beziehungsweise das, was Shara unter Zimmertemperatur versteht!).

wurde); dunkelgrüne Gemüsesorten wie **Spinat**, **Grünkohl**, **Brokkoli** und Meeresalgen; Kräuter wie **Basilikum** und **Oregano**.

Öle wie Lein- und Hanföl, die einen hohen Gehalt an Omega-3-Fettsäuren haben, sollten im Kühlschrank aufbewahrt werden. Solche Öle sind empfindlich gegenüber Licht und Wärme, also schützen Sie sie davor.

CHOLESTERIN

Ich wusste nie so richtig, was Cholesterin eigentlich ist, bis ein Bluttest ergab, dass meine Cholesterinwerte „überdurchschnittlich hoch" waren. Das war ein Schock – ich rauchte nicht, trank nicht viel Alkohol und aß auch nicht oft Frittiertes. Ich trieb regelmäßig Sport und fühlte mich körperlich fit.

Wie die meisten Menschen dachte ich, dass Cholesterin etwas Schlimmes ist. Lauerte um die Ecke schon ein Herzinfarkt? Ich begab mich auf die Suche nach Antworten.

Was ist Cholesterin?

Früher dachte ich, Cholesterin wäre ein gefährlicher, lebensbedrohlicher Stoff. Einer von der ganz bösen Sorte. Doch es stellte sich heraus, dass das Gegenteil zutrifft. Cholesterin sorgt nicht nur dafür, dass wir psychisch und physisch gesund bleiben. Ohne Cholesterin würden wir sterben. Wirklich.

Cholesterin ist eine fettähnliche, klebrige Substanz, die von der Leber produziert wird. Unser Körper zieht es auch aus bestimmten Lebensmitteln, darunter Eier. Theoretisch produziert unsere Leber umso weniger Cholesterin, je mehr wir aus der Nahrung absorbieren. Hier greift ein strenger Kontrollmechanismus.

Jede unserer Körperzellen enthält Cholesterin (es ist Teil der Membran, die die Zellen zusammenhält). Es ist der Baustein mehrerer wichtiger Hormone, wozu auch die Sexualhormone Testosteron und Östrogen zählen (sie prägen unsere männlichen und weiblichen Merkmale) sowie die Stresshormone Adrenalin und Cortisol (sie bewirken, dass wir Stress bewältigen können). Außerdem spielt Cholesterin eine Rolle bei der Verdauung. Es ist Bestandteil der „Gallenflüssigkeit" – eine Substanz, die uns hilft, zu verdauen und Fette und fettlösliche Vitamine (Vitamine A, D, E und K) zu absorbieren. Ohne Cholesterin wären wir nicht in der Lage, Sonnenstrahlen in Vitamin D umzuwandeln. Es hat eine Wirkung auf unsere Stimmung, weil es das Serotonin beeinflusst – einen Neurotransmitter, der dazu beiträgt, dass wir zufrieden sind. Ach ja, unser Gehirn besteht zu 20 bis 25 Prozent aus Cholesterin.

Was hat es mit „gutem" und „schlechtem" Cholesterin auf sich?

Vielleicht haben Sie schon vom „guten" Cholesterin (HDL) und vom „schlechten" Cholesterin (LDL) gehört. Was ist das eigentlich?

Cholesterin muss von der Leber über die Arterien wohlbehalten an die Stellen in unserem Körper transportiert werden, wo es eingesetzt wird. Stellen Sie sich vor, Sie transportieren Butter. Wenn Sie die einfach hinten in einen LKW verstauen würden, würde die Butter an den Seitenwänden kleben bleiben. Also verpacken Sie die Butter in einen Plastikbehälter, bevor Sie sie in den LKW legen, und schon ist das Problem gelöst. Sie können sich LDL als einen Behälter vorstellen, der das Cholesterin dahin transportiert, wo es gebraucht wird. HDL ist ein Behälter, der das überschüssige Cholesterin wieder zurück zur Leber befördert, wo es recycelt oder über unsere Galle und unseren Darm ausgeschieden werden kann.

Wird mehr Cholesterin produziert und durch den Körper transportiert, als gebraucht wird, und es gibt nicht genügend Behälter, um das überschüssige Cholesterin wieder zurück zur Leber bringen, dann weist Ihr Blut eventuell einen hohen LDL-Cholesterinspiegel und einen niedrigen HDL-Cholesterinspiegel auf. Das kann gefährlich sein, heißt aber nicht, dass Cholesterin an sich etwas „Schlechtes" ist.

Was macht hohe Cholesterinwerte so gefährlich?

Die Behälter mit dem Cholesterin werden durch unsere Arterien transportiert. Wenn wir gesund sind, sind die Innenwände unserer Arterien wie glatte Rohre, durch die die Behälter problemlos hindurchkommen. Es kann aber sein, dass die Innenwände unserer Arterien durch Alkoholkonsum, Rauchen, Stress und ungesunde Lebensmittel beschädigt sind. Der Körper versucht, diese Schäden mithilfe von Reparaturmaterial zu beheben, wozu auch das Cholesterin aus den Behältern gehört. Doch je mehr er zu reparieren versucht, desto hubbeliger und unebener werden die glatten Rohre. All die Behälter mit Cholesterin haben es dann schwer, durch die hubbeligen, beschädigten Arterien zu kommen. Sie bleiben stecken, und die Hubbel werden noch größer. Es kann passieren, dass im Laufe der Zeit die komplette Arterie durch das Reparaturmaterial und die klebrigen Cholesterinpartikel verstopft wird. Wenn das in der Nähe des Herzens oder des Gehirns passiert, führt dies eventuell dazu, dass das Blut nicht mehr zirkuliert und daher der Sauerstoff nicht mehr ungehindert zu diesen Bereichen gelangt. Manchmal löst sich auch ein Teil des Reparaturmaterials wieder und blockiert die Arterie. All diese Faktoren können zu einem Herzinfarkt oder Schlaganfall führen.

Aus diesem Grund haben wir zwei wichtige Aufgaben:

- Wir müssen darauf achten, dass unsere Arterien glatt und gesund bleiben, damit das Cholesterin, sofern etwas zu viel davon vorhanden ist, ungehindert zurück zur Leber und zum Darm gelangen kann, um ausgeschieden zu werden.
- Wir müssen aufpassen, dass gar nicht erst zu viel LDL-Cholesterin vorhanden ist.

Wie lassen sich Arterien gesund erhalten?

Schäden an den Arterien werden meistens durch „freie Radikale" und „körperfremde Eindringlinge" verursacht.

Freie Radikale sind Moleküle, die im ganzen Körper Chaos anrichten, auch in den Arterien. Sie haben ihren Ursprung in den verschiedensten Quellen: frittierte Lebensmittel, Zucker, fettes oder verarbeitetes Fleisch, verarbeitete Kohlenhydrate, Zigarettenrauch, Alkohol, Drogen, Medikamente, Luftverschmutzung, Stress, zu wenig Sport, Pestizide, ungefiltertes Leitungswasser, Reinigungsmittel, Kunststoffverpackungen und Hygieneartikel, Einsatz der Mikrowelle und verbranntes Essen.

Freie Radikale verursachen Schäden und Entzündungen und sind die Ursache für körperliche Erkrankungen, unter anderem von Herzerkrankungen.

Körperfremde Eindringlinge sind Bakterien, Viren und Nahrungsteilchen, die unser Körper nicht mag. Sie können über einen geschädigten Verdauungstrakt, durch verringerte Immunität oder eine ungesunde Ernährung und einen ungesunden Lebensstil in unseren Körper eindringen.

Die gute Nachricht ist, dass freie Radikale und körperfremde Eindringlinge einen Feind haben: Antioxidantien. Antioxidantien sind wie Staubsauger, die die freien Radikale aufsaugen, Schäden reparieren, Entzündungen hemmen und unser Immunsystem ankurbeln, damit körperfremde Eindringlinge sich gar nicht erst einschleichen können. Antioxidantien sind in fast allen gesunden Lebensmitteln enthalten, die im vorliegenden Buch besprochen werden, ebenso wie in den Rezepten auf den Seiten 133 bis 252. Dazu gehören: **Obst**, **Gemüse**, **Nüsse**, **Kerne**, **Samen**, **Sprossen**, **Kräuter**, **Gewürze**, **Hülsenfrüchte**, **Pseudogetreidearten**, **dunkle Rohschokolade**, **grüne Tees** und **Kräutertees**, **gesunde unraffinierte Öle und Fette** sowie **fettreicher Fisch**. Wenn Sie den Vorschlägen in diesem Buch folgen, tun Sie automatisch etwas für Ihre Arterien und Ihr Herz.

Was tun, wenn der LDL-Cholesterinspiegel zu hoch ist?

Erhöhte LDL-Werte haben beinahe exakt dieselben Ursachen wie beschädigte Arterien. Alles, was auf der Liste der freien Radikale steht, kann die Leber daran hindern, richtig zu arbeiten. Wenn das passiert, fängt sie entweder an, zu viel LDL oder nicht genug HDL zu produzieren, oder sie schafft es nicht, das überschüssige LDL wieder loszuwerden. Auch der Verzehr von zu viel ungesundem Fett und Zucker kann dazu führen, dass die Leber zu viel LDL produziert. Jetzt können Sie also zwei Fliegen mit einer Klappe schlagen: Denn wenn Sie die im Buch aufgeführten gesunden Lebensmittel essen, sorgen Sie dafür, dass nicht nur Ihre Arterien gesund bleiben, sondern auch Ihre Leber.

Es gibt noch andere Dinge, die Sie tun können. Überschüssiges Cholesterin sollte in Ihrem Darm landen. Von dort wird es entweder ausgeschieden (was wir uns wünschen) oder in den Körper resorbiert (was wir vermeiden wollen). Hier kommen die Ballaststoffe ins Spiel. Einfach ausgedrückt binden diese sich an das überschüssige Cholesterin, damit es nicht resorbiert wird. Aus diesem Grund haben Sie vielleicht schon gehört, dass Hafer, der viele Ballaststoffe enthält, den Cholesterinspiegel senken hilft. Andere ausgezeichnete Ballaststoffquellen sind faserreiches Gemüse wie **Brokkoli**, **Blumenkohl**, **Grünkohl**, **Weißkohl**, **Paprika** und **Zwiebeln**; Obst wie **Äpfel**, **Birnen** und **halbreife Bananen**; **Nüsse**; Kerne und Samen, besonders **Leinsamen** und **Chiasamen**; **Bohnen**, **Erbsen** und **Linsen**; **Quinoa** und **Naturreis**; **Flohsamenschalen** (ein Ballaststoff, den es in Naturkostläden gibt).

Weitere Informationen zu Ballaststoffen und was Sie tun können, damit Ihr Darm gut arbeitet, erfahren Sie auf Seite 34.

Was ist mit Eiern?

Viele Jahre lang lautete der Rat, keine Eier zu essen, da sie Cholesterin enthalten. Tatsächlich sind Eier eine gute Quelle für viele Nährstoffe, die Schäden an Arterien und Herzerkrankungen verringern können und außerdem die Leber- und die Hirnfunktion unterstützen. Sie sind gut als Frühstück und viel gesünder, als Toast mit Marmelade oder eine Schüssel gezuckerte Cerealien mit Milch es je sein werden. Sie sollten nicht jeden Tag ein Omelette oder Spiegeleier essen, aber in Maßen können Eier Teil einer gesunden Ernährung sein. Sie sollten sich immer für **Bio-Freilandeier** – oder noch besser mit **Omega-3-Fettsäuren angereicherte Eier** entscheiden.

Statine und andere Methoden zur Senkung des Cholesterinspiegels

Vielleicht haben Sie schon mal von Statinen gehört, eine Gruppe von Arzneistoffen, die Cholesterinwerte senken helfen. Für viele – besonders für Menschen mit einer genetischen Veranlagung zu einem hohen LDL-Spiegel – kann das nützlich oder sogar lebenswichtig sein. Statine sind jedoch nicht unbedingt das Allheilmittel, als das sie gern angepriesen werden. Sie haben viele schädliche Nebenwirkungen und packen das Problem beschädigter Arterien nicht an der Wurzel. Ich will damit nicht sagen, jeder, der Statine einnimmt, sollte diese sofort absetzen – das keineswegs, es sei denn, Ihr Hausarzt ist damit ebenfalls einverstanden. Sie sollten nur, wenn Sie hohe Cholesterinwerte haben, daran denken, dass Ihre gesamte Ernährung und Ihr Lebensstil eine sehr wichtige Rolle dabei spielen, diese auf natürliche Art zu senken.

Wahrscheinlich haben Sie schon mal Brotaufstriche oder Getränke gesehen, die den Anspruch erheben, den Cholesterinspiegel zu senken. Sie enthalten „Sterole" und „Stanole", Substanzen, die die Absorption von Cholesterin im Darm verhindern. Mag sein, dass das bis zu einem gewissen Grad funktioniert, aber ich begegne all dem Zeug, das in diese hochgradig verarbeiteten Lebensmittel gepackt wird, mit Skepsis. Die gleichen Sterole und Stanole finden Sie auch in naturbelassenen Lebensmitteln wie **Nüssen**, **Kernen**, **Samen**, **Obst** und **Gemüse**. Das ist eine viel gesündere Art, sie in Ihren Körper zu bekommen.

Sport

Bewegung ist gesund. So viel ist klar. Mein Buch „Fit mit Bear Grylls" handelt davon, wie Sie mit nur 30 Minuten Aufwand genug für Ihre Fitness tun können.

Durch Fitnessübungen können Sie Ihren Cholesterinspiegel senken helfen und etwas für Ihr Herz tun. Sie steigern damit die HDL-Produktion. Sie stimulieren Enzyme, die dazu beitragen, dass das Cholesterin wieder zurück zur Leber transportiert wird. Sie steigern die Durchblutung und stärken den Herzmuskel. Die Abwehrkräfte werden angekurbelt. Und der Fettgehalt des Körpers wird reduziert. Alles in allem eine sehr gute Sache.

Aber: Man kann auch zu viel Sport machen, denn selbst durch Fitnessübungen werden freie Radikale im Körper freigesetzt, und was die anstellen, wissen wir. Achten Sie darauf, dass Sie vor und nach dem Sport immer eine Erholungspause einlegen (eine Anleitung dazu finden Sie im Abschnitt „Sportlerernährung" auf Seite 115). Das ist wichtig, damit Ihre Organe und Ihre Arterien fit bleiben. Laufen Sie nicht jeden Tag einen Halbmarathon. Machen Sie nicht jeden Tag drei Stunden Krafttraining mit Gewichten. Wenn Sie mehrere harte Sessions hatten, machen Sie einen Tag Pause, um sich zu erholen.

Unterm Strich heißt das: Treiben Sie Sport, am besten jeden Tag, aber in Maßen, und machen Sie Erholungspausen.

Fazit

Hohe LDL-Werte können ein Hinweis darauf sein, dass in Ihrem Körper etwas aus dem Gleichgewicht geraten ist und angegangen werden muss. Den Cholesterinspiegel senkende Medikamente oder eine cholesterinfreie Ernährung sind nicht unbedingt die Lösung, ebenso wenig das Senken des Cholesterinwerts durch Brotaufstriche und Getränke. Konzentrieren Sie sich darauf, sich so zu ernähren, dass Sie weitestgehend auf die miesen Typen verzichten und sich von Lebensmitteln ernähren, die reich an Antioxidantien und entzündungshemmenden Stoffen sind. Und treiben Sie regelmäßig – aber nicht exzessiv – Sport. So einfach ist das.

FLÜSSIGKEIT

Wenn Sie wissen möchten, wie wichtig Flüssigkeit ist, versuchen Sie mal, ohne auszukommen. Einige Male in meinem Leben war ich in der Situation, dass mein Wasservorrat stark eingeschränkt war. Das erste Mal passierte das, als ich in der Army war. Wir befanden uns in der Wüste und der Abzug unserer Truppe per Helikopter verzögerte sich um drei Tage. Unser Wasservorrat war komplett erschöpft, aber wir mussten noch 20 Kilometer bis zu unserem Abzugspunkt marschieren. Am Ende waren wir alle im Delirium. Dehydrierung kann qualvoll sein, dann wird der Wunsch nach Wasser auf der Zunge zum alles bestimmenden Bedürfnis. Mein Sergeant sah, dass ich besonders litt. Er gab mir seine letzten Tropfen Wasser. Diese Geste der Freundlichkeit ließ mich weitermachen. Seine Selbstlosigkeit habe ich nie vergessen.

Sie können etwas mehr als drei Wochen ohne Nahrung aushalten (wobei ich Ihnen nicht empfehlen würde, das auszuprobieren!), aber ohne Wasser wären Sie wahrscheinlich in drei bis vier Tagen tot. Aus diesem Grund sollte in einer Überlebenssituation die Suche nach sauberem Wasser auf Ihrer Liste ganz oben stehen. Das gilt nicht nur für die Wildnis. Sie können sich so gesund ernähren, wie Sie wollen – wenn Sie nicht ausreichend oder qualitativ schlechtes Wasser trinken, tun Sie nicht das Beste für Ihre Gesundheit.

Warum brauchen wir Wasser?

Aus allen möglichen Gründen. Wasser bringt Nährstoffe und Sauerstoff zu unseren Zellen, es transportiert Abfallprodukte ab, reguliert die Körpertemperatur und macht verschiedene Teile unseres Körpers gleitfähig – unseren Darm zum Beispiel, um Verstopfung zu verhindern. Wasser ist uns beim Stoffwechsel behilflich, schützt unsere Organe und Gelenke, hält unsere Haut gesund und geschmeidig und unterstützt die Hirnfunktion. Kurz gesagt: Wasser ist unser Lebenselixier.

Wie viel Wasser brauchen wir?

Es gibt alle möglichen komplizierten Berechnungen, die man anstellen kann, um zu ermitteln, wie viel Wasser man trinken sollte. Im Durchschnitt brauchen wir rund eineinhalb bis zwei Liter pro Tag. Doch die Wahrheit ist: Die Menge, die Sie wirklich brauchen, hängt von vielen Faktoren ab. Wie aktiv sind Sie? Haben Sie Sport gemacht oder viel geschwitzt? Halten Sie sich in tropischer Hitze oder in arktischen Winden auf? Essen Sie mehr Fleisch oder mehr Gemüse (siehe hierzu meine „Wasserregeln" an anderer Stelle)? Haben Sie viele salzige oder verarbeitete Lebensmittel gegessen? Sind Sie schwanger oder stillen Sie? Sind Sie krank oder nehmen Sie täglich Medikamente ein?

Im Endeffekt zählt die Farbe Ihres Pipi! Ob Sie genug getrunken haben, können Sie am besten anhand der Farbe Ihres Urins abschätzen – der sollte wie helles Stroh gefärbt sein (wobei mir die Vorstellung, er sei champagnerfarben, besser gefällt!). Wenn er dunkler ist, müssen Sie mehr trinken. Ist er heller, sind Sie wahrscheinlich ausreichend hydriert. Er sollte außerdem nicht übermäßig riechen. Tut er es dennoch, heißt das meist, dass er relativ konzentriert ist. (Beachten Sie jedoch, dass farbintensive Lebensmittel wie Rote Bete, Medikamente und Vitaminzusätze, insbesondere Vitamin B, die Farbe Ihres Urins dunkler oder hellgelb machen können, selbst dann, wenn Sie ausreichend mit Flüssigkeit versorgt sind.)

Komplizierte Berechnungen sind also unnötig: Werfen Sie einfach einen Blick ins Klo!

Die Wahrheit über Leitungswasser

In der freien Natur kann Wasser sowohl Ihr Freund als auch Ihr Feind sein. Möglicherweise stoßen Sie auf Wasser, das unglaublich klar und erfrischend aussieht. Wurde es aber nicht gründlich aufbereitet, kann es Sie sehr krank machen. Wasser kann über seine schädlichen Bestandteile hervorragend hinwegtäuschen: Eine optische Einschätzung allein genügt oft nicht, um sagen zu können, was drin ist.

Bei Leitungswasser ist das nicht anders. Das wird Sie nicht sonderlich schockieren, aber denken Sie daran, dass ein Glas Leitungswasser nicht nur das enthält, wonach es aussieht. Die Möglichkeit besteht, dass das Wasser mehr als einmal recycelt wurde. Damit meine ich, dass es vielleicht schon jemandes Körper passiert hat und dann in die Kanalisation geflossen ist. Vielleicht ist das Wasser auch durch eine Fabrik gegangen oder wurde zuvor in einer Plastikflasche verkauft, anschließend wieder ausgepinkelt und wurde dann wieder in die Wasserversorgung eingespeist. Nicht falsch verstehen, ich bin sehr dafür, dass Wasser recycelt wird – in vielen Teilen der Welt ist es ein rares und kostbares Gut – wenn wir jedoch recyceltes Wasser trinken, schlucken wir mehr, als gut für uns ist. Im Vereinigten Königreich kann ein Glas Leitungswasser im Durchschnitt rund 300 Chemikalien enthalten. Es sollte mit einem eigenen Etikett für die Inhaltsstoffe versehen werden. Zwar sind einige dieser Schadstoffe nur in kleinen Mengen vorhanden, aber wir trinken jeden Tag eine Menge Wasser, und das summiert sich. Die in unserem Wasser enthaltenen Schadstoffe können für alle möglichen gesundheitlichen Probleme mitverantwortlich sein, darunter das Reizdarmsyndrom und die Schilddrüsenunterfunktion.

Die Lösung

Ich habe mir vorgenommen, nur in Flaschen abgefülltes Wasser zu trinken. Aber Vorsicht – bei vielen Wassermarken handelt es sich lediglich um abgefülltes gefiltertes Leitungswasser. Ich nehme artesisches Wasser, das bedeutet, es stammt aus einer

Bärenstarke Insiderinfos

Ich bin bekannt dafür, dass ich – im Extremfall – meinen eigenen Urin trinke. Ich tue das niemals aus Spaß an der Freude – wirklich nicht! Wenn es um Leben und Tod geht, können Sie damit Leben retten, aber nur, wenn der Urin relativ hell ist. Ist er dunkelbraun, ist es ein reines Abfallprodukt, das Ihnen nicht helfen wird. Urin schmeckt scharf, salzig und, ehrlich gesagt, ziemlich ätzend – aber niemand hat je behauptet, dass der Kampf ums Überleben Spaß macht!

mineralreichen Gesteinsschicht im Boden, die als Grundwasserleiter bezeichnet wird. Solches Wasser wird in hochwertigen, recycelten Plastik- oder Glasflaschen angeboten. In billigem Plastik enthaltene Chemikalien können in das Wasser sickern. Wenn Sie abgefülltes Wasser kaufen, sollten Sie daher darauf achten, dass Sie Glasflaschen nehmen oder Flaschen aus hochwertigem recycelbarem Kunststoff, die meistens stabiler und dicker sind. Und Sie sollten sich immer für eine umweltfreundliche Marke entscheiden.

Abgefülltes artesisches Brunnenwasser guter Qualität ist reich an aktiven Mineralstoffen wie Kieselsäure, sehr gut für Haare, Haut und Nägel, und es ist nitratarm. Das bedeutet, das Wasser ist sehr rein und gesundheitsfördernd. Machen Sie einen Bogen um umweltschädigende Marken oder Wasserabfüller, deren Produkt aus Grundwasser hergestellt ist oder, noch schlimmer, einfach aus entchlortem Leitungswasser!

Die beste Alternative zu ökologisch sinnvollem abgefülltem Wasser ist ein Wasserfilter. Ich filtere Wasser am liebsten mit einem Aktivkohlefiltersystem oder einem Umkehrosmosesystem. Beides muss man unter der Spüle montieren, aber ist das erst mal erledigt, reicht es, den Filter nur alle sechs Monate zu erneuern.

Wenn Sie einen Tischwasserfilter benutzen, sollten Sie den Filter regelmäßig austauschen (denn Sie wollen ja nicht, dass der Dreck wieder ins Wasser sickert, wenn der Filter voll ist) und den Krug alle paar Wochen reinigen, um zu verhindern, dass sich potenziell schädliche Bakterien ablagern!

Bärenstarke Insiderinfos

Nachfolgend einige „Inhaltsstoffe", die Sie in einem durchschnittlichen Glas Leitungswasser finden:

- *Pestizide, zum Beispiel Nitrate*
- *Arzneimittelrückstände, zum Beispiel schmerzstillende Mittel und Hormone*
- *Schwermetalle, zum Beispiel Blei, Quecksilber, Kupfer und Aluminium*
- *Fluorid*
- *Desinfektionsmittel, zum Beispiel Chlor und Trihalomethane*
- *Bakterien aus Ihren Wasserleitungen*

KAY SAGT ...

Ich hatte eine Klientin aus dem Süden Londons, die sich sehr gesund ernährte, aber trotzdem unter Bauchschmerzen litt, die sich medizinisch nicht eindeutig erklären ließen. Als Erstes sagte ich ihr, dass sie aufhören soll, Leitungswasser direkt vom Hahn zu trinken: Ich riet ihr, nur abgefülltes oder gefiltertes Wasser zu trinken. Innerhalb von zwei Wochen waren ihre Symptome fast vollständig verschwunden.

MEINE WASSERREGELN

1. *Trinken Sie keine großen Wassermengen zu Ihren Hauptgerichten oder beim Essen. Warum? Weil die Nahrung, die wir verzehren, von Magensäuren und Verdauungsenzymen zersetzt wird. Wenn wir beim Essen Wasser trinken, verdünnen wir diese. Das bedeutet, dass unser Körper viel länger braucht, um die Nahrung aufzuspalten, und es kann sein, dass wir nicht alle wertvollen Nährstoffe aus der Nahrung richtig aufnehmen können. Ich trinke 30 Minuten vor dem Essen Wasser (das hilft auch, den Appetit zu dämpfen) oder eine Stunde nach dem Essen, beim Essen selbst trinke ich nur einige Schlucke.*
2. *Durst wird oft mit Hunger verwechselt. Wenn es keinen Grund gibt, hungrig zu sein (weil es gar nicht lange her ist, dass Sie eine ordentliche Mahlzeit zu sich genommen haben), trinken Sie ein Glas Wasser, warten Sie 30 Minuten und prüfen Sie dann, ob Sie immer noch Hunger haben.*
3. *Wenn Sie viel Fleisch essen und wenig Obst und Gemüse, sollten Sie generell mehr Wasser trinken. Obst und Gemüse enthalten bereits viel Wasser, Fleisch nicht. Letzteres lässt sich außerdem schwerer verdauen und belastet Ihren Körper stark mit Abfallprodukten – Sie müssen mehr Wasser trinken, um Ihren Nieren zu helfen, diesen Abfall herauszuspülen.*
4. *Überprüfen Sie stets die Farbe Ihres Urins.*
5. *Trinken Sie immer gefiltertes Wasser oder abgefülltes Wasser aus einer vertrauenswürdigen Quelle.*
6. *Trinken Sie unmittelbar vor und nach dem Sport etwas – während einer intensiven Trainingseinheit können Sie mehr als einen Liter Flüssigkeit verlieren! Auf Seite 248 finden Sie meine Lieblingsgetränke zum Wiederauffüllen des Flüssigkeitsdepots.*

SALZ

In früheren Zeiten war Salz ein sehr begehrtes Produkt. Es wurde sogar als Währung verwendet – das Wort „Salär“ für Gehalt stammt davon ab und auch das Wort „Salat“.

Was Salz betrifft, so gehen die Forschermeinungen ziemlich auseinander. Auf der einen Seite haben Sie wahrscheinlich gehört, dass Salz „ungesund“ ist – es kann für hohen Blutdruck und Herzerkrankungen mitverantwortlich sein. Auf der anderen Seite ist Ihnen vielleicht auch bekannt, dass wir zur Aufrechterhaltung unserer Körperfunktionen unbedingt Salz brauchen.

Was stimmt denn nun? Und sollten wir Salz wirklich unter allen Umständen meiden?

Salz in seiner natürlichen, unraffinierten Form, kann sogar ein großartiges Gesundheitsprodukt sein. Es enthält mehr als 80 Spurenelemente und Mineralstoffe, die alle lebenswichtig sind, darunter Jod, Magnesium, Kalzium, Kalium und Eisen. Dagegen ist Salz in seiner raffinierten, verarbeiteten Form – das weiße Zeug, das wir als Speisesalz kennen – nicht so toll.

Speisesalz: Was das wirklich ist

Speisesalz steht in fast jedem Supermarktregal und befindet sich in den meisten verarbeiteten Lebensmitteln. Es ist nichts anderes als Natriumchlorid – chemisch hergestelltes Salz. Beim Herstellungsprozess werden dem Salz alle wertvollen Mineralstoffe, die es in seiner natürlichen Form enthält, entzogen. Diese Mineralstoffe werden größtenteils separat verkauft zur Nutzung in anderen Branchen, zum Beispiel in der Landwirtschaft oder der Pharmaindustrie. Das ist einer der Gründe, warum unraffiniertes Salz so teuer ist.

Nach der Verarbeitung können noch andere Chemikalien dem Speisesalz beigemischt werden, zum Beispiel Trennmittel, damit es nicht klumpt und seine Haltbarkeit verlängert wird. Das Produkt, das am Ende dabei herauskommt, bietet keinerlei Vorteile für unsere Gesundheit.

Speisesalz belastet den Körper und schadet viel mehr, als es nützt. Es kann die empfindliche Balance vieler Prozesse im Körper und

WARUM SALZ SO GUT BEI SPORT IST

Wie wichtig es ist, qualitativ hochwertiges unraffiniertes Salz zu verwenden, erfuhr ich, als ich anfing, mich damit zu befassen, wie ich nach intensiven Trainingseinheiten meinem Körper wieder ausreichend Flüssigkeit zuführen kann. Unraffiniertes Salz ist eine gute Quelle für Elektrolyte – jene Ionen, die in allen Körperflüssigkeiten enthalten sind. Die wichtigsten Elektrolyte sind Natrium, Kalium, Chlorid, Kalzium, Magnesium, Bikarbonat, Phosphat und Sulfat.
Sie sorgen im Körper für einen ausgeglichenen Wasserhaushalt und unterstützen die Nerven- und Muskelfunktion.
Wenn Sie schwitzen (oder pinkeln oder Durchfall haben), verlieren Sie Elektrolyte. Unraffiniertes Salz enthält am meisten von dem, was Sie brauchen, um nach einer guten Trainingseinheit den Verlust wieder auszugleichen. Also vergessen Sie teure Sportdrinks und geben Sie nach dem Sport einfach eine Prise unraffiniertes Salz in Ihr Wasser, Ihren Smoothie oder Ihr Shake. So bekommen Sie einen kostengünstigen und natürlichen Elektrolyteschub.

unserer Körperflüssigkeiten stören und trägt unter Umständen zu gesundheitlichen Problemen wie Bluthochdruck, Herzerkrankungen, Nierenproblemen, Osteoporose und Störungen der Muskel- und Nervenfunktionen bei. Außerdem macht es hochgradig abhängig.

Unraffiniertes Salz

Unraffiniertes Salz ist ein ganzes Paket an wunderbaren Mineralstoffen. Aus diesem Grund kann es für unseren Körper sehr nützlich sein. So haben zum Beispiel Magnesium, Kalium und Kalzium eine blutdrucksenkende Wirkung. In Maßen verzehrt kann unraffiniertes Salz daher sogar das Risiko für Bluthochdruck und Herzerkrankungen senken helfen, anstatt es zu erhöhen, was bei Speisesalz der Fall ist. (Wenn ich sage „in Maßen" meine ich damit: Halten Sie sich an die Maßangaben in den Rezepten und nehmen Sie nicht anschließend den Salzstreuer zur Hand, um nachzusalzen. Probieren Sie Speisen immer, bevor Sie mehr Salz dazugeben, und wenn Sie es doch tun, dann nur, wenn es unbedingt nötig ist. Setzen Sie Salz nach und nach immer sparsamer ein und trainieren Sie Ihre Geschmacksnerven dahingehend um, dass sie wieder den Geschmack der eigentlichen Lebensmittel mögen und nicht den von dazugegebenem Salz.)

Unraffiniertes Salz ist meistens nicht so glitzernd weiß wie Speisesalz. Je nach Typ kommt es in verschiedenen Farben wie Pink, Grau, Blau, Rot und sogar Schwarz daher. Je weißer Salz ist, desto ungesünder und desto stärker verarbeitet ist es meistens. Beispiele für gesundes, mineralstoffreiches, verschiedenfarbiges, unraffiniertes Salz sind: pinkfarbenes Himalajasalz, Keltisches Meersalz beziehungsweise Sel Gris, Fleur de Sel de Guérande und Persisches Blausalz oder die gesünderen weißen Meersalz-Varianten Maldon und Halen Môn. Die meisten Sorten kann man im Internet kaufen, in Naturkostläden und sogar in einigen Supermärkten.

Bleiben Sie unterhalb des Limits

Es wird empfohlen, nicht mehr als einen Teelöffel Salz pro Tag zu verzehren, das sind rund sechs Gramm. Diese Menge ist schnell erreicht, denn Salz steckt in so vielen Lebensmitteln, in süßen ebenso wie salzigen – darunter Cerealien, Brot, Gebäck, Käse, Chips, Limonaden, Soßen, Snacks, Fertiggerichte ... Mit etwas so Simplem wie einem Schinken-Käse-Sandwich und einer Dose Limo zum Mittag plus einem Fertiggericht zum Abend kann man leicht die tägliche Menge überschreiten. Außerdem macht Salz stark abhängig, weshalb man sich abgewöhnen sollte, mit dem Streuer übers Essen zu gehen, noch bevor man es überhaupt probiert hat. Fangen Sie stattdessen lieber damit an, Ihr Essen mit frischen Kräutern und Gewürzen zu würzen. Wenn Sie Brühwürfel verwenden, versuchen Sie, auf die Marken zurückzugreifen, die am wenigsten Salz enthalten.

Nur weil unraffiniertes Salz gesünder ist, sollten Sie nicht glauben, dass Sie davon so viel verwenden können, wie Sie wollen. Egal ob gutes oder schlechtes Salz – zu viel davon kann schädlich sein. (Wenn Sie ums Überleben kämpfen, ist das Trinken von Meerwasser lebensgefährlich.) Alles in Maßen.

GLUTENHALTIGE & SONSTIGE GETREIDEARTEN

Für mich gehört Brot zu den am süchtigsten machenden Lebensmitteln auf diesem Planeten. Es schlägt Schokolade um Längen. Der Duft von frisch gebackenem Brot ist einfach sensationell – besonders am Lagerfeuer nach einem anstrengenden Tag unterwegs in der Natur. Für sich genommen schmeckt es gar nicht mal so außergewöhnlich, aber mit einem Brotaufstrich war dies ein Essen, von dem ich dachte, dass ich niemals darauf würde verzichten können.

Im Grunde schien alles, was aus Weißmehl hergestellt war, diese Wirkung zu haben. Croissants, Kekse, Muffins, Donuts und Pizza wecken alle in mir die Lust auf mehr!

Brot und andere aus Mehl hergestellte Produkte gehörten zu den Dingen, bei denen es mir am schwersten fiel, sie aus meiner Ernährung zu verbannen. Aber ich habe festgestellt, dass der Verzicht auf Weizen und die meisten glutenhaltigen Produkte bei mir einen großen Unterschied bewirkt hat. Am Anfang war das wie ein kalter Entzug! Ich war träge und das Verlangen danach war immens. Aber nachdem ich eine Weile durchgehalten hatte, wobei ich zwischendrin doch immer mal wieder zum Weizen gegriffen hatte, erwachte mein Körper zum Leben! Plötzlich hatte ich viel mehr Energie, war deutlich weniger blass, weniger gebläht und mit der Verdauung klappte es auch besser. Meine pelzige Zunge wurde rosa, mein vernebeltes Hirn klarer und ich wurde endlich die hartnäckigen Fettpölsterchen (!) am Bauch los. Außerdem war der Verzicht auf Weizen der Schlüssel zu einem schlanken Körper und strafferen Bauchmuskeln. Dies hatte für mich die positivsten Auswirkungen, was meine Gesundheit, meine Energie und mein Aussehen betraf, mehr als jede andere Veränderung.

Ich habe intensiv recherchiert, ehe ich am Ende davon überzeugt war, dem Weizen abzuschwören, aber seitdem habe ich nicht zurückgeschaut. Natürlich habe ich auch meine Cheat Days – vielleicht einmal pro Woche – und die liebe ich. Manchmal geht einfach nichts über eine Pizza oder ein Croissant, aber ich habe festgestellt, dass mein Verlangen nach Weizen nicht mehr so stark ist wie vorher.

Brot und andere Weißmehlprodukte enthalten mehrere Dinge, die Ihnen und Ihrer Verdauung schaden können: Gluten, Hefe, Zucker und Zusatzstoffe wie Stabilisatoren, Säuren, Backtriebmittel, Konservierungsstoffe und Emulgatoren.

Was hat es mit Gluten auf sich?

Inzwischen scheinen viele Menschen empfindlich oder überempfindlich auf Gluten zu reagieren. Wie kann es sein, dass unsere Großeltern nicht gleichermaßen glutenintolerant waren? Ist das bloß eine moderne, erfundene Modekrankheit?

Gluten ist ein Protein, das in Getreide vorkommt, zum Beispiel in Weizen, Gerste und Roggen. Es hält den Teig elastisch, sorgt dafür, dass Brot aufgeht, und ist der Stoff, der Mehlprodukten wie Brot, Kuchen, Croissants und Muffins eine luftig-lockere Konsistenz verleiht.

Das Klebereiweiß setzt sich aus zwei Bestandteilen zusammen: dem Gliadin und dem Glutenin. Es ist das Gliadin, womit die meisten Leute Probleme haben. Unser Körper reagiert im Allgemeinen nicht gut darauf. Die Wirkung zeigt sich am stärksten in Form einer Zöliakie, doch selbst wenn man nicht darunter leidet, kann das Gliadin Schaden anrichten, sogar ohne dass man etwas davon merkt.
Es scheint, dass wir es nicht gut verdauen, und es kann unsere Darmschleimhaut schädigen.

Unser Immunsystem mag das Gliadin auch nicht besonders. Bei manchen Menschen können Gliadinpartikel über die Darmschleimhaut in den Blutkreislauf geraten. Dies kann zu Autoimmunreaktionen und Entzündungen führen, andere Körperteile schädigen, zum Beispiel die Gelenke oder die Schilddrüse, und eine ganze Reihe anderer gesundheitlicher Probleme nach sich ziehen.

Was den scheinbaren Suchtcharakter von Brot betrifft, gibt es in der Forschung Hinweise darauf, dass winzig kleine Glutenpartikel ins Hirn eindringen und eine drogenähnliche Wirkung auslösen können. Hier sind weitere Studien nötig, aber es lässt sich nicht wegdiskutieren, dass Brot ein hochgradig abhängig machendes Convenience-Lebensmittel ist.

In geringen Mengen macht Gluten den meisten Menschen wahrscheinlich nicht viel aus. Doch in den letzten Jahrzehnten ist Weizen, und damit auch Gluten, für uns in einem viel größeren Ausmaß zum täglichen Grundnahrungsmittel geworden – wir verzehren viel mehr davon, als unsere Großeltern es je taten. Wir essen es häufig zum Frühstück, Mittagessen, Abendessen und als Snack. Man erzählt uns die ganze Zeit, dass wir Kohlenhydrate als Energiespender brauchen. Das stimmt schon – die brauchen wir tatsächlich, aber nicht aus einer dermaßen nährstoffarmen Quelle!

Sehen Sie sich folgende Liste an – ein Beispiel dafür, was eine Person pro Tag im Durchschnitt an Lebensmitteln verzehrt:

- Vollkornweizenkeks oder Toast zum Frühstück (enthält beides Gluten)
- Zwei Kekse oder ein Croissant oder ein Muffin als morgendlicher Snack (enthält alles Gluten)
- Sandwich, Wrap, Bagel oder Baguette zum Mittagessen (enthält alles Gluten)
- Spaghetti, Lasagne, Quiche oder Pizza zum Abendessen (enthält alles Gluten)
- Ein halber Liter Bier in der Kneipe (enthält meistens Gluten) oder ein Müsliriegel nach dem Abendsport (enthält zumeist Gluten)

Da wir so viele glutenhaltige Produkte essen, ist die Nachfrage nach Getreide, die Gluten enthalten – insbesondere nach Weizen, aber auch nach Gerste, Roggen und Dinkel –, gestiegen. Und da wir unsere Nahrungsmittel gern weich und locker mögen, wollen wir, dass diese Getreidesorten mehr Gluten enthalten. Also wird Weizen angebaut, der mithilfe von ausreichend Pestiziden eine reiche Ernte mit höherem Glutengehalt verspricht. Tolle Neuigkeiten für die Supermarktketten, aber nicht so toll für unseren Körper.

Der Weizen von heute kann rund die doppelte Menge an Gluten enthalten wie der Weizen vor Jahren. Dabei hat er vielleicht noch nicht einmal die Hälfte an gesunden Vitaminen und Mineralstoffen wie Weizenkörner früher. Das ist der Grund, warum unsere Großeltern vielleicht nicht all diese gesundheitlichen Probleme hatten wie wir heute. Sie aßen Getreide von besserer Qualität und mit weniger

Gluten – und weil das Getreide naturbelassen und gesund war und satt machte, aßen sie auch nicht so viel davon und waren schneller satt.

Verstecktes Gluten

Wenn bei Ihnen eine Glutenintoleranz oder eine Zöliakie festgestellt wurde und Sie glutenfrei leben, wissen Sie bereits, dass Weizen und Gluten nicht nur in Brot, sondern in allen möglichen Produkten enthalten ist. Man findet es in vielen Soßen, Suppen, Fleischwaren, Fertiggerichten, Salatdressings, Süßigkeiten, Chips und Bier, um nur einige Beispiele zu nennen. Wichtig ist, dass Sie sich die Liste der Zutaten und Inhaltsstoffe ansehen und nach den Begriffen „Weizen" oder „Gluten" Ausschau halten – meist sind sie fettgedruckt. (Oder noch besser: Sie kaufen solche Lebensmittel erst gar nicht!)

Die Rezepte in diesem Buch enthalten keinen Weizen und so gut wie kein Gluten. Die einzigen Ausnahmen sind Marmite (tut mir leid, ich liebe das Zeug, aber ich esse nur sehr wenig davon!), Worcestersoße (wobei es hiervon glutenfreie Varianten gibt) und Haferflocken. Hafer ist praktisch glutenfrei, und selbst unter den Personen mit Zöliakie gibt es solche, die damit kein Problem haben. Aber Sie sollten, um auf der sicheren Seite zu sein, bei Glutenintoleranz einfach glutenfreie Haferflocken kaufen.

Allerdings ist Gluten nicht der einzige Grund, warum ich Weizen, Brot und anderen Mehlprodukten abgeschworen habe ...

Zucker, Hefe und Salz

Die meisten Mehlprodukte enthalten Zucker, Hefe und Salz. Zucker trägt zur Aktivierung der Hefe bei und Hefe lässt das Produkt aufgehen. Salz ist ein Geschmacksverstärker. Sowohl Zucker als auch Hefe dienen als Nahrung für die schlechten Bakterien in unserem Darm und führen zu Blähungen und zur Gewichtszunahme. Was es mit Zucker auf sich hat, erfahren Sie auf den Seiten 34–38. Und warum Sie die Finger von raffiniertem Salz lassen sollten, wird auf Seite 55 erklärt.

Zusatzstoffe

Um die Haltbarkeit von Brot und Mehlprodukten zu verlängern und sie leckerer und lockerer zu machen, wird oft eine Fülle von Zusatzstoffen hinzugegeben. Manche davon finden sich auf dem Etikett. Andere vielleicht nicht.

Brot bleibt nicht von selbst mehr als einen Tag weich, schon gar nicht eine Woche! Wenn Sie in andere Länder reisen, werden Sie feststellen, dass Sie Brot an dem Tag essen sollten, an dem es gebacken wurde, weil es sonst meist alt und steinhart wird. Es ist ebenso unnatürlich, solche Zusatzstoffe in unser Brot zu geben, wie sie unserem Körper zuzumuten. Sie können alle möglichen Nebenwirkungen haben. Ich habe mir vor einiger Zeit die Rückseite einer Packung Weißmehlfladenbrote angesehen. Jedes Fladenbrot enthielt nicht weniger als 14 Inhaltsstoffe – die meisten davon mit unaussprechlichen Namen. Und das schon bei einem einfachen Fladenbrot.

KAY SAGT ...

Rund 70 Prozent meiner Klienten scheinen ein Problem mit Weizen zu haben. Bei vielen wurde das nicht medizinisch festgestellt, streicht man jedoch Weizen aus ihrer Ernährung, wirkt sich dies immens positiv auf ihren Gesundheitszustand aus. Ich hatte einen Klienten mit einer schweren Form von Colitis ulcerosa, der negativ auf Weizen- und Glutenintoleranz getestet wurde. Ich bat ihn dennoch, komplett auf Weizen zu verzichten. Innerhalb von drei Monaten hatte er sich wieder fast vollständig erholt und dabei etliche Kilos verloren.

Eine andere Klientin zeigte schwere allergische Reaktionen auf Brotprodukte, die sie im Supermarkt gekauft hatte. Als sie jedoch in ihr Heimatland reiste und dort Brotprodukte aß, hatte sie so gut wie keine Probleme. Offenbar waren die Qualität des Weizens und die bei den Produkten im Vereinigten Königreich verwendeten Zusatzstoffe das eigentliche Problem.

Glutenintoleranz

Viele Menschen, die plötzlich die Diagnose Gluten- oder Weizenintoleranz erhalten, haben das Gefühl, dass ihre gesamte (Essens-)Welt zusammenbricht. Sich glutenfrei zu ernähren bedeutet, so gut wie gar nichts mehr essen zu dürfen, oder? Gehen Sie in irgendeinen Supermarkt in der Nähe und Sie werden diesen Irrtum bestärkt finden. Die Abteilung mit glutenfreien Nahrungsmitteln ist immer erschreckend winzig und die Produkte sind außergewöhnlich teuer. Sie finden dort kleine, in Plastik eingeschweißte Brote mit der Konsistenz eines Felsblocks, vielleicht eine einzige Sorte Schokoladenkekse und einige kleine Tüten mit Nudeln, die bis zum Dreifachen von dem kosten, was Sie für „normale" Nudeln bezahlen. Teuer, langweilig und beschränkt. Und ironischerweise enthalten solche Produkte meistens viel mehr Zucker, um das fehlende Gluten zu kompensieren.

Lassen Sie sich nicht täuschen. Nur weil es eine „glutenfreie" Abteilung gibt, bedeutet das nicht, dass alles darin gesund ist oder es im restlichen Supermarkt von Gluten nur so wimmelt! Die Abteilungen mit Obst und Gemüse, Fleisch und Fisch, Bohnen, Hülsenfrüchten, Reis, Nüssen, Kernen und Samen sowie ein Großteil der asiatischen Lebensmittel sind fast vollständig glutenfrei.

Wenn Sie sich also dazu entschließen, sich glutenfrei zu ernähren, ändern Sie Ihre Einstellung. Führen Sie sich vor Augen, dass es immer noch mehr Lebensmittel gibt, die Sie essen können, als solche, die Sie nicht essen können. Und denken Sie daran, dass eine glutenfreie Ernährungsweise Sie dazu zwingt, sich von ungesunden, verarbeiteten Lebensmitteln sowie von Backwaren und Panaden zu verabschieden. Im hinteren Teil dieses Buches finden Sie einige tolle weizenfreie Rezepte, die Ihnen helfen, das Verlangen nach Weizenprodukten zu unterdrücken, außerdem einige sogar noch gesündere Alternativen zu Brot und Nudeln aus Weizen, zum Beispiel solche mit Buchweizen oder Mandelmehl (doch dazu gleich mehr).

Backen Sie Ihr eigenes Brot

Wenn es für Sie ein Ding der Unmöglichkeit zu sein scheint, auf Brot zu verzichten, probieren Sie, Ihr eigenes Brot zu backen. (Brotbackautomaten sind heutzutage erschwinglich und nehmen Ihnen die lästige Arbeit ab.) Versuchen Sie, Bio-Mehl zu verwenden, beispielsweise **Bio-Roggenmehl**, **Kamutmehl** (beide werden häufig besser vertragen als Weizenmehl) oder ein qualitativ gutes glutenfreies Bio-Mehl, zum Beispiel **Buchweizen-**, **Reis-**, **Kokos-**, **Mandel-**, **Kastanien-**, **Hirse-**, **Hanf-**, **Quinoa-**, **Amarant-**, **Sorghum-**, **Teff-** oder **Kichererbsenmehl**. Sie sollten nur daran denken, dass diese Mehle nicht so aufgehen wie normales Mehl und Sie vielleicht ein wenig experimentieren müssen.

Ergänzen Sie Ihr Brot mit gesunden Zutaten wie Kernen, Samen und Nüssen. Sie können auch ein Sauerteigbrot aus fermentiertem Teig backen (oder bei einem guten Bäcker kaufen). Korrekt zubereitet senkt der Gärungsprozess den Glutengehalt insgesamt.

Bohnen, Hülsenfrüchte, Reis, Mais und Pseudogetreidearten

Nachdem ich Weizen aus meinem Speiseplan gestrichen hatte, verzichtete ich auch auf die meisten anderen kohlenhydratreichen Getreide- und Gemüsearten, zum Beispiel auf weißen Reis, Mais und Kartoffeln, Bohnen und Hülsenfrüchte. Ich hielt mich danach eine Zeitlang sehr streng an die Paläo-Diät. Diese Steinzeiternährung der Jäger und Sammler schließt alle Getreide, Hülsenfrüchte und Milchprodukte aus und basiert überwiegend auf Gemüse, Obst sowie natürlichen Proteinen und Fetten. Ich stellte fest, dass das meiner Gesundheit wirklich gut tat, ebenso wie meiner Taille. Aber mir wurde auch klar, dass die Beigabe von viel Speck und qualitativ schlechtem Fleisch, nur um mehr Fleisch in meine Paläo-Diät zu bringen, nicht besonders gesund war.

Dreh- und Angelpunkt war für mich, eine Balance zu finden, wie ich einerseits auf schlechte Kohlenhydrate verzichten und andererseits lernen konnte, mit gesunden Ersatzzutaten so zu kochen, dass ich immer noch „normal“ mit meiner Familie essen kann. Kuchen, Nudeln und Pizza essen wir nach wie vor, aber heute werden sie mit großartigen, gesunden Zutaten gemacht. Das ist alles. Meine Kinder dazu zu bringen, nur Gemüse zu essen, wäre ein Kampf gewesen, den ich nie gewonnen hätte, aber Pizza aus Buchweizenteig oder ein Nudelgericht mit Zucchini-Spaghetti? Das könnte funktionieren!

Und das tat es auch. Alle in der Familie sind nun gesünder und fitter, und die Kinder rasten seltener aus, da die Zeiten der Hyperaktivität auslösenden Zuckerspitzen Schnee von gestern sind. (Na ja, fast – Augenblicke der Schwäche kommen dann und wann vor, aber ich denke, das ist in Ordnung! Es geht darum, die Menschen, die wir lieben, darin zu bestärken, sich besser und gesünder zu ernähren, indem wir dafür sorgen, dass die gesunden Lebensmittel wahnsinnig lecker schmecken. Wenn wir das ordentlich hinbekommen, vermisst keiner das üble Zeug!)

In der Familie essen wir gern gesunde Pseudogetreidearten wie Quinoa, Buchweizen und Amarant, besonders an Tagen, an denen ich mich vegetarisch ernähre. Das sind eigentlich keine Getreide, aber sie schmecken so. Sie sind weizen- und glutenfrei (ja, selbst Buchweizen, trotz seines Namens). Sie enthalten eine Menge wertvolle Nährstoffe. Jedes von ihnen ist eine „vollständige" Proteinquelle, enthält also alle neun essenziellen Aminosäuren (siehe Seite 30). Sie machen satt und zufrieden, sind abwechslungsreich, führen aber nicht zu Blähungen und machen auch nicht träge. Sie sind ein großartiger Ersatz in Gerichten, die man normalerweise mit Weizen oder anderen Getreidesorten zubereiten würde. Seit einiger Zeit hat Quinoa als glutenfreies Pseudogetreide enorm an Popularität gewonnen, und ich liebe es. Aber auch der weniger bekannte kleine Bruder Amarant verdient Erwähnung. Geschmack und Textur sind ähnlich wie bei Quinoa, aber die Körner sind kleiner. Die meisten großen Supermarktketten führen ihn noch nicht, aber im Internet ist er erhältlich und dort häufig günstiger als Quinoa. Amarant ist reich an Protein, Ballaststoffen, Eisen und Vitamin B6 – er eignet sich super für glutenfreien Porridge, als Suppeneinlage sowie für Eintöpfe und Salate.

Manchmal esse ich Bohnen, Linsen oder Kichererbsen, weil sie schnell zubereitet sind, in Maßen verzehrt gesund sein können und in vielen Ländern, die ich bereise, zu den Grundnahrungsmitteln zählen. Ich halte mich oft in Südamerika auf, wo es kaum möglich ist, auf die Hauptnahrung Bohnen und Reis zu verzichten. Zu Hause gehe ich sparsam damit um und esse nur gelegentlich Bio-Basmati-Vollkornreis oder Wildreis als kleine Beilage zu einem Gericht, zum Beispiel zu einem Curry. Für mich gilt: Je weniger Kohlenhydrate, desto besser, daher gehe ich weißem Reis und Mais lieber aus dem Weg. Was es mit Kohlenhydraten auf sich hat, erfahren Sie auf Seite 34.

Auch wenn es vielleicht nicht das Gesündeste ist, Bohnen und Hülsenfrüchte in Dosen zu kaufen, geht die Zubereitung bei Weitem am schnellsten. Ich esse nicht sehr viel davon, also erlaube ich mir hin und wieder eine Dose. Bohnen und Hülsenfrüchte selbst zu kochen, ist natürlich viel gesünder. Getrocknete Bohnen bitte sehr lange einweichen (manche brauchen acht bis zwölf Stunden), anschließend gründlich in einem Sieb abbrausen und abtropfen lassen. Einen Topf mit Wasser aufsetzen und die Bohnen kochen, bis sie weich sind, abschrecken und noch einmal abtropfen lassen. Dadurch sind sie viel leichter zu verdauen.

Soja

Soja mag zwar eine gute, vollwertige Proteinquelle sein, wenn man den Verzehr von Fleisch einschränkt, trotzdem esse ich es nicht oft. Sojaprodukte, die gut schmecken, sind nicht immer leicht zu finden, zudem hat sich herausgestellt, dass Soja in größeren Mengen ungesund ist. (Sie sollten daher die Etiketten lesen, Soja findet sich heute in allen möglichen Lebensmitteln.) Viele Sojaprodukte stammen aus genetisch veränderten Pflanzen, denen ich aus dem Weg zu gehen versuche, wo immer es möglich ist. An meinen vegetarischen Tagen verwende ich gelegentlich Bio-Tofu oder Tempeh in Pfannengerichten oder wenn ich eine Quiche mache – ein tolles Rezept dafür steht auf Seite 164 – und manchmal trinke ich einen Soja-Protein-Shake nach dem Sport.

MILCH & MILCHPRODUKTE

Wir wurden in dem Glauben erzogen, dass Milch gut für uns ist, wichtig für gesunde Knochen und Zähne und damit wir groß und stark werden.

Ich bin nicht sicher, ob das stimmt.

Rund 70 Prozent der Weltbevölkerung verdauen Laktose nicht besonders gut. Das bedeutet aber nicht, dass Milch für die übrigen 30 Prozent so toll ist. Die Menschen fingen erst vor etwa 10.000 Jahren an, Milch zu trinken. Das hört sich vielleicht nach einer langen Zeit an, doch wenn man bedenkt, dass es uns seit rund 200.000 Jahren gibt, wird einem bewusst, dass das nur ein kurzer Augenblick ist. In Zeiten der Lebensmittelknappheit fingen wir wahrscheinlich an, Milch zu trinken, um zu überleben, aber wo reichlich Nahrung vorhanden ist, scheint es wenig Grund zu geben, darauf zurückzugreifen.

Sollten wir überhaupt Kuhmilch trinken?

Wie alle Säugetiere trinken wir Muttermilch, wenn wir geboren werden. Es wird empfohlen, Babys bis zu sechs Monate lang zu stillen, weil Muttermilch sie mit essenziellen Nährstoffen versorgt und ihnen beim Aufbau ihres Immunsystems hilft. Während dieser Monate produziert unser Körper ein Enzym namens Laktase. Laktase hilft beim Abbau von Laktose, ein Zucker, der in der Milch reichlich vorhanden ist. Wenn wir älter werden, fangen wir an, immer weniger Laktase zu produzieren. Warum? Weil wir die Muttermilch zum Überleben nicht mehr brauchen, weil wir jetzt stark genug sind, unsere Nährstoffe aus anderen Lebensmitteln zu beziehen, zum Beispiel aus Gemüse, Obst und Fleisch. Aus diesem Grund kann es sein, dass Sie erst später im Leben Probleme mit dem Verdauen von Milch bekommen. Ihr Körper kann nach und nach die Fähigkeit verlieren, die Laktose richtig aufzuspalten. Es kann Ihnen in jedem Lebensstadium passieren, dass Sie Laktose schlecht verdauen oder eine Laktoseintoleranz entwickeln – Sie müssen nicht damit geboren worden sein.

DAS STECKT IN EINEM GLAS MILCH (AUCH WENN SIE ES NICHT SEHEN KÖNNEN)

IGF-1 – *ein Wachstumshormon, das bei Kälbern einen Wachstumsschub auslöst. Das heißt, es begünstigt die Zellteilung, eventuell aber auch das Wachstum von Zellen, von denen wir nicht wollen, dass sie größer werden, beispielsweise Krebszellen. Der Verzehr von Milch lässt sich daher bei bestimmten Krebsarten mit einem erhöhten Erkrankungsrisiko in Verbindung bringen.*

Antibiotika – *den meisten Milchkühen werden sie regelmäßig verabreicht als vorbeugende Maßnahme gegen Erkrankungen. Auch Milch kann Antibiotikarückstände enthalten. Keine guten Nachrichten!*

Östrogen – *die modernen landwirtschaftlichen Methoden bringen es mit sich, dass Kühe ständig Milch produzieren, auch wenn sie trächtig sind, eine Phase, in der der Östrogengehalt der Milch um ein Vielfaches höher ist. Es besteht ein enger Zusammenhang zwischen dem übermäßigen Verzehr von Östrogen und Brustkrebs.*

DAS STECKT IN EINEM GLAS MILCH (AUCH WENN SIE ES NICHT SEHEN KÖNNEN)

Zucker und Fett *– die Menschen lieben den Geschmack von Milch, weil 30 Prozent ihrer Kalorien auf Zucker zurückgehen (in Form von Laktose) und 50 Prozent auf gesättigte Fettsäuren. Es wird ein Zusammenhang gesehen zwischen übermäßigem Verzehr von Zucker und Fett und Adipositas, Schlaganfall, Arthritis und Diabetes.*

Casomorphine *– sind Proteine, die eine opiumähnliche Wirkung haben können, wenn sie vom Körper aufgespalten werden. Sie beruhigen Kälber – wenn Sie sich je gefragt haben, warum Käse so verdammt süchtig macht, könnte dies vielleicht die Antwort darauf sein.*

Kühe (und andere Säugetiere) sind uns sehr ähnlich. Wenn Kälber geboren werden, werden sie sieben bis zehn Monate lang gesäugt. Danach ernähren sie sich von Gras und stellen das Milchtrinken komplett ein. Natürlich sollten wir das genauso machen. Aber wir scheinen überzeugt davon zu sein, dass wir nach dem Abstillen weiterhin Milch von einem anderen Tier trinken müssen, um gesund zu bleiben. Das finde ich etwas merkwürdig – und viele führende Ernährungswissenschaftler sehen darin eine deutliche Gefahr für unsere Gesundheit.

Aber steckt Kuhmilch nicht voller Nährstoffe?

Ja. Sie enthält Fett, Zucker, Protein und viele wichtige Vitamine und Mineralstoffe. Doch die Milch, die wir trinken, ist größtenteils pasteurisiert, das heißt, sie ist hitzebehandelt, um möglicherweise schädliche Bakterien abzutöten. Dieses Verfahren tötet auch eine Menge wertvoller Vitamine, Enzyme und anderer nützlicher Bakterien ab, die in der Rohmilch vorhanden sind. Anschließend entfetten wir die Milch meistens zu einem großen Teil, um fettarme Milch zu erhalten, wodurch viele fettlösliche Vitamine verloren gehen, zum Beispiel Vitamin D.

Was aber noch wichtiger ist, Milch enthält viele Dinge, die wahrscheinlich nicht in unserem Körper sein sollten.

Brauchen wir nicht das Kalzium aus der Milch für starke Knochen?

Das ist ein Ammenmärchen. Für starke Knochen braucht man alle möglichen Nährstoffe, Kalzium ist einer davon. Mit am wichtigsten ist Magnesium, das benötigt man für die Aufnahme und das Verstoffwechseln von Kalzium. Sie können so viel Kalzium konsumieren, wie Sie wollen – wenn kein Magnesium vorhanden ist, wird es nicht richtig aufgenommen. Milch ist nicht die beste Quelle für Magnesium. Gemüse – besonders dunkles Blattgemüse, aber auch Obst, Nüsse, Kerne und Samen – sind eine bessere und bekömmlichere Möglichkeit, damit der Körper sowohl Kalzium als auch Magnesium bekommt.
Wenn Sie also starke Knochen wollen, essen Sie Grünzeug!

In verschiedenen asiatischen Ländern gehört Milch nicht zu den Grundnahrungsmitteln. In solchen Ländern ist die Osteoporose-Rate oft viel niedriger als in Ländern, in denen Milch verzehrt wird.

Andere gesundheitliche Probleme im Zusammenhang mit dem Verzehr von Milchprodukten

Wenn Milch und Milchprodukte Ihnen Verdauungsprobleme bereiten, bedeutet das nicht unbedingt, dass Sie laktoseintolerant sind. Laktose ist der Milchzucker, Milch enthält jedoch auch zwei Proteine, nämlich Kasein und Molke. Viele Menschen reagieren negativ auf diese Substanzen. Für sie besteht die Lösung nicht unbedingt darin, laktosefreie Milch zu trinken, sondern im Verzicht auf Milch und Milchprodukte.

Forschungsergebnisse zeigen auch, dass folgende gesundheitliche Probleme möglicherweise mit dem Verzehr von Milch im Zusammenhang stehen: Asthma, Akne, Ekzeme, Arthritis, Brustkrebs, Prostatakrebs, Herzerkrankungen, Diabetes und Sodbrennen.

Eine Warnung: Milch, Laktose, Kasein und Molke finden sich auch in vielen Lebensmitteln, die keine Milchprodukte sind, darunter einige Chipssorten, verarbeitetes Fleisch, Wein und Dips. Wenn Sie also komplett auf Milch verzichten wollen, sollten Sie die Etiketten sorgfältig lesen.

Und was ist die Alternative?

Alternativen gibt es jede Menge: Mandelmilch, andere Arten von Nussmilch, Kokosmilch, Hanfmilch, Hafermilch oder Bio-Sojamilch. Sie sind inzwischen weit verbreitet, Sie könnten also jede Woche eine andere Sorte probieren! Sie alle schmecken ein wenig unterschiedlich – manche eignen sich zum Beispiel eher für Smoothies und Porridge, andere eher für Heißgetränke. Meine persönlichen Favoriten sind Kokos-, Hafer- und Mandelmilch.

Was ist mit Käse?

Milch ist nicht gut, und Käse ist nicht viel besser. Für mich ein Wermutstropfen, weil ich den Geschmack von Käse liebe. Es war schwierig, eine Alternative zu finden, aber wir haben uns wirklich Mühe gegeben, einige richtig tolle Rezepte zu kreieren, in denen kein Käse verwendet wird, die aber trotzdem danach schmecken.

Um den Geschmack von Käse nachzuempfinden, benutze ich am liebsten ein Produkt mit dem Namen Nährhefeflocken. Glauben Sie mir: Es schmeckt viel besser, als es klingt. Es ist eine inaktivierte Art von Hefe, also geeignet für Personen mit Hefeallergien. Abgesehen vom großartigen Geschmack haben die Flocken einen hohen Gehalt an Vitamin B. Man bekommt sie in den meisten Naturkostläden oder im Internet, und teuer sind sie auch nicht. Bitte nicht verwechseln mit Hefeextrakt oder Bierhefe – beides etwas ganz anderes. Sie werden sehen, dass wir Nährhefeflocken bei verschiedenen Rezepten in diesem Buch verwenden.

Was ist mit Schokolade?

Die gute Sorte? Nur zu. Schokolade, die ohne Milch und ungesunde Arten von Zucker und Fett hergestellt wird, schmeckt viel besser als normale Schokolade. Probieren Sie mal das fantastische Rezept für Rohschokolade auf Seite 208 – die Zutaten dafür können Sie in den meisten Supermärkten kaufen und zubereitet ist die Schokolade binnen zehn Minuten.

FLEISCH & FISCH

Viele meinen, ich müsste Unmengen von Fleisch essen. Tue ich nicht. Ich achte sehr sorgfältig darauf, wie oft ich Fleisch esse und was für Fleisch ich esse, sowohl aus ethischen als auch aus gesundheitlichen Gründen. In der freien Natur fiel es mir schwer, mich nur von Pflanzen zu ernähren, besonders wenn ich in trockenen, dürren Gegenden mit so gut wie keiner Vegetation feststeckte. Basierend auf solchen Erfahrungen besteht eine meiner Missionen darin, Leuten zu zeigen, wie man überleben kann, wenn man außer Wildtieren nicht viel zu essen hat. Aber wenn ich wieder zu Hause bin, ebbt das Bedürfnis nach Fleisch immer mehr ab.

Essen wie die Tiere

Auch wenn die meisten Menschen mit Vergnügen und in großen Mengen alle möglichen Sorten Fleisch verputzen – ich kenne nicht viele, die täglich Fleisch essen würden (wenn überhaupt!), wenn sie die Tiere selbst töten oder schlachten müssten. Ich weiß das aus unserer TV-Serie „The Island“, wo die auf der Insel gestrandeten Menschen sich oft schwertaten, ihr eigenes Essen zu jagen und zu töten. Aber wenige von ihnen hätten ein Problem, zu Hause eine Scheibe Speck oder Leberpastete zu essen. In unserer Gesellschaft gibt es inzwischen oft einen sehr großen Abstand zu den Quellen, von denen wir unser „Fleisch“ beziehen. Häufig können wir noch nicht einmal sagen, um welchen Teil des Tieres es sich bei dem abgepackten Stück Fleisch, das wir kaufen, eigentlich handelt.

Die weniger attraktiven Fleischstücke – das Hirn, die Zunge oder die Augäpfel – essen wir nicht gern. Wir wollen auch nicht, dass es eklig aussieht – sondern lieber saftig, sauber geschnitten und so zart wie möglich.

Glauben Sie mir: Das ist nicht die Art, wie Sie Fleisch in der freien Natur essen, und so sieht das Fleisch nicht aus, bevor das Tier geschlachtet wird.

Sie können viel lernen, wenn Sie beobachten, wie Tiere sich in der freien Natur verhalten. Ich habe das getan und dabei festgestellt, dass wir, wenn wir Fleisch so essen müssten wie Tiere, ganz anders essen würden. Wenn Tiere in freier Wildbahn jagen, werden Sie beobachten können, dass sie sich meistens auf die Teile ihrer Beute stürzen, die wir für am wenigsten appetitlich halten – das sind das Herz, die Leber, die Zunge, das Hirn, die Augäpfel, die Knochen und die Nieren. Die Teile, die wir Fleisch nennen, heben sie bis zuletzt auf. Das liegt daran, dass sie instinktiv wissen, welche Teile ihrer Beute am nährstoffreichsten sind.

Keine Angst: In diesem Buch gibt es keine Rezepte zur Zubereitung von Augäpfeln und Hirn. (Wenn Sie sich für solche Sachen interessieren, schauen Sie mal in mein Buch „Essen Extrem: Wie weit musst Du gehen, um draußen zu überleben?") Ich bin mir sehr wohl bewusst, wie schwer es ist, sich von einer Ernährung mit viel Speck, Würsten und Hähnchen-Sandwichs weg- und zu einer Ernährung hinzubewegen, die von unverarbeiteten, fettärmeren Proteinquellen dominiert wird. Mein Punkt ist der: Wenn wir uns natürlich ernähren wollen, müssen wir manchmal die Art ändern, wie wir die Dinge sehen. Denken Sie über das Folgende nach und entscheiden Sie dann.

Raubtier oder Beute?

Wenn ich draußen in der Wildnis bin, betrachte ich mich gleichermaßen als Beute wie auch als Raubtier. Ich könnte von einer Giftschlange getötet, von einer Mücke mit Malaria infiziert oder von einem Grizzlybären oder einem Krokodil in Stücke gerissen und gefressen werden. Aber ich lebe auch von dem, was Mutter Natur zu bieten hat, indem ich die Tiere und Insekten esse, die meinen Weg kreuzen.

Das soll so sein. Wir sind ein Teil der Nahrungskette. In der Natur gibt es ein sorgfältig austariertes Gleichgewicht. Wir jagen und wir werden gejagt. Doch wir Menschen haben uns in einem solchen Grad weiterentwickelt, dass wir in unserer alltäglichen Lebensumgebung kaum natürliche Feinde haben. Würde man uns aber wieder in die freie Natur stecken, ist es unwahrscheinlich, dass viele von uns das problemlos überleben würden.

Obwohl wir heutzutage selten von einem Tier gefressen werden, haben wir es mit dem Verzehr von Tieren zu weit getrieben. Um unseren unersättlichen Appetit auf Fleisch zu befriedigen, haben wir sehr unnatürliche Methoden entwickelt, Tiere zu züchten, zu halten und zu töten. Das geht weit über unseren Ernährungsbedarf hinaus. Ich habe verstanden, wie wichtig es ist, die Natur zu respektieren und alle Lebewesen, die in ihr leben, und mir ist klar, dass wir das Gleichgewicht der natürlichen Nahrungskette aufrechterhalten sollten, deswegen missfällt mir die Masse an Schlachttieren, ihre unnatürliche Aufzucht und auch der Prozess der Schlachtung.

Ich versuche nicht, Menschen zu einem veganen Lebensstil zu bekehren, obwohl ich großen Respekt vor Veganern habe. Ich denke aber, wenn wir alle weniger Fleisch essen würden, dann wäre die Welt ein viel zufriedenerer, gesünderer, saubererer und weniger aggressiver Ort.

Fleisch, das Sie meiden sollten

Um meiner Gesundheit und der meiner Familie willen esse ich inzwischen das, was ich „ehrliches" Fleisch nenne. Das bedeutet, ich mache einen Bogen um Fleisch aus Massentierhaltung und umverarbeitetes Fleisch.

Manchmal ist es unerfreulich, die Wahrheit über das zu hören, was wir auf dem Teller oder zwischen unseren Brotscheiben haben. Aber ich finde, die Leute sollten Folgendes wissen:

- Massentierhaltungsbetriebe halten Tiere unter außergewöhnlich unwürdigen Bedingungen und setzen sie großem Stress aus. Wenn Sie glauben, dass der Verzehr von Fleisch, das von einem gestressten Tier stammt, sich nicht auf Ihren eigenen Stresspegel auswirkt, denken Sie noch mal nach.
- Fleisch aus Massentierhaltung stammt von Tieren, die mit billigem, unnatürlichem, mit Pestiziden belastetem oder genetisch verändertem Futter gefüttert werden, das manchmal tierische Abfallprodukte enthält. (Erinnern Sie sich noch an die BSE-Krise?)
- Tiere aus Massentierhaltung bekommen oft zahlreiche Medikamente, darunter Antibiotika, damit sie bei den schlechten Bedingungen, unter denen sie gehalten werden, so krankheitsfrei bleiben wie möglich. Solche Medikamente verschwinden nicht einfach wieder aus ihren Körpern – sie landen auf unserem Teller.

- Die landwirtschaftliche Tierhaltung hat mit den größten Anteil an der Umweltverschmutzung, Abholzung, Wasserknappheit und am Verlust der Biodiversität. Wussten Sie, dass man bis zu zehn Kilogramm Futtergetreide und bis zu 20.000 Liter Wasser braucht, um gerade mal ein Kilogramm Fleisch zu produzieren?
- Tiere aus Massentierhaltung werden so gezüchtet, dass sie in möglichst kurzer Zeit so groß und fett wie möglich werden. Dafür kommen viele moralisch fragwürdige Methoden zum Einsatz. Das Endprodukt ist weder fettarm noch gesund.

Ich gebe solches Zeug meinen Kindern nicht zu essen und esse es selbst im Allgemeinen auch nicht.

Verarbeitetes Fleisch stammt fast immer von Fleisch aus Massentierhaltung oder den fettigen Überresten daraus. Es enthält unzählige Zusatzstoffe, Geschmacksverstärker und Konservierungsstoffe, außerdem jede Menge Zucker, Salz und ungesunde Fette, die dem Körper ernsthaft schaden können. Sie sollten wirklich versuchen, es um jeden Preis zu meiden.

Hochwertiges Fleisch

Ich liebe Wild. Das Fleisch schmeckt, als würden die Tiere frei leben, und oft tun sie das auch. Wildtiere suchen sich ihr Futter in ihrem eigenen Lebensraum. Ihr Fleisch ist mager, unverarbeitet, lecker, nährstoffreich und so bio wie irgend möglich.

Manche Wildarten wie Hirsche, Büffel oder Strauße werden auf Farmen gezüchtet beziehungsweise in Gehegen gehalten. Doch selbst dann sind die Tiere überwiegend frei von Wachstumshormonen, Antibiotika und anderen Medikamenten und leben meistens unter viel besseren Bedingungen.

Wild hat viele ernährungsphysiologische Vorteile. Während Fleisch aus landwirtschaftlicher Tierhaltung wie Rind, Schwein oder Lamm zu einem viel höheren Prozentsatz ungesunde Fette enthält, die zu Entzündungen und Gewichtszunahme beitragen können, ist Wild erheblich magerer, reicher an Omega-3-Fettsäuren (siehe Seite 43), hat weniger Kalorien (falls Sie die zählen sollten) und enthält höhere Mengen an wertvollen Nährstoffen wie Eisen.

Manche Menschen empfinden den Geschmack von Wild als sehr intensiv. Probieren Sie aber bitte mal die beiden tollen Wildrezepte auf den Seiten 162 und 163. Sie schmecken überhaupt nicht intensiv nach Wild. Der Büffel-Burger auf Seite 148 schmeckt genauso wie Rind, nur besser und magerer. Und wenn Sie mal die Gelegenheit haben, Strauß oder Känguru zu kosten, probieren Sie es bitte! Der Geschmack ist dem eines guten, mageren Steaks ziemlich ähnlich.

Wild ist manchmal ein bisschen teurer. Aber wenn das Ziel ist, weniger Fleisch zu essen, kann das Fleisch, das Sie kaufen, ruhig von besserer Qualität sein und etwas mehr kosten. (Es ist allerdings nicht zwangsläufig teurer, besonders nicht, wenn Jagdsaison ist, wo Sie das Fleisch in größeren Mengen kaufen und einfrieren können). Suchen Sie sich in Ihrer Gegend einen Metzger, der einen gut Ruf hat, bestellen Sie dort telefonisch, holen Sie das Fleisch am Samstag ab und legen Sie sich einen Vorrat zu. Das erspart Ihnen viel Zeit beim Einkaufen.

Wenn Wild nicht Ihr Ding ist, wählen Sie stets Fleisch und Geflügel in Bio-Qualität von Freilandtieren aus natürlicher Aufzucht, die Grünfutter bekommen haben. Kaufen Sie keine billige Hähnchenbrust, sondern lieber ein ganzes Bio-Freilandhuhn beim Metzger Ihres Vertrauens. Essen Sie die verschiedenen Hühnerteile über die Woche verteilt. Das ist ein gutes Preis-Leistungs-Verhältnis und schmeckt zudem viel besser.

Vorsicht bei Kaninchen. Das klingt vielleicht nach Wild, doch Kaninchen stammen heute aus einer genauso intensiven Aufzucht wie Hühner und andere Tiere aus Massentierhaltung und leben unter ähnlichen Bedingungen. Achten Sie beim Kaninchen darauf, dass „wild" auf dem Etikett steht. Wenn nicht, kaufen Sie es nicht.

Fisch

Wir sind dabei, die Meere leerzufischen. Backfisch mit Pommes war früher billig – so billig wie Pommes. Heute kostet Fisch viel mehr, weil die Zahl bestimmter Arten, darunter Kabeljau, drastisch gesunken ist. Genauso der Blauflossen-Thunfisch, der bis zu 40 Jahre alt und über 600 Kilogramm schwer werden kann, dieses Alter und dieses Gewicht heutzutage aber selten erreicht, da er durch Überfischung praktisch vom Aussterben bedroht ist.

Unser Appetit auf Fisch jedoch ist noch gestiegen, daher ist die Fischzucht heute eine große Industrie. Natürlich setzen auch Fischzuchtbetriebe jede Menge unnatürliche Methoden ein, um auf möglichst engem Raum in möglichst kurzer Zeit und zu möglichst geringen Kosten möglichst viel Fisch zu produzieren. Aus diesem Grund sollten Sie Zuchtfisch meiden. Fisch, der nie das Meer, einen Fluss oder einen See gesehen hat und mit gemahlenen Sojabohnen gefüttert wurde? Nein, danke.

Ich gehe aber total gern zusammen mit meinen Jungen angeln und freue mich, wenn Freunde oder Nachbarn mir etwas von ihrem Fang abgeben. (In meinen Büchern „Draußen (über)leben" und „Essen Extrem: Wie weit musst Du gehen, um draußen zu überleben?" erfahren Sie mehr darüber, wie man das draußen in der Wildnis macht.) Im „normalen" Leben kaufe ich allerdings nur Fisch, der als frei lebend deklariert ist und aus nachhaltiger Fischerei stammt. Solche Fische tragen für gewöhnlich das Umweltsiegel des Marine Stewardship Council (MSC). Kaufen Sie keinen Zuchtfisch oder Fische ohne Ökosiegel, es sei denn, Sie können direkt beim Fischhändler nachfragen, ob der Fisch aus einer nachhaltigen Quelle stammt. Bitte betreiben Sie diesen kleinen Aufwand – zum Wohle Ihrer Gesundheit und zum Wohle unserer Erde.

Fleischlos

Nachdem ich ein sehr interessantes Buch mit dem Titel „China Study: Pflanzenbasierte Ernährung und ihre wissenschaftliche Begründung" gelesen hatte, fing ich an zu verstehen, wie wichtig es ist, sich überwiegend pflanzlich zu ernähren, um Krankheiten der westlichen Welt zu bekämpfen und bis ins hohe Alter möglichst fit und gesund zu bleiben. Das Buch weist nach, dass verschiedene pflanzliche Nahrungsmittel uns ausreichend mit Protein versorgen können.
Es dürfte daher kaum überraschen, dass viele Topsportler und -sportlerinnen, darunter auch Bodybuilder, sich für eine rein pflanzliche Ernährung entschieden haben (heute auch bekannt als vegane Ernährung). Ich kenne einige und habe großen Respekt vor ihnen. Keiner von denen sieht unterernährt aus, alle sind zufrieden und gesund, bringen Höchstleistungen und sind bepackt mit Muskeln!

Ich habe viele ihrer Essgewohnheiten übernommen und ernte nun den Lohn dafür.

Während Vegetarier zwar kein Fleisch verzehren, aber trotzdem Milchprodukte, Eier und Fisch essen dürfen, verzichten Menschen, die sich vegan ernähren, komplett auf tierische Produkte und Nebenprodukte. Tierische Nebenprodukte sind heute in vielen Dingen versteckt, von alkoholischen Getränken über Süßigkeiten, Kosmetika und Medikamente bis hin zu Nahrungsergänzungsmitteln. Wenn Sie vorhaben, sich vegan zu ernähren, werden Sie daher sorgfältig Etiketten studieren müssen.

Was man bei einer fleischlosen Ernährung essen sollte

Kein Fleisch zu essen, bedeutet nicht automatisch, dass man sich gesund ernährt. Chips, Pommes, Weißbrot, Marmelade und zuckerhaltige Cerealien enthalten zwar alle kein Fleisch, aber besonders gesund sind sie deswegen nicht! Kompensieren Sie den Mangel an Fleisch nicht damit, dass Sie umso mehr Milchprodukte, Weizen, verarbeitete Lebensmittel oder Zucker verzehren. Das kann schwerwiegende negative Auswirkungen auf Ihre Gesundheit haben. Ich bin schon vielen übergewichtigen Vegetariern begegnet und sogar Veganern!

Wenn Sie fleischlose Mahlzeiten planen, achten Sie darauf, dass Sie verschiedene **Gemüse- und Obstsorten**, **Nüsse**, **Kerne** und **Samen** essen, gesunde Pseudogetreidearten wie **Quinoa**, **Amarant** und **Buchweizen**, **Hirse**, **Hafer**, **glutenfreie Mehlsorten**, kleine Mengen **Naturreis** und **Hülsenfrüchte**, **Avocado**, **Sprossen** und **Bohnen**, **Milch**, **Joghurt** und **Sahne auf pflanzlicher Basis**, gesunde **kalt gepresste nichtfiltrierte Öle**, **rohen Kakao**, **Kokos**, **natürliches Proteinpulver**, **Bio-Tofu**, **grüne Shakes**, **Säfte** und **Smoothies**.

Wenn ich mich hauptsächlich von pflanzlicher Kost ernähre, hat das für mich den Vorteil, dass ich viel mehr essen kann, ohne davon zuzunehmen. Bei einigen meiner Gerichte sind die Portionen riesig, Teller mit Bergen von Gemüse, gigantische

Bärenstarke Insiderinfos

*Ich versuche, nicht mehr als zweimal pro Woche Fisch zu essen, weil Fisch einen hohen Gehalt an Quecksilber haben kann, ein Schwermetall, das sich sehr negativ auf Ihre Gesundheit auswirken kann. Ich entscheide mich eher für kleinere Fischsorten wie **Sardinen, Lachs, Sardellen, Forelle** und **Meeräsche**, weil diese im Allgemeinen weniger stark quecksilberbelastet sind.*

Salate und sehr große Smoothies und Shakes. Da ich sehr gern esse, ist das für mich auf jeden Fall der richtige Weg.

Im Rezeptteil gibt es etliche leckere Rezepte für fleischlose Gerichte. Manche schmecken sogar fleischähnlich, wie zum Beispiel der Nussbraten auf Seite 166. Und in den unzähligen vegetarischen und veganen Kochbüchern, die es gibt, finden Sie weitere Ideen. Also nehmen Sie die Herausforderung an und probieren Sie, in der letzten Woche meines Acht-Wochen-Programms komplett auf Fleisch zu verzichten! Ich selbst versuche, alle paar Monate eine Woche lang ohne Fleisch auszukommen.

GEMÜSE & OBST

Ich wuchs auf mit Gemüse, das stundenlang in unserer Küche auf dem Herd gestanden hatte. Wenn wir es dann zu essen bekamen, war es grundsätzlich jenseits von schlaff zu einem matschigen Brei verkocht (mit anderen Worten, es war total atomisiert!). Einmal am Tag roch es furchtbar im Haus, und ich lernte, Gemüse zu hassen!

Rückblickend schüttelt es mich (wobei ich mir ein Grinsen nicht verkneifen kann!), aber ich verstehe auch, dass das vielleicht mit unserer Kultur zu tun hatte. Auch wenn ich meine Mutter über alles liebe, liebe ich ihre Kochkünste vielleicht ein kleines bisschen weniger, bis heute! (Sorry, Mum! Du bist der warmherzigste Mensch, den ich kenne – nur, was Essen betrifft, so ging es für dich verständlicherweise immer ums „Überleben" und nicht unbedingt um die Gesundheit!)

Erst nach Jahren und einer langsamen, aber vollständigen Umerziehung vor allem durch Bücher und die positiven Erfahrungen gleichgesinnter Freunde lernte ich, dass die zweifellos besten und wohlschmeckendsten Lebensmittel, die ich je gegessen habe, zur natürlichen Vollwertkost zählen. Mit Obst und Gemüse, wunderbar zubereitet mit den richtigen Aromen und Gewürzen, kann man tatsächlich Rezepte kreieren, die für Geschmacksexplosionen in Ihrem Mund sorgen. Das ist der Geschmack von guter Gesundheit und des Wunders der Natur. Es war jedoch ein abenteuerlicher Weg bis zu dieser Erkenntnis!

Was, wenn ich Gemüse eigentlich gar nicht mag?

Glauben Sie mir: Das ging mir genauso. Als Erstes kämpfte ich damit, Gemüse genießbar zu machen. Das bekam ich mithilfe von vier Dingen hin: Ich fing an, Gemüse zu entsaften, ich begann, Gemüseshakes zu machen, ich aß es roh oder nur leicht gedünstet (nicht zu Matsch verkocht!) und lernte, wie ich die Gemüsesorten würzen musste, die ich am wenigsten mochte.

Durch das Entsaften von Gemüse fühlte ich mich reiner, meine Haut wurde klarer, mein Energielevel stieg rapide an, gewisse Schmerzen in meinem Körper ließen nach. Mit Gemüsesäften stellte ich sicher, dass ich mit nur einem Glas haufenweise Nährstoffe zu mir nahm,

und wenn ich ein wenig Fruchtsaft dazu mischte, begann mir selbst der Geschmack grasgrüner Säfte zu schmecken!

Daraufhin wurde ich experimentierfreudig und tat für Rohkostshakes ganzes Gemüse in den Mixer. Brokkoli, Sellerie, Spinat und anderes – immer gemischt mit etwas frischem Obst und Wasser. Das half mir, meine Ballaststoffzufuhr insgesamt zu steigern, und verbesserte meine Verdauung. Ich mochte es, dass die Shakes, gemischt mit etwas Zitrone, Apfel und Ingwer grün waren, aber trotzdem lecker. Und sie machten mich wirklich satt.

Als Nächstes nahm ich mir Salate vor. Ich gab jedes zerkleinerte rohe Gemüse dazu, das ich finden konnte. Solange es nur klein genug gehackt oder geraspelt und mit ein paar Nüssen, Kernen, Samen, etwas Avocado oder Fisch gemischt wurde, stellte ich fest, dass mir der Geschmack gar nichts ausmachte. Ich hielt nie viel von Eisbergsalat, aber mein selbst zubereiteter Salat war etwas ganz anderes (sehen Sie sich auch mal mein Rezept für den Bunten Salat auf Seite 152 an). Salate haben mir sogar geholfen, meine ausgeprägte Aversion gegen Rosenkohl zu überwinden! (Hierzu gibt es ein Rezept auf Seite 147.)

Anschließend lernte ich, gekochtes Gemüse, das ich nie gemocht hatte, mit Olivenöl, Balsamicoessig, Knoblauch, Kurkuma und anderen Gewürzen und Kräutern zu würzen. Es dauerte nicht lange, bis ich sogar den Eigengeschmack des Gemüses lecker fand. Als würde die Natur selbst es am besten wissen! Ich gebe zu, dieser Prozess dauerte eine Weile, aber ich hoffe, die Rezepte in diesem Buch werden Ihnen dabei helfen, ihn bei Ihnen zu beschleunigen.

Auf die Farbe kommt es an

Es versteht sich von selbst, dass Gemüse massenhaft Vorteile für die Gesundheit mit sich bringt. Meiner Meinung nach sollte es bei jeder gesunden Ernährung die Hauptrolle spielen. Nicht ohne Grund zwangen unsere Mütter uns, Grünzeug zu essen!

Pflanzen enthalten eine Fülle an Substanzen, die Krankheiten bekämpfen, die sogenannten sekundären Pflanzenstoffe oder Phytochemikalien. Es gibt Zigtausende von den Dingern, wenn nicht mehr. Sie haben oft komplizierte Namen und es gibt gewisse Überschneidungen mit einem Begriff, den Sie inzwischen wahrscheinlich kennen:

Antioxidantien (siehe Seite 47). Zum leichteren Verständnis und um es einfach zu halten, habe ich überall im Buch den Begriff Antioxidantien verwendet und schließe hier die Phytochemikalien mit ein.

Jede Pflanze unterschiedlicher Farbe und unterschiedlichen Geschmacks (egal, ob Gemüse, Obst, Kräuter, Gewürz oder Hülsenfrucht) enthält ihre ganz eigene Palette an Antioxidantien, mit ganz speziellen gesundheitlichen Vorteilen, von der Herzgesundheit bis zur guten Verdauung und alle Bereiche dazwischen. Alle grünen Sorten sind besonders gut, mit erwiesenermaßen großem Nutzen für die Gesundheit. Das Gleiche gilt für alle Sorten, die „stinken", zum Beispiel Weißkohl oder Brokkoli. Doch rote, gelbe, orangefarbene, violette, weiße und nicht so geruchsintensive Gemüsesorten sind genauso wichtig. Es gibt eine einfache Faustregel: Je mehr Farben und Sorten, desto besser. Viele Antioxidantien beugen Krebs, Herzerkrankungen und anderen entzündlichen Erkrankungen vor. Mir helfen sie, meinen Cholesterinspiegel in Schach zu halten. Und sie tragen dazu bei, die körperlichen Auswirkungen des Alterns zu verlangsamen. Ein schöner Bonus!

Die Moral von der Geschichte ist: Essen Sie abends nicht nur eine Gemüsesorte. Versuchen Sie, so viele verschiedene Farben auf den Teller zu bekommen wie möglich. Pfannengerichte und bunte Salate sind dafür ideal. Ich versuche, jeden Tag 300 bis 500 Gramm Gemüse zu essen – das gelingt leicht, wenn Sie Nudeln und Brot dafür weglassen. Tun Sie einfach viel Gemüse oder Salat auf Ihren Teller – anders als bei Nudeln und Brot wird Sie das satt machen, aber nicht dick! Ihr Ziel sollte sein, dass Ihr Teller beim Mittag- oder Abendessen wenigstens zur Hälfte mit Gemüse oder Salat gefüllt ist.

Gegart oder roh?

Wenn man Gemüse längere Zeit in reichlich Wasser kocht, kann dies (Pech für meine Mutter) die enthaltenen krankheitsabwehrenden Substanzen stark reduzieren. Die werden am Ende mit dem Wasser ausgekippt oder einfach totgekocht.

Bärenstarke Insiderinfos

Champignons sind eigentlich gar kein Gemüse – es sind essbare Pilze. Sie haben allerdings einen enormen gesundheitlichen Nutzen. Sie tragen zur Stärkung des Immunsystems bei, enthalten viele lebenswichtige Nährstoffe und sind voller Antioxidantien. Wenn sie in ausreichend Sonnenlicht gezüchtet oder gelagert werden, können sie sogar eine natürliche Vitamin-D-Quelle sein. Aufgrund ihrer fleischigen Textur beim Garen sind sie eine Bereicherung für vegetarische Gerichte, aber ich tue oft auch rohe Champignonscheiben in Salate.

Das Gleiche kann bei der Lebensmittelverarbeitung passieren – so bei Fertiggerichten und Gemüsesuppen in Dosen – daher gilt, dass Dosengemüse zwar immer noch besser ist als gar kein Gemüse, aber frisches oder Tiefkühlgemüse ist immer vorzuziehen.

Es gibt ein paar Ausnahmen. Wenn man einige Gemüsesorten ein paar Minuten kocht – Möhren und Grünkohl zum Beispiel –, kann der Körper ihre Nährstoffe besser aufnehmen. Doch Sie sollten Gemüse dünsten, nicht aufkochen. (Das Entsaften oder Mixen kann eine Lösung sein, wenn Sie Gemüse lieber roh essen, da dies beim Aufspalten der Ballaststoffe und Herausziehen all der guten Dinge hilft, die in ihm stecken.) Auch Tomaten sollte man besser erhitzen, da hierdurch die Phytochemikalie Lycopin freigesetzt wird, die anscheinend sehr gut für die Prostata und fürs Herz ist.

Ich habe zwar zeitweilig überlegt, ob ich komplett auf Rohkost umsteigen sollte, aber das würde für mich und meine Familie sehr viel Arbeit bedeuten, wenn ich zu Hause bin, denn der Umstieg auf Rohkost heißt, große Mengen an Gemüse, Kernen, Samen, Nüssen und Ähnlichem zu verzehren, nie erhitzt und überwiegend vegan. Man muss viel davon essen, und das ist ziemlich aufwendig. Worauf es mir inzwischen am meisten ankommt, ist, dass meine Kinder und meine Frau gern das gleiche Gemüse essen wie ich, egal, ob roh oder gegart.

Obst

Genauso wie Gemüse enthält Obst in all seinen unterschiedlichen Farben große Mengen an gesundheitsfördernden Antioxidantien. Aber es enthält auch Fruchtzucker. Beim Entsaften ist es daher besser, nur wenig Obst und dafür viel Gemüse zu nehmen. Sollten Sie bei Zwischenmahlzeiten zu Obst greifen, übertreiben Sie es nicht – besonders Trockenfrüchte können sehr zuckerhaltig sein. Ich verzehre zwei oder drei Stück Obst pro Tag – möglichst heimisches Saisonobst in Bio-Qualität – entweder in einen Smoothie, Saft oder Shake gemixt oder direkt aus der Obstschale oder vom Baum.

Kräuter und Gewürze

Die Verwendung von Kräutern und Gewürzen hat mir wirklich geholfen, den Geschmack von Gemüse schätzen zu lernen. Doch sie geben nicht nur Aroma, sondern haben ein ganzes Potpourri an Nährstoffen im Gepäck! Selbst eine kleine Prise Kurkuma oder etwas gehackter Koriander versorgen uns mit einer Extraportion wichtiger Antioxidantien.

Und sie haben noch andere tolle Eigenschaften. Viele alltägliche Kräuter und Gewürze, darunter **schwarzer Pfeffer**, **Ingwer**, **Rosmarin**, **Kreuzkümmel**, **Kurkuma**, **Chili**, **Koriander**, **Petersilie**, **Minze** und **Zimt** fördern die Verdauung, Entschlackung, Durchblutung, die Herzgesundheit und vieles mehr.

Lassen Sie sich also nicht von Rezepten mit vielen verschiedenen Kräutern und Gewürzen abschrecken. Führen Sie sich vor Augen, dass diese der Gesundheit dienen und und Sie mit genialen natürlichen Aromen versorgen. Legen Sie sich einen ordentlichen Vorrat an Gewürzen und Küchenkräutern zu, mehr braucht es nicht.

Hier kommt meine Topliste all der gesundheitsfördernden Kräuter und Gewürze, die Sie benötigen.

Supergesunde Aromaspender – die sollten Sie immer im Schrank oder Kühlschrank haben

Schwarze Pfefferkörner, Zimt, frischer Chili, frischer Ingwer, Knoblauch, Zitronengras, Zitronen/Limetten (alternativ eine Flasche Zitronen-/Limettensaft), Zwiebeln

Meine Lieblingskräuter

Basilikum, Koriander, Minze, Oregano, Petersilie, Rosmarin, Thymian

Und zur Ergänzung Ihres Gewürzbords …

Lorbeerblätter, Kardamom, Cayennepfeffer, Chiliflocken, Gewürznelken, Koriandersamen (oder gemahlener Koriander), Kreuzkümmelsamen (oder gemahlener Kreuzkümmel), Currypulver, Bockshornkleesamen, Garam Masala, gemahlener Ingwer, Majoran, Senfkörner, Muskatnuss, Paprika, Kurkuma

NÜSSE, KERNE & SAMEN

Als ich Kind war, gab es bei uns nur an Weihnachten Nüsse zu essen. Da war eine große Schüssel Walnüsse und Haselnüsse in Schalen, die man mit dem Nussknacker knacken musste. Keiner aß jedoch viel davon, weil wir keine Lust zum Nüsseknacken hatten! Außerdem galten Nüsse damals natürlich als Dickmacher und gesellten sich zu den übrigen Weihnachtsschlemmereien.

Seitdem hat sich in meinem Denken einiges verändert. Nüsse, Kerne und Samen gehören heute zu meinem Alltag. Und wenn Sie als hungriger Mensch draußen in der Wildnis auf Nüsse stoßen, ist das wie ein Sechser im Lotto.

Stimmt, Nüsse, Kerne und Samen enthalten viel Fett, aber nur gesundes Fett. Wenn Sie das Kapitel über Fett (Seite 39) gelesen haben, werden Sie verstehen, dass dieses nicht zu Herzerkrankungen beiträgt, sondern sogar helfen kann, diese zu verhindern – besonders in Kombination mit all den anderen in Nüssen, Kernen und Samen enthaltenen Nährstoffen. Sie sind fantastische Lebensmittel. Würden Sie zusätzlich zu Ihren normalen Mahlzeiten einen ganzen Sack Nüsse, Kerne oder Samen essen, würde Sie das natürlich dick machen. In Maßen verzehrt, als Bestandteil Ihrer täglichen Ernährung, bewirken sie jedoch viel Gutes.

Nüsse, Kerne und Samen enthalten viele ähnliche Nährstoffe wie Fleisch und Fisch, zum Beispiel Zink, Selen, Vitamin B, außerdem Protein und die für die Hirnfunktion so wichtigen Omega-3-Fettsäuren. Daher sind sie das perfekte Nahrungsmittel für alle, die kein Fleisch und keinen Fisch essen.

Darüber hinaus enthalten sie wenig Kohlenhydrate. Wenn Sie das Kapitel über Kohlenhydrate gelesen haben (Seite 34), werden Sie verstehen, warum ich das für eine so gute Sache halte.

Außerdem sind sie voller Antioxidantien und anderer Substanzen, die dem Herzen guttun und Krebserkrankungen vorbeugen. Praktisch alle Nüsse, Kerne und Samen enthalten Vitamin E, ein Wundermittel für Ihre Haut. Es sind Sattmacher, handliche Snacks für unterwegs – ideal beim Wandern oder wenn Sie durch den Alltag hetzen – und sie haben keinerlei Wirkung auf Ihren Blutzuckerspiegel und Ihren Energielevel, da sie langsam verdaut werden und sättigen.

Sie können Nüsse, Kerne und Samen für sich genommen als Snack essen oder sie zum Backen und Kochen verwenden – ich mische sie gern in Smoothies, Porridge und Salate. Bestreichen Sie eine Reiswaffel oder einen salzigen Haferkeks mit Nuss- oder Kernmus oder löffeln Sie das Mus zu ein paar Bissen Banane direkt aus dem Glas (das bringt nach dem Sport einen echten Energiekick). Verwenden Sie gemahlene Nüsse, Kerne oder Samen als glutenfreie Grundlage für Quiche oder Pizza (Rezepte Seite 164, 168) oder mischen Sie sie unter selbst gemachte Haferkekse oder Schokolade (Rezepte Seite 196, 197, 208), um den Nährstoffgehalt zu erhöhen. Sie können Samen sogar einweichen und keimen lassen, wodurch noch mehr der darin enthaltenen Nährstoffe freigesetzt werden. Probieren Sie das zum Beispiel mal mit Chiasamen.

Meine Favoriten

Ich mag jegliche Nuss-, Kern- und Samensorten – sie haben alle einen eigenen Geschmack und bringen unterschiedliche gesundheitliche Vorteile mit sich – doch besonders lecker finde ich:

Walnüsse – sie sehen nicht nur aus wie Hirnhälften, sie sind auch gut fürs Gehirn!

Mandeln – eine gute Quelle für Kalzium, daher sind sie ein guter Ersatz, wenn Sie auf Milchprodukte verzichten. Mandelmus, was nichts anderes ist als gemahlene Mandeln, schmeckt super zum Frühstück auf mehlfreiem Keimbrot mit einer halben in Scheiben geschnittenen Banane oben drauf.

Paranüsse – die beste pflanzliche Quelle für Selen, dient als Vorbeugung gegen Krebs und unterstützt die Schilddrüsenfunktion. Zwei oder drei Paranüsse reichen aus, um Ihren täglichen Bedarf an Selen zu decken!

Kürbiskerne – eine gute Quelle für Zink, gut für die Haut, das Immunsystem und besonders für die Fortpflanzungsorgane des Mannes.

Kokosnuss – die ist eigentlich ein Samen und keine Nuss. Mein absoluter Topfavorit! Es lässt sich mit Sicherheit sagen, dass die Kokosnuss in der Fernsehserie „The Island“ das Lebensmittel ist, von dem die Teilnehmer am meisten schwärmen und das ihnen später, wenn sie in

Bärenstarke Insiderinfos

Erdnüsse sind gar keine Nüsse, sondern gehören zu den Hülsenfrüchten. Bei manchen Menschen lösen sie schwere allergische Reaktionen aus. Außerdem können sie bestimmte Schimmelpilze enthalten, die mit bloßem Auge nicht zu sehen sind, sich aber negativ auf die Gesundheit auswirken können. Oft werden sie auch mit Pestiziden besprüht. Andererseits sind sie eine hervorragende Proteinquelle, reich an Mineralstoffen, Vitaminen, gesunden Ballaststoffen und gesunden Fetten. In Maßen verzehrt können sie zu einer gesunden Ernährung beitragen. Meine Kinder sind verrückt nach Erdnussmus, ich kaufe für sie allerdings immer welches in Bio-Qualität und ohne Salz- oder Zuckerzusatz und versuche, sie auf Mandelmus umzugewöhnen. (Inzwischen finde ich sowieso, dass Mandelmus viel besser schmeckt, und ich mag komischerweise Erdnussmus nicht mehr. Auch hier ist es so, als würde die Natur es am besten wissen und uns den richtigen Weg weisen.)

die Zivilisation zurückgekehrt sind, am meisten fehlt. Die Natur hat ihr viel Gutes mitgegeben – sie wirkt sich positiv auf die Gesundheit, auf Haut, Herz, Haare und die Stimmung aus! Mehr zur Kokosnuss erfahren Sie auf Seite 43.

Chiasamen – eine unglaubliche Entdeckung und einer der wenigen Superfood-Kandidaten, die diesen Namen wirklich verdient haben. Sie sind reich an Ballaststoffen, Mineralstoffen, Omega-3-Fettsäuren und sogar Vitamin C. Ein Grundnahrungsmittel in meiner Ernährung. Ich mische Chiasamen unter Smoothies, Snacks, Salate – unter alle möglichen Gerichte!

Sonnenblumenkerne – super in Haferkeksen; sie können gemahlen auch anstelle von Mehl verwendet werden oder lassen sich zu einem Brotaufstrich verarbeiten, als Ersatz für Erdnussmus bei einer Erdnussallergie.

Hanfsamen – reich an Protein und Omega-3-Fettsäuren. Auch sie passen prima zu Smoothies, Salaten et cetera.

Leinsamen – eine weitere gute Quelle für Omega-3-Fettsäuren, hervorragend für den Darm, die Haut und den Hormonhaushalt. Gemahlener Leinsamen dient auch als Ersatz für Eier. (Das Rezept für Leinsameneier steht auf Seite 223.)

Nussallergien

Es ist erstaunlich, dass die Zahl der Nussallergien in den letzten Jahrzehnten massiv zugenommen zu haben scheint. Als ich jung war, kannte man das so gut wie gar nicht. Inzwischen haben wir den Punkt erreicht, dass Nüsse aus den meisten Schulküchen verbannt werden.

Wenn Sie zu den bemitleidenswerten Menschen gehören, die unter einer Nussallergie leiden, bedeutet das aber nicht unbedingt, dass Sie auch gegen Kerne und Samen allergisch sind. Das heißt, Sie können trotzdem viele der Gerichte im hinteren Teil dieses Buch zubereiten und ersetzen einfach Nüsse durch Kerne und Samen. Sind Sie aber auch gegen Kerne und Samen allergisch, dann ist das sehr ungewöhnlich und ich würde an Ihrer Stelle einen Ernährungstherapeuten aufsuchen, um abzuklären, ob es für Ihre Allergien noch andere Auslöser gibt.

Die meisten Menschen mit Nussallergien scheinen allergisch gegen ein oder mehrere Proteine zu sein, die in bestimmten Nussarten enthalten sind. Doch nicht alle Nüsse enthalten die gleichen Proteine. Es kann also durchaus sein, dass Sie von Cashewkernen oder Pistazien die Finger lassen müssen, aber problemlos Mandeln oder Walnüsse essen können. Es versteht sich von selbst, dass Sie sehr vorsichtig sein müssen, wenn bei Ihnen die Gefahr besteht, dass Sie einen anaphylaktischen Schock erleiden oder Ihre Lippen auf die Größe von Bananen anschwellen. Wenn Ihre allergische Reaktion jedoch nicht sehr stark ist, würde ich bei einer einmaligen negativen Reaktion nicht gleich alle Nüsse streichen. Sie sollten einen Allergietest machen, um herauszufinden, welche Nüsse, Kerne und Samen Sie gefahrlos essen können und welche nicht. Dadurch können Sie sowohl Ihren kulinarischen Horizont erweitern als auch Ihre Auswahlmöglichkeiten für eine gesunde Ernährung. Achten Sie nur darauf, dass Sie den Rat eines ernährungsphysiologisch bewanderten Arztes einholen, wenn Sie vorhaben zu experimentieren.

Mit Leinsamen, Chiasamen, Kürbiskernen, Hanfsamen und Sonnenblumenkernen haben die meisten keine Probleme. Fangen Sie damit an, wenn Sie unsicher sind.

Bärenstarke Insiderinfos

Manche Menschen verdauen Nüsse schlecht. Am besten weicht man sie vor dem Verzehr mehrere Stunden oder über Nacht ein. Wenn Sie wie ich ein großer Nussesser sind, dann machen Sie es doch so: Bewahren Sie eine Dose mit eingeweichten Nüssen in Ihrem Kühlschrank auf und wechseln Sie regelmäßig das Wasser aus.

Gesalzene, geröstete Nüsse sind ungesund. Wenn Sie aber wirklich nicht darauf verzichten mögen, mischen Sie eine große Tüte ungesalzene Nüsse mit einer kleinen Tüte gesalzene Nüsse. Sie werden überrascht feststellen, wie salzig die Mischung schmeckt, aber Sie werden dazu beigetragen haben, Ihre Salzzufuhr insgesamt um ein Vielfaches zu senken.

SUPERFOOD

Von „Superfood" haben Sie wahrscheinlich schon gehört. Es gibt Menschen, die behaupten, dass solche Lebensmittel uns superstark machen, den Alterungsprozess umkehren und Krebs und Herzerkrankungen heilen können. Stimmen solche Behauptungen? Was ist „Superfood" überhaupt? Und sollten wir es zum Bestandteil unserer Ernährung machen?

Was ist Superfood?

Es gibt keine offizielle Definition und daher gibt es auch keine Liste der verfügbaren Superfood-Lebensmittel. Es ist ein Begriff aus dem Marketing, und wie alle Marketingbegriffe kann man auch diesen missbrauchen. Meine Definition wäre aber folgende: Superfood sind außergewöhnlich nährstoffreiche Lebensmittel, die einen hohen Gehalt an Vitaminen, Mineralstoffen und Antioxidantien aufweisen und über Eigenschaften verfügen, die sich außergewöhnlich positiv auf die Gesundheit auswirken. Superfood bekämpft daher Krankheiten und sorgt dafür, dass Sie gesund und fit bleiben, was sich für mich ziemlich großartig anhört.

Viele naturbelassene Lebensmittel, die wir alle kennen und schätzen, fallen in diese Kategorie. Doch die Lebensmittelfirmen und die Medien neigen dazu, um die exotischen und unbekannten darunter einen Hype zu machen. Das sind die, die meistens im Supermarkt um die Ecke nicht so leicht erhältlich sind. Bekommt man sie doch, sind sie in der Regel sehr teuer, den Aufwand aber nicht unbedingt wert. Viele Lebensmittelhersteller ergänzen ihre Produkte mit dem Attribut „Superfood", ganz einfach, um sie zu verkaufen – Energy-Drinks mit Guarana oder Frühstücksriegel mit Goji-Beeren. Doch in Wahrheit wird ein stark zuckerhaltiges Getränk oder ein Riegel mit zwei Prozent Guarana- oder Goji-Beerenanteil Ihnen nicht viel nützen.

Vom Marketing-Hype mal abgesehen, denke ich, dass das Wort „Superfood" den Leuten vermittelt, was für erstaunliche Lebensmittel es auf der Erde gibt. Zum Beispiel Maca-Pulver: Die Peruaner nutzen die kraft- und energiespendende Pflanzenwurzel seit Jahrhunderten, aber ich hörte erst vor einigen Jahren von ihr. Auf der Erde gibt es noch so viele unentdeckte Schätze: Beeren aus dem Dschungel, Wurzeln aus den Bergen, Algen aus tiefen Süßwasserseen und Kräuter und Pilze aus uralten Wäldern. Wie Sie wahrscheinlich wissen, bin ich absolut dafür, alles mögliche Neue auszuprobieren, das meinen Weg kreuzt. Wenn es dann auch noch enorm gesundheitsförderlich ist und Energie spendet, umso besser.

Gesundheitsbezogene Angaben

Da viele der als Superfood vertriebenen Lebensmittel ziemlich obskur sind oder aus entlegenen Regionen wie dem Amazonasgebiet stammen, gibt es nicht sehr viele aussagekräftige Untersuchungsergebnisse dazu, worin ihr gesundheitlicher Nutzen genau liegt. Ich bin der Meinung, wenn Mutter Natur etwas hervorgebracht hat und indigene Völker und alte Kulturen es seit Jahrhunderten nutzen, dann wird dies wahrscheinlich auch bei mir Gutes bewirken. Doch behalten Sie dabei stets im Hinterkopf: Ein Lebensmittel allein wird Sie von keiner Krankheit heilen und kann auch keine Wunder vollbringen, egal, was in Marketing-Gags behauptet wird. Brokkoli allein heilt keinen Krebs, doch wenn Sie ihn regelmäßig essen, kann dies auf jeden Fall dazu beitragen, dass Sie gesund werden und bleiben. Das Gleiche gilt für exotischere Superfood-Varianten: Sie werden Ihnen keine übermenschlichen Fähigkeiten verleihen, können aber eine leckere, vielseitige, interessante und extrem gesunde Ergänzung Ihrer täglichen Ernährung sein.

Zu viel des Guten

Zu den bekanntesten exotischeren Superfood-Arten gehören **Hanfsamen**, **Chiasamen**, **Maca-Pulver**, Algen, zum Beispiel **Blau- und Grünalgen**, **Spirulina** und **Chlorella**, **Mangostane-Saft**, **Baobab-Pulver**, **Moringa**, **Ginseng**, **Guarana**, **Manuka-Honig**, **Rohkakaopulver**, **Acai-Beeren** und **Aloe vera**.

Ich integriere all diese Lebensmittel gern in meine Ernährung. Viele davon gibt es als Pulver oder in flüssiger Form oder als Kerne und Samen oder Beeren, so lassen sie sich problemlos ausprobieren, indem man sie beispielsweise in einen Smoothie gibt. Solche Lebensmittel isst man am besten so, wie sie sind, und mischt sie nicht mit verarbeiteten Produkten.

Schon kleine Mengen davon haben eine große Wirkung. Entscheidend ist, dass man solche Nahrungsmittel nicht in unmäßigen Mengen verzehrt und dass man sie variiert. Selbst die gesündesten Produkte können schädlich sein, wenn man zu viel davon isst. Zum Beispiel Maca-Pulver: Das schmeckt wirklich lecker und gibt einem einen ordentlichen Energieschub, kann aber auch den Hormonspiegel beeinflussen, daher müssen Sie es mit Bedacht verwenden – und sollten es nicht spätabends essen, es sei denn, Sie haben vor, nach Mitternacht Sport zu machen! Oder Spirulina: Der Verzehr kann sich auf die Schilddrüse auswirken – das ist toll, wenn man eine träge Schilddrüse hat, aber weniger toll bei einer Schilddrüsenüberfunktion.

Seien Sie auch vorsichtig, wenn Sie bestimmte Medikamente einnehmen, schwanger sind oder wenn Sie stillen. Einige dieser Lebensmittel und Pulver können unerwünschte Wechselwirkungen auslösen. Wenn Sie also beabsichtigen, Ihre Ernährung mit etwas Ungewöhnlichem zu ergänzen, sollten Sie immer zuerst mit Ihrem Arzt darüber sprechen, der Ihnen vielleicht raten wird, einen Ernährungstherapeuten zu konsultieren.

Nehmen Sie als wichtigste Botschaft mit, dass es auf einen maßvollen Umgang ankommt. Verputzen Sie nicht gleich einen ganzen Beutel Grünpulver auf einmal. Mischen Sie einfach hin und wieder ein, zwei Teelöffel davon in ein Getränk, dann können Sie sicher sein, dass es Ihnen nicht schadet.

Superfood, das es in jedem Supermarkt gibt!

Superfood muss nicht unbedingt teuer oder exotisch sein. Etliche Sorten kann man an jeder Ecke bekommen. Denken Sie an **Avocados**, **Knoblauch**, **Ingwer**, **Beeren**, **Kirschen**, **Hafer**, **Brokkoli**, **Grünkohl**, **Leinsamen**, **Grünen Tee** und **Kurkuma**. Das alles würde ich zum Superfood zählen, denn es ist supergesund, reich an Vitaminen, Mineralstoffen, Antioxidantien und enthält noch viele andere gute Dinge. Da wir diese Nahrungsmittel so gut kennen und sie nicht interessant genug sind, als dass die Medien einen Hype um sie machen würden, betrachten wir sie nicht als Superfood. Sie sind jedoch preiswert, überall erhältlich – und wir wissen um ihre Qualitäten und dass sie sich problemlos in unsere normale Ernährung integrieren lassen.

Daher sind das auch die Arten von Superfood, zu denen ich vorwiegend greife und die Sie in den Rezepten in diesem Buch finden werden.

NAHRUNGS-ERGÄNZUNGSMITTEL

In einer idealen Welt sollten wir alle unsere Vitamine und Mineralstoffe aus dem ziehen können, was Mutter Natur zu bieten hat. Aber die Welt, in der wir leben, ist alles andere als ideal.

Das stressige Leben, das wir führen, kann uns sämtliche Vitamine und Mineralstoffe entziehen und sich negativ auf unsere Verdauung auswirken. Die Nahrungsmittel heutzutage sind nicht mehr das, was sie mal waren, denn viele Feldfrüchte werden heute auf nährstoffarmen Böden angebaut und die meisten Lebensmittel werden so designt, dass sie besser schmecken, nicht, dass sie einen höheren Nährwert haben. Es ist davon auszugehen, dass wir heute 18 Orangen essen müssten, um die gleiche Menge an guten Dingen zu bekommen, die wir 1930 mit nur einer Orange bekommen hätten! Dass die Früchte so früh geerntet werden, Monate, bevor sie in unserer Obstschale landen, ist ebenfalls zu unserem Schaden – besonders wenn Sie bedenken, dass rund 80 Prozent der Güte während der letzten 20 Prozent des Reifeprozesses entstehen. (Die allermeisten Früchte werden heute weit vor diesem Stadium geerntet.)

Außerdem sind wir zunehmend Giftstoffen und Verschmutzungen ausgesetzt und wir nehmen mehr Medikamente als früher ein. Das bedeutet, dass mehr Vitamine und Mineralstoffe benötigt werden, um unsere Leber dabei zu unterstützen, mit all diesen Dingen fertigzuwerden. Wir verbringen weniger Zeit in der Küche mit der Zubereitung frischer Mahlzeiten und verlassen uns immer mehr auf abgepackte Lebensmittel. Diese haben jedoch zwangsläufig weniger Nährstoffe, weil sie so stark verarbeitet sind oder seit Ewigkeiten im Ladenregal liegen.

Einfach ausgedrückt arbeiten sowohl die moderne Landwirtschaft als auch unser moderner Lifestyle gegen uns und berauben unseren Körper der Vitamine und Nährstoffe, die er dringend benötigt.

Nachfolgend werden einige Gründe aufgeführt, wann Sie vielleicht über die Einnahme von Nahrungsergänzungsmitteln nachdenken sollten:

- Sie haben einen sehr stressigen Lebensstil.
- Sie fliegen oft mit dem Flugzeug.
- Sie sind auf abgepackte Lebensmittel angewiesen.
- Sie rauchen oder trinken regelmäßig Alkohol.
- Sie mussten in den vergangenen Jahren mehrmals eine Antibiotikabehandlung machen oder nehmen täglich Medikamente ein.
- Sie sind erschöpft und leiden oft unter Schnupfen, Heuschnupfen oder Allergien.
- Sie leben in einer verschmutzten Stadt und kaufen selten Bio-Lebensmittel ein.
- Sie befinden sich in einer bestimmten Lebensphase, in der Sie eine Vitaminkur benötigen: Vielleicht sind Sie schwanger, erholen sich von einer Krankheit, befinden sich in den Wechseljahren oder trainieren zum ersten Mal für einen Marathon.

Ich reise viel mit dem Flugzeug und habe einen sehr engen Terminplan, wenn ich unterwegs bin. Manchmal habe ich wenig Zeit, richtig zu essen und ausreichend zu schlafen. Das kann für meinen Körper, meine Seele und meine Schlafgewohnheiten sehr belastend sein. Aus diesem Grund nehme ich bestimmte Nahrungsergänzungsmittel ein, um sicherzugehen, dass mein Nährstoffbedarf immer abgedeckt ist.

Wie sicher sind Nahrungsergänzungsmittel?

Ein Zeitschriftenartikel schwärmt vom erstaunlichen gesundheitlichen Nutzen von Zink. Ein Fernsehspot wirbt für ein brandneues Multivitaminpräparat. Ihr Nachbar erzählt Ihnen, wie großartig er sich fühlt, seit er in hohen Dosen Eisen oder Zink einnimmt. Es gibt viele Gründe, warum Sie zur Apotheke eilen könnten, um sich Ihren eigenen Nahrungsergänzungsmittelvorrat zu holen.

Doch was beim einen funktioniert, muss das nicht unbedingt beim anderen auch. Es trifft nicht zu, dass jeder zusätzlich Zink braucht oder sich besser fühlt, wenn er ein Eisenpräparat nimmt. Selbst wenn Nahrungsergänzungsmittel harmlos scheinen, kann es durchaus riskant sein, sie sich selbst zu verschreiben.

Wenn Sie Medikamente einnehmen, müssen Sie mit Nahrungsergänzungsmitteln wirklich vorsichtig sein, da einige die Wirkung bestimmter Medikamente beeinträchtigen oder vielleicht eine Wechselwirkung mit ihnen haben. Das kann gefährlich sein. Fragen Sie stets einen Arzt oder Apotheker, bevor Sie neben Ihren Medikamenten etwas anderes einnehmen. Das Gleiche gilt, wenn Sie schwanger sind oder stillen.

Die richtige Wahl treffen

Fragen Sie sich zunächst, wofür das Präparat sein soll und wozu Sie es brauchen. Zur Verbesserung Ihres allgemeinen Wohlbefindens? Zur Steigerung Ihres Immunsystems, für die Verdauung, für Haut oder Haar? Zur Aufhellung Ihrer Stimmung, für einen besseren Schlaf, bei Gliederschmerzen oder für den Stuhlgang?

Wenn Sie wissen, worauf Sie aus sind, gehen Sie am besten in einen seriösen Naturkostladen und fragen dort um Rat. Oder Sie sprechen mit einem ausgebildeten Ernährungstherapeuten, der Ihnen genau sagen kann, was am besten für Sie ist. Kaufen Sie keine Präparate, bevor Sie sich ausreichend informiert haben.

Qualität ist wichtiger als Quantität

Wenn Sie denken, dass eine Packung Vitamine für EUR 2,40 sich entscheidend auf Ihre Gesundheit auswirkt, überlegen Sie noch mal. Es gibt gute Gründe, warum manche Nahrungsergänzungsmittel teurer sind als andere. Das ist nicht nur eine Marketingmasche.

Zum einen gibt es Vitamine, Mineralstoffe und Nährstoffe in allen möglichen chemischen Formen. Einige werden vom Körper sehr gut aufgenommen, andere überhaupt nicht.

Bärenstarke Insiderinfos

„DAS GANZE IST MEHR ALS DIE SUMME SEINER TEILE“
– ARISTOTELES

Grünkohl enthält nicht nur Kalzium, sondern auch eine ganze Bandbreite an Nährstoffen, die in Verbindung mit Kalzium alle zu Ihrer Gesundheit beitragen.
Bei Nahrungsergänzungsmitteln ist das genauso. Isoliert wirken Vitamine oder Mineralstoffe nicht immer so gut, wie wenn man sie gruppiert und sie Synergieeffekte bilden. Wenn Ihnen nicht ein Experte explizit dazu geraten hat, sollten Sie daher nicht nach Tabletten mit hochdosiertem Zink, hochdosiertem Eisen oder hochdosiertem Kalzium greifen. Nehmen Sie stattdessen lieber Breitband-Multivitamine oder eine speziell zusammengestellte Nährstoffkombination.
Hauptsache, Sie vergessen nicht, dass unverarbeitete Vollwertkost uns meistens automatisch mit ausreichend Nährstoffen versorgt …

Eisenpräparate können Sie zum Beispiel in folgenden Formen kaufen: Eisenfumarat, Eisengluconat, Eisensulfat, Eisenbisglycinat, Eisencitrat oder Eisenchelat.

Sie finden das verwirrend? Das ist es auch.

Der Punkt ist, dass einige dieser Formen sehr gut absorbiert werden, andere aber nicht. Sie können sogar zu Verstopfung oder Verdauungsproblemen führen.

Woher sollen Sie dann wissen, was Sie nehmen sollen? Leider sind die besseren Präparate fast immer auch teurer. Wenn auf dem Verpackungsetikett die Inhaltsstoffe nicht angegeben sind oder nichts über die chemische Form gesagt wird, dann bedeutet das oft, dass eine Form verwendet wurde, die sich schlecht absorbieren lässt. Lassen Sie dann die Finger davon.

Oft werden billige Nahrungsergänzungsmittel auch als stark komprimierte Tabletten angeboten, die sich schlecht oder gar nicht auflösen. Das heißt, Sie scheiden die Tablette, die Sie am Morgen schlucken, am nächsten Tag mit Ihrem Stuhl wieder aus – Sie spülen buchstäblich Ihr Geld die Toilette hinunter!

Meiden Sie außerdem Nahrungsergänzungsmittel, die viele künstliche Süßstoffe, Aromastoffe oder andere Zusatzstoffe enthalten. Diese schaden Ihnen mehr, als sie nützen.

Wenn es darum geht, Ihrem Körper Vitamine zuzuführen, hat Qualität auch ihren Preis. Sachkundige Hersteller von Nahrungsergänzungsmitteln forschen intensiv und stecken viel Zeit und Geld in die Herstellung von Tabletten, Kapseln und Flüssigkeiten, die sich leicht aufspalten und absorbieren lassen. Dies ist einer der Fälle, in denen es sich wirklich bezahlt macht, etwas mehr auszugeben.

Kräuter

Draußen in der Wildnis habe ich aus medizinischen Gründen eine Menge Kräuter und Pflanzen verwendet (mehr zum Thema finden Sie in meinen Büchern „Draußen (über)leben“ und „Born Survivor“). Meilen von der Zivilisation entfernt, ist das weitaus mehr als nützliches Wissen.

Welche Präparate kann ich gefahrlos einnehmen, ohne vorher groß professionellen Rat einzuholen?

Die folgenden Präparate sind für die meisten Menschen, die nicht gerade Medikamente einnehmen, schwanger sind oder stillen, im Allgemeinen unbedenklich:

Ein qualitativ hochwertiges Multivitamin- und Mineralstoffpräparat – deckt den Mindestbedarf an Nährstoffen ab und kann Ihnen in stressigen Phasen oder wenn Sie sich nicht sehr gesund ernähren, helfen. Sie sollten es am Morgen einnehmen, da manche Vitamine einen richtigen Energiekick geben können!

Probiotika – damit meine ich nicht die zuckerhaltigen Milchgetränke aus dem Supermarkt, sondern qualitativ hochwertige Probiotika entweder in Pulver- oder in Kapselform, wie man sie in Naturkostläden bekommt. Sie können bei Verdauungsproblemen wie Blähungen, Flatulenzen, Verstopfung, Reizdarmsyndrom oder Hefepilzinfektionen helfen, tragen zur Stärkung des Immunsystems bei und gleichen die Nebenwirkungen von Antibiotika aus.

Omega-3-Fettsäuren – speziell, wenn Sie nicht oft fettreichen Fisch essen, ist es wirklich wichtig, ausreichend Omega-3-Fettsäuren zu sich zu nehmen. Diese sind nötig für eine gesunde Herz-, Hirn- und Hormonfunktion, für das Nervensystem und die Haut. Außerdem können sie die Stimmung stabilisieren. Das ist lebenswichtig! Prüfen Sie, welche Gesamtmengen an Docosahexaensäure (DHA) und Eicosapentaensäure (EPA) laut Etikett enthalten sind – das sind die wesentlichen gesundheitsförderlichen Substanzen. Sie sollten pro Tag eine Kombination aus etwa 500 bis 1000 Milligramm DHA und EPA zu sich nehmen. Wenn Sie nicht auf Fischöl stehen – es gibt auch vegane Varianten.

Mariendistel – diese Kräuterpflanze schützt die Leber und hilft ihr, mit all den Giften fertigzuwerden, denen wir täglich ausgesetzt sind. Das wurde in zahlreichen Studien bewiesen. Steht Ihnen am Wochenende eine Party bevor, kann sie dazu beitragen, dass der Kater ein bisschen schneller wieder verschwindet!

Kurkuma – ist eine der gesündesten Wurzeln auf der Erde und gibt Currys ein tolles Aroma. Falls Currys aber nicht Ihr Ding sind, können Sie sie auch in Kapselform kaufen. Kurkuma stärkt das Immunsystem und wirkt gegen Entzündungen; es ist reich an Antioxidantien und sehr gut für das Gehirn, das Herz, die Gelenke und andere Körperteile – eine absolute Gesundheitsbombe. Um die Aufnahme zu erleichtern, nimmt man sie am besten zusammen mit schwarzem Pfeffer ein.

Vitamin D – ich habe das Glück, dass ich viel reise und regelmäßig eine ordentliche Portion Sonne abbekomme, die eine gute Vitamin-D-Quelle ist. Doch viele Menschen bekommen nicht regelmäßig und genug Sonnenlicht.

In Lebensmitteln ist dieses Vitamin selten in ausreichender Menge vorhanden, daher sollte man sich, besonders in den dunkleren Monaten Oktober bis April, seine tägliche Dosis qualitativ hochwertiges Vitamin D holen. Sie können es auch während der Sommermonate nehmen, wenn Sie nicht viel rauskommen oder stets einen starken Sunblocker auftragen (der die Sonnenstrahlung blockiert, die wir zur Bildung von Vitamin D brauchen).

Vitamin C *– im Unterschied zu den meisten freilebenden Tieren sind Menschen nicht in der Lage, körpereigenes Vitamin C zu produzieren. Und da wir immer seltener frische Lebensmittel verzehren, kann die zusätzliche Einnahme von Vitamin C, besonders während der Wintermonate, einen Beitrag zur Stärkung des gesamten Immunsystems leisten und uns vor Erkältungen und grippalen Infekten schützen.*

Wussten Sie, dass die meisten von Ärzten verschriebenen Präparate synthetisch gebildete Kopien der chemischen Komponente(n) sind, die sich ursprünglich in einem Kraut oder einer Pflanze finden? Mutter Natur ist ein kompletter Arzneischrank! Kräuter können enorm wirksam sein. Ich habe festgestellt, dass sie einigen Nahrungsergänzungsmitteln überlegen sein können. Viele Naturkostläden verkaufen Kräuter in Form von Tinkturen oder Kapseln. Lassen Sie sich professionell beraten, welche Kräuter in Ihrem speziellen Fall angezeigt sind, und lassen Sie sich von der erstaunlichen Wirkung überraschen.

Nicht als Ausreden benutzen

Es gibt noch so viel mehr Nahrungsergänzungsmittel, Puder, Tinkturen und Kräuter, die einige der körperlichen Symptome, unter denen Sie vielleicht leiden, lindern können. Ich lege Ihnen sehr ans Herz, sich ausreichend zu informieren oder professionellen Rat einzuholen, in welcher Hinsicht sie Ihnen Gutes tun können.

Eine sehr wichtige Botschaft möchte ich Ihnen in diesem Kapitel noch mit auf den Weg geben: Benutzen Sie Nahrungsergänzungsmittel nicht als Ausrede, warum Sie sich nicht gesund ernähren.

Nahrungsergänzungsmittel können zusätzlich zur täglichen Nahrung eingenommen werden, als Mittel, um bestimmte Beschwerden zu lindern, wenn Ihnen ein Experte dazu rät, oder als Kur in Zeiten, wo Sie es brauchen. Aber sie sollten niemals als Ersatz für gesunde Lebensmittel herhalten. Das Beste ist eine naturbelassene, fettarme, Bio-Vollwertkost, wie die Natur sie bereitstellt!

STIMULANZIEN

Abhängig machende und stimulierende Substanzen wie Schokolade, Kaffee und Alkohol spielen eine wesentliche Rolle in unserer Gesellschaft. Unsere Gehirne sind so programmiert, dass sie sie lieben – und süchtig danach werden. Das scheint Teil unseres Bewältigungsmechanismus zu sein, um mit dem Leben fertigzuwerden. Auf mich trifft das auf jeden Fall zu! Diese Substanzen können uns sofortigen Genuss verschaffen, Schmerz lindern, uns geselliger machen und uns in stressigen Zeiten helfen weiterzumachen.
Kein Wunder, dass es den Menschen schwerfällt – manchen mehr als anderen –, sich solche Laster wieder abzugewöhnen.

Die schlichte Wahrheit ist: Häufig und reichlich genossen können sie unserer Gesundheit schaden und dazu führen, dass unser Gehirn nicht mehr richtig arbeitet. Diese Substanzen beeinträchtigen das rationale Denken, erhöhen unseren Stresslevel, führen zur Gewichtszunahme und belasten unseren Körper. Das vorübergehende Glücksgefühl und die stimulierende Wirkung halten nicht an, hinterlassen jedoch Narben. Aus diesem Grund habe ich intensiv daran gearbeitet, meine Abhängigkeit davon zu reduzieren.

Und wie gehe ich mit Schokolade, Kaffee und Alkohol um? Verzichte ich komplett darauf? Fallen sie alle in die „Schlecht-für-mich"-Kategorie? Keineswegs. Ich habe nicht vor, mich zu bestrafen. Ich behalte nur im Hinterkopf, dass es wichtig ist, maßzuhalten und „saubere" Sachen zu verzehren.

Schokolade

Ich habe Schokolade schon immer geliebt und halte sie für ein erstaunliches und gesundes Lebensmittel. Wichtig ist nur, dass Sie Ihre Schokolade sorgfältig auswählen.

Der ungesündeste Teil beim Verzehr eines durchschnittlichen Schokoladenprodukts ist nicht die Schokolade selbst, sondern die übrigen darin enthaltenen Inhaltsstoffe. Ich meine damit weißen Zucker, Sahne oder Milch und eine Menge Fett – ganz zu schweigen davon, dass die Kakaobohnen selbst wahrscheinlich stark verarbeitet wurden. Schokolade enthält verschiedene Substanzen – zum Beispiel

Theobromin, Tryptophan und Phenylethylamin – die eine glücklich machende, entspannende, tröstende oder stimulierende Wirkung auf das Gehirn und unsere Stimmung haben können. Sie enthält auch Magnesium, ein Mineralstoff, von dem manche Frauen einmal im Monat mehr benötigen, was das Verlangen nach Schokolade in der PMS-Phase erklären könnte. Doch vielfach wird die Gier nach Schokolade durch die beiden anderen in einer durchschnittlichen Tafel Schokolade enthaltenen Substanzen ausgelöst, die stark abhängig machen: weißer Zucker und Milchprodukte. Beides ist ungesund und macht sehr dick. Aber keine Panik! Die Rettung naht.

Denn Schokolade in ihrer biologischen, rohen, unverarbeiteten Form – oft als Rohkakao bezeichnet – hat einen extrem hohen Gehalt an Antioxidantien und Mineralstoffen, kann außergewöhnlich gesund sein und schmeckt, wenn sie richtig zubereitet wird, einfach himmlisch! Es gibt Belege dafür, dass der tägliche Verzehr einer kleinen Menge Rohkakao extrem förderlich für die Herzgesundheit ist und den Blutdruck senken helfen kann.

Anstatt zu versuchen, eine Woche lang auf Schokolade zu verzichten, um dann bei der „ungesunden" Schokolade richtig zuzulangen, sollten Sie daher lieber kleine Mengen essen, aber von der richtigen Sorte. Rohkakao ist die Lösung. Man bekommt ihn im Internet und in den meisten Naturkostläden. Nehmen Sie also ungesüßten Bio-Rohkakao; er wird auch in all den leckeren Schokolade-Rezepten in diesem Buch verwendet. (Die Schoko-Brownies auf Seite 210 sind innerhalb weniger Minuten zubereitet, und ich hoffe, die werden Sie davon überzeugen, nie wieder eine Tafel verarbeitete Schokolade zu kaufen.) Und falls Sie ein echter Fan von dunkler Schokolade sind, knabbern Sie zwischendurch einige Kakao-Nibs. Das sind in kleine Stücke gebrochene Kakaobohnen. Die geben Ihnen einen tollen Schokolade-Kick ohne Zuckerzusatzschock. Super geeignet für unterwegs und auf Reisen oder als Muntermacher am Vormittag. Doch am allerliebsten mag ich zweifellos die einfachen Schokoladen-Quadrate aus Rohkakao, Ahornsirup und Kokosöl, die in einer Eiswürfelschale gemacht werden. Das Rezept dazu steht auf Seite 208.

Kaffee

Kaffee hat mit Schokolade viel gemeinsam: In seiner reinen, biologischen Form (die Rede ist hier von frisch gemahlenen Bio-Kaffeebohnen) hat er viele gesundheitsfördernde Eigenschaften. In kleinen Mengen enthält er wichtige Nährstoffe wie Vitamin B, Magnesium und eine ganze Reihe krankheitsabwehrender Antioxidantien. Kaffee kann eine positive Wirkung auf Gehirn und Körper haben, da er sowohl die mentale als auch die körperliche Leistungfähigkeit unterstützt.

Wie bei Schokolade sind es oft die in einer Tasse Kaffee enthaltenen Zusatzstoffe, auf die Sie achten müssen. Latte Macchiato und Cappuccino enthalten viel Milch, in Eiskaffee ist reichlich Sahne und Zucker und andere Kaffeespezialitäten sind mit Sirup aromatisiert oder haben ein Sahnehäubchen. Sie alle sind ungesund und machen dick.

Doch auch Kaffee selbst, schwarz und ohne Zucker getrunken, hat Nebenwirkungen. Er kann zu Angstzuständen, Schlaflosigkeit, Dehydrierung, Sodbrennen und sogar zur Gewichtszunahme führen. Kaffee enthält Koffein, das eine stark anregende Wirkung hat. Koffein stimuliert den Körper dazu, Adrenalin zu produzieren. Adrenalin ist unser „Kampf oder Flucht"-Hormon. Es stammt aus den Urzeiten, als wir noch vor Tigern davonlaufen und andere Bedrohungen bekämpfen mussten. Adrenalin erhöht nicht nur unseren Herzschlag und unseren Blutdruck und macht uns damit handlungsbereit, es bewirkt auch die Freisetzung von Glukose in den Blutkreislauf. Diese Glukose kann von unseren Muskeln sofort als Energie genutzt werden – was super ist, falls Sie tatsächlich vor einem Tiger davonrennen oder einen Räuber bekämpfen müssen, wenn das aber nicht der Fall ist, lagert sich die ungenutzte Glukose später als Fett ab. Ja, solches Koffein kann Sie dick machen! Die schlechteste Gelegenheit, Kaffee zu trinken, ist an Ihrem Schreibtisch. Trinken Sie ihn lieber direkt vor einer anstrengenden Trainings-Session, wo er zur Erhöhung von Leistung und Ausdauer beitragen kann. Kaffee wird oft als mentales Aufputschmittel verwendet, aber darauf sollten Sie sich nicht verlassen: Koffein macht abhängig und Sie werden immer größere Mengen davon brauchen, um die gleiche Wirkung zu erzielen. Zwischen Körper und Geist sollte von allein ein Zustand des Gleichgewichts herrschen.

Kaffee belastet den Magen und den Verdauungstrakt und kann zu Verdauungsstörungen und Sodbrennen beitragen. Wenn Sie solche Verdauungsprobleme haben, sollten Sie nicht mehr als eine Tasse Kaffee pro Tag trinken. Und falls Sie von Natur aus ängstlich sind oder unter Schlaflosigkeit leiden, ist Kaffee vielleicht nichts für Sie. Die meisten Sorten von entkoffeiniertem Kaffee wurden einem umfassenden chemischen Verfahren unterzogen, bei dem das Koffein extrahiert wurde. Nicht sehr gesund. Er hat immer noch eine leicht stimulierende Wirkung und reizt den Magen stark. Wenn Sie einen mentalen Muntermacher suchen, trinken Sie lieber grünen Tee.

Damit Ihr Energielevel, Ihr Blutzuckerspiegel und Ihr Verdauungstrakt sich erholen können, wird der Kaffeekonsum während meines Acht-Wochen-Ernährungsplans (siehe Seite 260) auf ein Minimum reduziert. Wenn Sie sonst viel Kaffee trinken, kann es sein, dass Sie am Anfang ein paar Mal Kopfschmerzen bekommen, aber das sind nur vorübergehende Entzugserscheinungen, die Ihnen zeigen, wie abhängig Sie wirklich waren. Sie werden staunen, wie viel energiegeladener Sie sich fühlen werden, wenn Sie weniger Kaffee trinken. Ich weiß das aus Erfahrung – die erste Woche war die Hölle, aber heute ist es ein Genuss, wenn ich ab und zu einen Kaffee trinke, und keine tägliche Zwangshandlung mehr. So macht es auch viel mehr Spaß, versprochen.

Es gibt heute viele Arten von Kaffeeersatz. Manche leisten Erstaunliches für die Gesundheit, andere schmecken fantastisch, einige tun beides und manche weder das eine noch das andere. Wenn Sie meinen, dass Sie von Kaffee abhängig sind, probieren Sie es mal mit einem meiner Lieblingsersatzmittel: **Zichorienkaffee, Löwenzahnwurzelkaffee, mediterraner Kräuterkaffee**, alle Arten von Kräutertee und loser **grüner** oder **weißer Tee**. Sie könnten auch folgende Ersatzgetränke probieren, die sehr anregend, aber nicht koffeinfrei sind: **mit heißem Wasser aufgegossenes Maca-Pulver, Matcha-Grüntee, Guayusa** und **Yerba-Mate-Tee**. Sharas Favorit ist **Rotbuschtee** beziehungsweise **Rooibos** – und sie sieht damit verdammt heiß aus!

Bärenstarke Insiderinfos

Weder Kaffee noch Alkohol tragen zur empfohlenen täglichen Flüssigkeitsaufnahme bei. Beides entzieht dem Körper Flüssigkeit – das werden Sie anhand der Farbe und des Geruchs Ihres Urins feststellen. Wenn Sie Kaffee oder Alkohol trinken, sollten Sie zum Ausgleich auch immer mehr Wasser trinken.

Alkohol

Als Student machte ich definitiv eine Phase durch, in der ich herumlungerte, Junkfood aß, eine Menge Alkohol trank und Zigaretten rauchte. Das änderte sich, als ich beschloss, für die Aufnahme in das 21. Special Air Service Regiment zu trainieren. Einfach ausgedrückt konnte ich meinen ungesunden studentischen Lebensstil nicht beibehalten, wenn ich in die Eliteeinheit wollte.
Diese Entscheidung und die gesundheitlichen Veränderungen, die ich in der Folge vornahm, änderten meine komplette Einstellung gegenüber Alkohol, Zigaretten und deren Wirkung auf unsere Gesundheit, Fitness, Langlebigkeit und Zufriedenheit.

Alkohol hilft uns, Hemmungen zu verlieren, und wenn ich ehrlich bin, fühlte ich mich als junger Mann manchmal ein wenig wie ein Außenseiter. Ich wollte nicht wie alle anderen sein, aber ich wusste nicht, was das wirklich bedeutete. Wenn ich unter Leute ging, trank ich mir mit Alkohol Mut an, um meinen eigenen Weg zu gehen. Doch mit der Zeit entwickelte ich durch meinen christlichen Glauben ein solides Fundament in meinem Leben, ich vertraue auf Individualität und brauche dazu keinen Alkohol mehr.

Alkohol hat eine hohe Suchtwirkung. Übermäßiger Konsum kann Gehirnzellen töten, zu einer starken Dehydrierung führen und zur Entstehung von Sodbrennen, Magengeschwüren, Schlafstörungen, Entzündungen, Diabetes, einem hohen Cholesterinspiegel und zu Herzerkrankungen beitragen. Darüber hinaus entzieht er dem Körper lebensnotwendige Vitamine und Mineralstoffe.

Doch eines der größten Probleme von Alkohol ist seine Wirkung auf unsere Leber. Und die beschwert sich nie. Wenn wir einen über den Durst getrunken haben, spüren wir das vielleicht in unserem Kopf, unserem Magen oder sogar in unseren Beinen, aber unsere Leber tut nicht weh, wenn wir zu viel Alkohol getrunken haben, auch wenn sie das am stärksten davon betroffene Organ ist. Das ist ein wichtiger Punkt; würden wir jedes Mal unter starken Leberschmerzen leiden, wenn wir es uns haben zu gut gehen lassen, dann würden wir es sicher viel seltener tun.

Außerdem steckt Alkohol voller Zucker beziehungsweise wird in unserem Körper sehr schnell in Zucker umgewandelt. Ich kenne Leute, die von sich behaupten, keine Naschkatzen zu sein, und doch trinken sie fast jeden Abend Alkohol. Das ist ihre versteckte Zuckerration.

Die Blutzuckerentgleisungen, die Alkohol verursacht, haben, gepaart mit sinkenden Hemmungen, eine weitere Nebenwirkung: Sie lassen uns vergessen, dass wir den Entschluss gefasst haben, keine ungesunden Sachen zu essen. Wann war das letzte Mal, dass Sie nach einem Abend in der Kneipe einen Salat verputzten? Sie werden viel eher zu fettigen, frittierten, salzigen Lebensmitteln greifen, wenn Sie Alkohol getrunken haben. Oder nachts den Kühlschrank räubern. (Ich weiß, wovon ich spreche!)

Es gibt Studien, die behaupten, dass zwei Gläser Alkohol pro Tag das Risiko für Herzerkrankungen und andere Krankheiten senken können, aber ich würde nie meine Gesundheit darauf verwetten. Doch eines weiß ich: Wenn Sie übergewichtig sind, rauchen und selten Sport treiben, dann werden zwei Gläser Rotwein pro Tag Sie wahrscheinlich nicht vor einem drohenden Herzinfarkt bewahren.

Sie brauchen kein totaler Abstinenzler zu sein. Das bin ich auch nicht. Doch wie bei allem anderen sollten Sie einfach auf Ihren gesunden Menschenverstand vertrauen. Kaufen Sie hochwertigen Alkohol, zum Beispiel Bio-Rotwein oder einheimisches Bier oder Cidre in Bio-Qualität. Sie sollten Alkohol wertschätzen und ihn sich für Cheat Days und besondere Gelegenheiten aufbewahren.

Wenn Sie täglich Alkohol trinken, wird der Acht-Wochen-Ernährungsplan (hierzu mehr auf Seite 262) Ihnen helfen, den Konsum zu senken. Gönnen Sie Ihrer Leber eine Verschnaufpause und machen Sie anschließend nicht da weiter, wo Sie vorher aufgehört haben. Legen Sie sich neue und bessere Gewohnheiten zu. Das wird am Anfang nicht einfach sein, aber Reisen, die es wert sind, sind am Anfang oft ein wenig beschwerlich. Wenn Sie Alkohol oder starken Kaffee zu einem besonderen Genussmittel machen, anstatt beides als tägliche Angewohnheit zu betrachten – und entsprechend wenig wertzuschätzen –, wird das insgesamt eine enorme Wirkung auf Ihre Gesundheit haben.

BIO-LEBENSMITTEL

Inzwischen ist die Verfügbarkeit aller möglichen Arten von Lebensmitteln massiv gestiegen. Wir bekommen fast alles. Die meisten saisonalen Gemüse- und Obstsorten sind das ganze Jahr über erhältlich und praktisch auch jedes andere Lieblingsobst oder -gemüse lässt sich aus dem Ausland importieren. Doch dieser Überfluss hat eine Kehrseite: Die Qualität der meisten Lebensmittel, die wir kaufen, ist nicht mehr so wie früher.

Wir wollen es perfekt

Wenn Sie in Ihrem örtlichen Supermarkt einkaufen, wird Ihnen dieser Qualitätsabfall vielleicht nicht gleich auffallen. Das Obst und das Gemüse dort sieht wunderschön und glänzend aus. Alles hat die gleiche Form, Farbe und Größe. Aber so sehen natürlich gewachsene Lebensmittel nicht aus. Sie brauchen nur jemanden zu fragen, der sein eigenes Gemüse anbaut, oder einen Bio-Bauernmarkt zu besuchen, um zu erkennen, dass das stimmt.

Wir neigen dazu, mit unseren Augen einzukaufen, nicht mit unserem Gehirn. Selbst inmitten dieser Perfektion jagen wir noch immer nach den größten Bananen, den glänzendsten Äpfeln und den geradesten Gurken. Aus diesem Grund bieten Supermärkte keine Lebensmittel an, die nicht perfekt aussehen, auch wenn diese ebenso gut essbar sind. Das ist verrückt.

Aussehen kann täuschen. Haben Sie sich je gefragt, wie es möglich ist, dass all Ihre Äpfel und Gurken exakt die gleiche Form, Farbe und Größe haben? Es dürfte Sie vermutlich nicht sehr überraschen zu erfahren, dass da unheilvolle Dinge passieren.

Wir wollen es süß

Doch nicht nur die Größe und die Form von Obst und Gemüse scheinen uns nicht gut genug. Bei Verbrauchern ist auch die Anfrage nach süßeren, weniger herben oder nicht bitteren Obst- und Gemüsesorten gestiegen, am liebsten auch noch ohne Kerne: so bei Weintrauben. Neue Anbautechniken, Düngemittel, Pestizide und alle möglichen anderen interessanten Methoden kommen zur Anwendung, den Geschmack zu bekommen, den wir wollen. Oftmals sind es jedoch die bitteren oder herben Substanzen in Obst und Gemüse, die außergewöhnlich gut für unsere Gesundheit sind und bei der Krankheitsbekämpfung helfen können.

Wir stellen also mehr mit unnatürlichen Verfahren erzeugte und mit Chemikalien vollgepumpte Lebensmittel her, die zwar besser – zumindest süßer – schmecken, aber weniger Nährstoffe enthalten und auch weniger zum Schutz unserer Gesundheit beitragen.

Wir wollen mehr

Wir wollen nicht nur, dass unsere Lebensmittel perfekt aussehen und süßer schmecken, heutzutage gilt es auch, wesentlich mehr Mäuler satt zu bekommen. Lebensmittel müssen möglichst kostengünstig in sehr großen Stückzahlen produziert werden. Doch das hat seinen Preis. Auch hier setzen die Produzenten verschiedene neue Anbaumethoden, chemische Düngemittel und Pestizide ein. Das Obst wird geerntet, bevor es reif ist, oder wir importieren es aus Ländern, deren Gesetze hinsichtlich des Gebrauchs von Schädlingsbekämpfungsmitteln vielleicht nicht so streng sind wie unsere, und manchmal lagern wir es über Monate. Es kommt vor, dass die Pflanzen in Boden angebaut werden, der praktisch keine Nährstoffe hat.

All dies geht zu Lasten der Qualität unserer Lebensmittel, egal, wie gut diese aussehen. Wussten Sie, dass ein durchschnittlicher Pfirsich vor 50 Jahren bis zu 50-mal mehr Vitamin C enthielt als heute? Die Pfirsiche heutzutage sind größer, glänzender und süßer, aber viel weniger nahrhaft.

Pestizide

Pestizide können verrückte Dinge mit dem Körper anstellen. In winzigen Mengen sind sie legal und bringen Sie nicht um. In großen Mengen schon. Pestizide haben die Tendenz, sich mit der Zeit im Körper anzureichern, und können dort langsam, aber sicher, viel Schaden anrichten. Sie begünstigen verschiedene Erkrankungen, von Parkinson über Schilddrüsenfehlfunktionen

DAS DRECKIGE DUTZEND

Die folgenden Obst- und Gemüsesorten werden am stärksten gespritzt. Wenn Sie diese essen, können Sie mehr als 60 schädlichen Chemikalien ausgesetzt werden, daher ist es viel besser, zu den Bio-Varianten zu greifen:

Äpfel
Beeren und Kirschen
Birnen
Grünkohl
Kartoffeln
Kopfsalat und Gurken
Möhren
Nektarinen und Pfirsiche
Paprika
Sellerie
Spinat
Weintrauben

DIE SAUBEREN 15

Die folgenden Obst- und Gemüsesorten sind am wenigsten mit Pestiziden belastet. Man kann sie bedenkenlos auch in Nicht-Bio-Qualität kaufen:

Ananas
Auberginen
Avocados
Brokkoli
Champignons
Erbsen
Grapefruits und Zitronen
Kiwis
Mangos
Melonen
Spargel
Süßkartoffeln
Tomaten
Weißkohl
Zwiebeln und Knoblauch

und Hormonstörungen bis hin zu Krebs. Außerdem können Toxine Sie dick machen. Sie haben nicht nur Einfluss auf Ihren Stoffwechsel und die Hunger regulierenden Hormone; wenn Sie mehr Toxine aufnehmen, als Ihr Körper verarbeiten kann, speichert er die überschüssigen Toxine in den Fettzellen. Besteht nicht ausreichend Speicherplatz, erzeugt Ihr Körper einfach mehr Fett. Das ist der Grund, warum mit Pestiziden belastete Lebensmittel zur Gewichtszunahme führen können.

Ich habe mich selbst davon überzeugt, mehr Bio-Lebensmittel zu essen, indem ich den erworbenen Lebensmitteln in meinem Kopf verschiedene Etiketten verpasste. Was früher „Lebensmittel aus konventionellem Anbau“ für mich waren, bekam von mir jetzt das Etikett „Lebensmittel mit Pestizidzusätzen“. Wenn man anfängt, so zu denken, fällt die Entscheidung sehr leicht.

„Das dreckige Dutzend“ und „Die sauberen 15“

Manche Obst- und Gemüsesorten werden stärker gespritzt als andere. Wenn es Ihnen nicht möglich ist, nur noch Bio-Lebensmittel zu kaufen, notieren Sie sich die Listen auf diesen Seiten und stecken Sie sie in Ihre Geldbörse, damit Sie sie beim Einkaufen dabei haben. (Und denken Sie daran: Es kann sein, dass Ihre ortsansässigen Bauern vielleicht noch kein offizielles Bio-Siegel führen, es aber beantragt haben. Auch wenn keines vorhanden ist, lohnt es sich immer nachzufragen, ob der Anbau nach Bio-Normen erfolgt.)

Bananen gehörten früher wegen ihrer dicken Schale mit zu den „sauberen 15“. Doch inzwischen werden sie so stark gespritzt, dass der Boden, auf dem sie wachsen, hochgradig kontaminiert ist, und die Toxine werden während des Pflanzenwachstums in das Fruchtfleisch der Banane aufgenommen. Außerdem setzen viele Unternehmen eine Technologie zur Schnellreifung ein, bei der Bananen Chemikalien gespritzt oder sogar injiziert werden, damit sie schneller reifen. Klingt lecker, oder?

Es gibt auch gute Nachrichten!

Glücklicherweise gibt es aber auch viele Bauern, die noch an natürliche Anbaumethoden glauben und sich keine Gedanken darüber machen, ob ihr Gemüse zu klein oder komisch geformt ist, die sich um den Boden kümmern und darauf achten, dass sie immer wieder andere Feldfrüchte anpflanzen, damit der Boden optimale Mineralstoffwerte hat. Bauern, denen die Umwelt, die Tiere und unsere Gesundheit ein Anliegen sind und die darum wenig Pestizide und andere schädliche Substanzen einsetzen. Das ist biologische Landwirtschaft.

Es scheint nicht ausreichend Belege dafür zu geben, dass Lebensmittel aus biologischem Anbau mehr Vitamine und Mineralstoffe enthalten als solche aus konventionellem Anbau. Das bedeutet aber nicht, dass sie nicht gesünder sind. Mag sein, dass ein Bio-Apfel den gleichen Vitamin-C-Gehalt hat wie einer aus konventionellem Anbau, er enthält jedoch viel weniger schädliche Chemikalien.

Je mehr schädliche Chemikalien Sie aufnehmen, desto mehr Vitamine brauchen Sie, um Ihren Körper dabei zu unterstützen, diese wieder loszuwerden. Ein echtes Dilemma.

Aber kosten Bio-Lebensmittel nicht mehr?

Die Landwirtschaft ist ein hartes Geschäft. Um ein Bio-Siegel für ihre Produkte zu bekommen, müssen Landwirte einen Prozess durchlaufen, der sehr hart, sehr stark reguliert und sehr langwierig ist. Also: Ja, Bio-Produkte haben ihren Preis.

Aber keine Bio-Produkte zu essen, hat auch seinen Preis. Pestizide sind für das Auge nicht erkennbar, für Ihren Körper schon. Ganz zu schweigen von den schädlichen Auswirkungen auf die Natur. Ist Ihre Gesundheit und die Ihrer Familie und Ihrer Umwelt wichtig genug, um etwas mehr Geld auszugeben für Lebensmittel besserer Qualität?

Es steht jedenfalls außer Frage, dass Ihre Gesundheit und die Ihrer Familie enorm davon profitieren werden, wenn Sie teure

Bärenstarke Insiderinfos

GENTECHNISCH VERÄNDERTE LEBENSMITTEL

Es scheinen noch keine aussagekräftigen Untersuchungsergebnisse vorzuliegen, die belegen, dass gentechnisch veränderte Lebensmittel langfristig unbedenklich sind. In vielen Ländern der Welt sind sie immer noch verboten. Ich mache mir Sorgen darüber, dass genetisch veränderte Pflanzen Insekten gefährden könnten, insbesondere Bienen. Glauben Sie wirklich, dass man für genetisch veränderte Pflanzen weniger Pestizide braucht? Es gibt inzwischen Super-Unkräuter und antibiotikaresistente Bakterien, die selbst gegen genetisch veränderte Pflanzen resistent sind. Das bedeutet, es werden noch stärkere Pestizide benötigt, um sie zu bekämpfen.

Meiner Meinung nach sollten wir Mutter Natur nicht ins Handwerk pfuschen – sie weiß es meistens am besten. Lesen Sie die Etiketten und kaufen Sie nur Ware, die nicht genetisch verändert ist.

verarbeitete Lebensmittel, Fertiggerichte und zweifelhafte Snacks für die gesunden, Energie liefernden Gerichte in diesem Buch sausen lassen. Wenn Bio-Lebensmittel Ihnen teuer vorkommen, betrachten Sie sie von dieser Warte, und plötzlich scheinen sie gar nicht mehr so extravagant.

MIKROWELLEN

Über Mikrowellen habe ich alle möglichen Gerüchte gehört – zum Beispiel, dass sie von den Nazis erfunden und von den Russen verboten wurden und dass Menschen mit einem Herzschrittmacher ihnen aus dem Weg gehen sollten. Hier Fakt von Fiktion zu trennen, ist schwer. Für mich ist die große Frage, ob das Kochen mit Mikrowellen unbedenklich ist und ob „Mikrowellen-Gerichte" gut sind und Energie liefern.

So funktionieren Mikrowellen

Inzwischen benutze ich die Mikrowelle kaum noch. Wenn man sich ansieht, wie diese Geräte arbeiten, ist das sehr aufschlussreich. Sie strahlen sehr kurze elektromagnetische Wellen ab, die mit Lichtgeschwindigkeit unterwegs sind und unsere Lebensmittel durchdringen. Dies lässt die Moleküle – besonders die Wassermoleküle – im Essen vibrieren. Die Vibrationen erzeugen Hitze. Je länger Sie die Mikrowelle laufen lassen, desto schneller sind die Vibrationen und desto mehr Hitze wird erzeugt. Dadurch wird das Essen erwärmt oder sogar gekocht.

Genial. Aber auch furchteinflößend. Denn Mikrowellen sind eine Art Strahlen. Und das Wort „Strahlung" missfällt mir grundsätzlich.

Strahlung gibt es überall. Man sieht sie nicht, aber sie ist da, und viele Strahlenarten sind erwiesenermaßen schlecht für unsere Gesundheit. Wir wissen, dass sie Schaden anrichten können, wenn wir ihnen permanent ausgesetzt sind.
Aus diesem Grund sollten wir uns nicht zu häufig röntgen lassen oder uns zu lange in der UV-Strahlung des Sonnenlichts

aufhalten – ebenso sollten wir es vermeiden, unsere Mikrowelle zu häufig zu benutzen.

Die andere Frage ist, ob Mikrowellen den Nährstoffgehalt in unserem Essen verringern. Soweit ich das beurteilen kann, ist die Wissenschaft hier unschlüssig. Ich versuche trotzdem, der Mikrowelle aus dem Weg zu gehen.

Allein die Sache mit der Strahlung hat mich überzeugt!

Spart die Mikrowelle wirklich Zeit?

Ja. Geringfügig. Im Ernst. Denn in Anbetracht der Zeit, die vergeht, während Sie Ihr Essen in die Mikrowelle stellen, danebenstehen und aufpassen, das Gerät wieder anhalten, das Essen umrühren (da in der Mikrowelle tendenziell alles zu einer Pampe wird) und es dann wieder anstarren, denke ich, dass ich mit meinem gedünsteten Gemüse, meinem gegrillten Hähnchen oder meinem gekochten Ei nicht sehr weit hinter Ihnen zurückliege! Ist es die eingesparten Sekunden wirklich wert, wenn so viele Studien herauskommen, in denen es heißt, dass wir unser Tempo drosseln sollen und zum Wohle unserer Gesundheit und unserer Verdauung viel, viel langsamer essen sollen? Für mich ist das eine Zeitersparnis am falschen Ende.

Fertiggerichte für die Mikrowelle

Auch wenn wir nicht mit Sicherheit sagen können, ob Mikrowellen gut oder schlecht für uns sind, ihr häufiger Begleiter – die Mikrowellengerichte – sind auf jeden Fall ungesund, und dafür gibt es einen Haufen Gründe. Zunächst einmal sind sie vorgegart. Durch das Vorgaren und Aufwärmen verlieren Speisen einen großen Teil ihres Nährwerts (wenn nicht gar alle Nährwerte). Dieser Energielieferant hatte schon beim Kauf an Güte verloren und wird beim Aufwärmen noch mehr Qualität einbüßen. Die Gerichte sind zudem in Kunststoff verschweißt. Erwärmter Kunststoff ist nie gesund. Und das Schlimmste: Sie enthalten sehr viel Salz und Zucker sowie reichlich Aromastoffe und Chemikalien, damit sie schmackhafter und länger haltbar sind und auch ohne Benutzung eines Ofens braun und knusprig werden. Klingt das nach der Sorte Essen, die Sie Ihrem Körper angedeihen lassen wollen? Nein? Dachte ich mir schon.

Früher, als Soldat, habe ich mich regelmäßig davon ernährt. Glauben Sie mir: Das Zeug schmeckt nie so, wie es auf der Verpackung aussieht, und ist Lichtjahre von einem frisch zubereiteten Essen entfernt. Mag sein, dass es schnell und bequem ist, aber nährwerttechnisch ist es ein Albtraum. Seien Sie schlau. Lassen Sie die Finger davon.

FASTEN & ENTSCHLACKEN

Ich habe bei mehreren Gelegenheiten gefastet. Manchmal geschah das freiwillig, manchmal mit Sicherheit nicht, wenn ich beispielsweise irgendwo in der Wildnis festsaß und es wenig anderes zu essen gab als Insekten! Ich fand das unglaublich hart, stellte jedoch auch fest, dass es mir half, klarer zu denken, und dass ich dadurch einen erstaunlichen Energieschub bekam. Ich hatte das Gefühl, etwas erreicht zu haben, und es brachte mich auf gewisser Weise der Natur näher.

Auf der anderen Seite hatte es den gegenteiligen Effekt, wenn ich zu lange fastete, denn das strengte mich ziemlich an. Als ich während meines Special-Forces-Trainings an einem Überlebenslehrgang teilnahm, musste ich mit sehr eingeschränkten Rationen auskommen; ich kletterte im Winter über Berge, schlief unbequem und wurde von Hunden und Soldaten gejagt – und das bei weniger als 300 Kalorien pro Tag über einen Zeitraum von zwei Wochen. Das hinterließ seine Spuren, aber es war machbar. Andererseits bekamen die Teilnehmer in meiner Fernsehsendung „The Island" sechs Wochen lang sehr wenig zu essen. Und obwohl sie sich nur von Fisch und Kokosnüssen ernährten, sahen sie unglaublich lebendig aus!

Für viele ist das Fasten oder eine „Entschlackungskur" beliebt, um überschüssiges Gewicht loszuwerden oder mehr Energie zu gewinnen. Die Frage ist: Wie gesund ist das wirklich?

Was bedeutet Fasten und Entschlacken?

Beim Fasten verzichtet man fast komplett aufs Essen und reduziert die Kalorienzufuhr auf null oder nahezu null.

Beim Entschlacken werden bestimmte Lebensmittel verzehrt, die dem Körper helfen, Giftstoffe loszuwerden, und man verzichtet auf Essen, das den Körper belastet, zum Beispiel auf Alkohol, frittierte Lebensmittel und Zucker.

De facto können Fasten und Entschlacken sehr ähnlich sein, je nachdem, worauf Sie verzichten und wie stark Sie die Nahrungsmenge einschränken.

Eine alte Tradition

In einer Überlebenssituation halte ich mir stets vor Augen, dass die alten Methoden, die über unzählige Generationen hinweg von einheimischen Volksstämmen weitergereicht wurden und sich bewährt haben, oft die besten sind.

Dazu gehört das Fasten. Seit Jahrhunderten wird es in zahlreichen Kulturen und Religionen praktiziert. Es gibt kaum eine Religion auf der Welt, die Fasten nicht zu ihren Traditionen zählt. Viele unserer primitiven Vorfahren fasteten ebenfalls. Ich kann mir nicht vorstellen, dass etwas, das so lange praktiziert wird, keinen Nutzen hat.

Ich habe auch beobachtet, dass Tiere (sowohl Wild- auch Haustiere), wenn sie sich verletzen oder krank werden, oft tage- oder gar wochenlang fasten und nur kleine Mengen Wasser zu sich nehmen, damit ihr Körper sich ausruhen und erholen kann. Es ist fast so, als ob sie etwas wüssten, was wir verlernt haben: dass der Körper viel schneller heilen kann, wenn wir nicht essen. Das macht Sinn: Wenn wir unserer Verdauung eine Pause gönnen, kann der Körper seine Ressourcen zur Regeneration, Erholung und Entschlackung nutzen. Manche Tiere fasten auch in der Paarungszeit. Vielleicht sehen sie in den Augen des anderen Geschlechts attraktiver aus, wenn sie einige Pfunde verloren haben!

Die Vorteile des Fastens und Entschlackens ...

Fasten und Entschlacken wirken sich in vielerlei Hinsicht positiv auf den Körper aus. Sie gönnen Ihrer Verdauung eine Pause (glauben Sie mir: Fast alle von uns haben das nötig!), Sie tragen dazu bei, dass überschüssige Giftstoffe aus Ihrem Körper geschwemmt werden, Sie nehmen ab und geben Ihrem Körper die Gelegenheit zur Selbstheilung und Regeneration.

Fasten kann sich zudem in mehrfacher Hinsicht positiv auf den Geist auswirken. Sie werden vielleicht feststellen, dass Sie klarer im Kopf sind, da Sie nun mehr Raum und Zeit für andere Dinge haben. Sie werden lernen, dankbar zu sein für das reichhaltige Nahrungsangebot, das uns zur Verfügung steht. Sie werden zeitweilig eventuelle emotionale Bindungen zum Essen unterbrechen, was bei der Suchtbekämpfung helfen kann. Und Sie werden damit anfangen, Ihren Körper auf einen generell gesünderen Lebensstil vorzubereiten.

Wenn Sie sich beim Fasten großartig fühlen und es Ihnen nach der Umstellung auf Ihre normale Ernährung nicht gut geht, kann dies ein Zeichen dafür sein, dass Sie bestimmte Nahrungsmittel und Getränke, die Sie für gewöhnlich konsumieren, nicht vertragen. Das ist eine fantastische Gelegenheit, herauszufinden, welche Lebensmittel die Buhmänner sind, und diese komplett aus Ihrem Speiseplan zu streichen – oder wenigstens für einige Monate, bis Ihr Körper sich erholt hat. Gute Beispiele hierfür sind Milchprodukte, Brot und Kaffee. Sie können Symptome bei Ihnen auslösen, bei denen Ihnen vor dem Fasten gar nicht aufgefallen ist, dass Sie sie haben.

... und die Nachteile

Giftstoffe lagern sich in Fettzellen an. Wenn wir während des Fastens an Gewicht verlieren, kann es passieren, dass diese in den Blutkreislauf gelangen. Dies hat eventuell einige unangenehme Nebenwirkungen zur Folge, beispielsweise Kopfschmerzen, Übelkeit, Stimmungsschwankungen oder einen Haufen Pickel im Gesicht. Vielleicht wird Ihnen auch schwindlig, während Ihr Körper sich auf den Nahrungsmangel einstellt. Ich plane meine Fastenzeit eher an Tagen, an denen ich nicht so viel zu tun und nicht viele wichtige Termine (oder Fotoshootings) habe.

So funktioniert's

Dies vorweg: Falls Sie unter einer Krankheit leiden, Medikamente einnehmen, körperlich schwach oder schwanger sind, stillen oder untergewichtig sind, lassen Sie sich von einem Arzt professionell beraten, bevor Sie fasten oder entschlacken.

Ist das nicht der Fall: Probieren Sie es aus!

Wie bei den meisten Sachen im Leben kommt es auch hier darauf an, dass man nicht übertreibt. Wenn Sie einen oder zwei Tage lang fasten, können Sie schon eine Menge Gutes bewirken. Bei längeren Fastenzeiten kann es sein, dass Sie wie ich anfangen, die negativen Effekte zu spüren. Doch jeder ist anders: Manchen Menschen tut es gut, länger zu fasten, andere haben mehr von kurzen Fastenperioden. Sie sollten herausfinden, welche Methode zu Ihnen passt, indem Sie es testen. Versuchen Sie, einen Tag lang nichts anderes zu sich zu nehmen als selbst gemachte pürierte Gemüsesuppe, und beobachten Sie, wie es Ihnen dabei geht, bevor Sie am folgenden Tag mit einem Wasser- und Gemüsesaft-Fasten fortfahren. Sie können dies ohne Probleme und bedenkenlos alle paar Wochen machen.

Wenn Sie sehr schlank sind und der Typ Mensch, der schnell Fett verbrennt, ständig etwas essen muss und dem oft kalt ist, dann kann es sein, dass ein reines Wasserfasten sehr unangenehm und zu anstrengend für Ihren Körper ist. In dem Fall sollten Sie sich vielleicht besser darauf beschränken, einige Tage lang warme Gemüsesuppen und heiße Kräutertees zu trinken. Sind Sie der Typ Mensch, der tonnenweise Energie hat, leicht übergewichtig ist und der von Natur aus eine höhere Körpertemperatur hat, der auch mal eine Mahlzeit auslassen kann, ohne dass ihm schwindlig wird oder er in Panik gerät, kann es Ihnen gut damit gehen, wenn Sie über mehrere Tage fasten und nur Wasser und Gemüsesäfte oder frische Salate zu sich nehmen. Experimentieren Sie, aber in Maßen. Ihre Gesundheit wird es Ihnen danken.

Achten Sie darauf, dass Sie während des Fastens immer ausreichend Flüssigkeit zu sich nehmen. Das wird Ihnen helfen, den Hunger zu vertreiben, und trägt zum Ausschwemmen der im Körper freigesetzten Giftstoffe bei.

Und denken Sie daran: Es ist besser und einfacher zu fasten, wenn es draußen warm ist, als bei Kälte. Sie sollten daher lieber im Frühjahr oder Sommer fasten als mitten im Winter.

Nahrungsergänzungsmittel zum Entschlacken

Auf dem Markt gibt es viele Nahrungsergänzungsmittel und Pulver, die von sich behaupten, dass sie eine entschlackende Wirkung haben. Manche von ihnen funktionieren, andere nicht. Folgende Mittel verwende ich gern:

Mariendistel und Löwenzahn – es ist wissenschaftlich erwiesen, dass beide den Entschlackungsprozess der Leber unterstützen. In Kapselform oder flüssig eingenommen können sie zum Fasten oder Entschlacken mit Sicherheit einen Beitrag leisten.
Probiotika – helfen dabei, die Verdauung wieder in Gang und ins Gleichgewicht zu bringen. Die Einnahme erfolgt in Kapsel- oder Pulverform.
Grünpulver – Chlorella, Spirulina und Weizengras wirkend reinigend und entschlackend und sorgen gleichzeitig für einen ordentlichen Energieschub.

Doch auch hierbei sollte man nicht übertreiben. Sie brauchen (und wollen) wirklich nicht den ganzen Küchenschrank voller teurer Nahrungsergänzungsmittel haben, deren Wirkung nicht bewiesen ist!

Keine Lust auf Fasten? Dann kommt hier eine einfache Lösung

Auch wenn Fasten und Entschlacken dazu beitragen können, dass Sie sich kurzfristig energiegeladener, gereinigt und schlanker fühlen, ist es viel cleverer, wenn Sie Ihre Ernährung dauerhaft umstellen – und Sie brauchen sich auch nicht annähernd so stark einzuschränken. Wenn Sie meinen Acht-Wochen-Plan (ab Seite 255) befolgen, werden Sie feststellen, dass der wie eine sanfte, aber wirksame Entschlackungskur wirkt. Sie werden all die Lebensmittel weglassen, die vielen Verdauungsprobleme bereiten oder zu Übergewicht und Trägheit führen. Sie werden sich großartig fühlen und zu Höchstleitungen fähig – sowohl körperlich als auch geistig. Und letztlich ist das ja das Ziel.

SPORTLERERNÄHRUNG

Bewegung und Ernährung gehen Hand in Hand. Sie können keine sportlichen Höchstleistungen erwarten, wenn Sie nicht den richtigen Brennstoff in den Tank füllen.

Sportlerernährung ist eine Wissenschaft für sich, besonders, wenn Sie Spitzensportler sind. Doch wenige von uns wissen, was für eine große Rolle die Ernährung beim alltäglichen Sport spielt. Selbst wenn Sie nur zweimal pro Woche ins Fitnessstudio oder bloß gelegentlich joggen gehen, so kann das, was Sie vor dem Sport essen, und wie Sie nach der Trainingseinheit wieder auftanken, buchstäblich darüber entscheiden, ob es Ihrem Körper zugutekommt oder schadet – und dies wird Ihre Motivation, weiterhin Sport zu betreiben, wecken oder im Keim ersticken.

Essgewohnheiten und Motivation

Menschen benutzen oft ihren Mangel an Selbstdisziplin, ihren niedrigen Fitness- und Energielevel oder ihre fehlende Motivation als Ausrede dafür, warum sie gar nicht erst damit anfangen, Sport zu treiben oder sich gesund zu ernähren. Die gute Nachricht ist, dass diese negativen Eigenschaften nicht wirklich Ihren Charakter bestimmen. In den meisten Fällen ist das, was wir essen beziehungsweise nicht essen, dafür verantwortlich, dass wir uns so fühlen, und hält uns davon ab, die Dinge zu ändern oder auf dem Leistungslevel zu trainieren, zu dem wir fähig sind.

Das ergibt Sinn, wenn man darüber nachdenkt. Betanken Sie ein Auto mit schlechtem Treibstoff und der Motor wird niemals wie ein Kätzchen schnurren. Doch lassen Sie mich Ihnen einige Beispiele für Dinge geben, die viele von uns beim Sport erlebt haben. (Und glauben Sie mir, all das kenne ich aus eigener Erfahrung.)

- Sie sind gerade mal fünf Minuten gelaufen und bekommen so heftiges Seitenstechen, dass Sie sich für den unfittesten Menschen überhaupt halten!
  Möglicher Grund: Seitenstechen wird oft vom Essen ausgelöst (auch wenn es gesunde Lebensmittel waren), wenn das Essen

zu kurze Zeit vor Trainingsbeginn zurückliegt. Das hat mit Ihrem Fitnesslevel vielleicht gar nichts zu tun.

- Trotz endloser Trainingseinheiten scheinen Sie einfach nicht in der Lage zu sein, an Muskelmasse oder Muskelkraft zuzulegen.
  Möglicher Grund: Sie verpassen immer wieder das wichtige Zeitfenster zum Muskelaufbau direkt nach dem Training oder Sie essen nach dem Sport die falschen Sachen.
- Alle sprechen von einem „Hochgefühl" nach dem Sport, aber Sie fühlen sich nach dem Training „down". Sie sind erschöpft und schleppen sich mühsam durch den Rest des Tages.
  Möglicher Grund: Sie haben es versäumt, direkt nach dem Sport Ihren Nahrungsspeicher mit den richtigen Lebensmitteln und Flüssigkeiten aufzutanken. Ihr Körper läuft auf Reserve – und damit auch Ihr Geist!
- Nach zehn Minuten geht Ihnen im Kurs die Puste aus und Sie können nicht 100 Prozent geben. Sie können es gar nicht abwarten, bis die Stunde endlich rum ist.
  Möglicher Grund: Sie haben sich vielleicht einige Stunden vor Kursbeginn ernährungstechnisch nicht mit den richtigen Kohlenhydraten und Flüssigkeiten vorbereitet. Die wertvollen Energiespeicher Ihrer Muskeln sind schnell leer geworden.
- Sie fühlen sich müde, sind träge, unmotiviert und haben überhaupt keine Lust auf Sport.
  Möglicher Grund: Sie haben über den Tag verteilt nicht ausreichend Flüssigkeit zu sich genommen. Erhält der Körper zu wenig Flüssigkeit, führt das oft zu Müdigkeit und mangelnder Motivation. Zuckerhaltige Lebensmittel, Weißmehlprodukte und andere verarbeitete Lebensmittel haben oft die gleiche Wirkung – man wird träge und demotiviert.

Die Lösung für alle oben genannten Probleme kann ganz einfach sein, nämlich dass man weiß, wann und was man essen oder trinken muss. Keiner der aufgeführten Punkte sagt etwas über Ihren Charakter aus – sie sind einfach die Folge einer falschen Nahrungs- und Flüssigkeitszufuhr. Hier kommen einige grundsätzlichen Erkenntnisse zum Thema Sport und Ernährung und meine Ess- und Trinkregeln ins Spiel.

Sport und Ernährung: Drei Grundlagen

1. Beim Sport benötigen unsere Muskeln in erster Linie Kohlenhydrate als Brennstoff, vor allem bei extrem intensiven Workouts.
2. Der Brennstoff, auf den die Muskeln während des Sports in zweiter Linie zurückgreifen, sind Fette, besonders, wenn Sie nicht ganz so intensiv mehrere Stunden hintereinander Sport treiben.
3. Drittens brauchen die Muskeln nach dem Sport vor allem Protein, kombiniert mit komplexen Kohlenhydraten. Das trägt dazu bei, dass die Muskeln sich erholen, muskuläre Schäden behoben und verloren gegangene Energiereserven wieder aufgefüllt werden.

Meine fünf Regeln für die richtige Ernährung beim Sport

1. **Hungern Sie vor und nach dem Sport nicht.** Selbst wenn Sie Sport treiben, um überschüssiges Fett loszuwerden, ist es entscheidend, dass Sie vorher und hinterher die richtigen Lebensmittel essen, damit Ihr Energielevel während des Sports und für den Rest des Tages ausgewogen bleibt. Das trägt auch entscheidend dazu bei, dass Ihr Körper an den richtigen Stellen (mehr Muskeln, weniger Fett) umgeformt wird.
2. **Essen Sie nicht später als zwei Stunden vor dem Sport eine komplette Mahlzeit.** Wenn Sie vorhaben, vor dem Sport eine Hauptmahlzeit einzunehmen, tun Sie dies mindestens zwei bis vier Stunden vor dem Training. Mit vollem oder halbvollem Magen Sport zu machen, kann katastrophale Folgen haben und zu unangenehmen Begleiterscheinungen (Seitenstechen, Atemlosigkeit, Muskelkrämpfe oder eine insgesamt verminderte Leistung) führen. Selbst eine gesunde Mahlzeit braucht Zeit, um verdaut zu werden – besonders, wenn sie Protein enthält, ein Nahrungsbestandteil, der relativ langsam verdaut wird. Ihr Magen benötigt Energie, um es aufzuspalten. Diese Energie wird aus anderen Körperteilen abgezogen, unter anderem aus den Muskeln, was zu einer verminderten Leistungsfähigkeit und geringerer Ausdauer führt.

3. **Ihre Hauptmahlzeit mehrere Stunden vor dem Sport sollte eine Kombination aus mageren Proteinen, komplexen Kohlenhydraten und etwas Fett sein.** Sämtliche Rezepte für Frühstück, Mittag- und Abendessen im hinteren Teil des Buchs erfüllen diese Anforderungen. Wofür Sie sich entscheiden, ist egal, das kann ein schneller Frühstücks-Smoothie sein oder eine sättigende Gemüsesuppe mit etwas proteinreichem, mehlfreiem Brot (Rezept Seite 227), eine Schale Hirsch-Chili oder etwas gegrillter Fisch mit Süßkartoffeln und Gemüse.
4. **Wenn Sie seit zwei bis vier Stunden vor dem Sport nichts gegessen haben, sollten Sie eine Dreiviertelstunde bis eine Stunde vorher zumindest einen kleinen, leicht verdaulichen, kohlenhydratreichen Snack essen.** Zum Beispiel eine reife Banane oder ein anderes Stück reifes Obst, ein paar Datteln, einen Frucht-Smoothie (ohne Zusatz von Protein oder Nüssen), einen kleinen Shake aus Obst und Gemüse/Ingwer (ideal ist Rote Bete!) oder einen Frucht- oder Gemüsesaft. Wenn Sie mit leerem Magen trainieren, haben Ihre Muskeln schnell keine Energiereserven mehr.
5. **Warten Sie nach dem Sport nicht zu lange, bis Sie etwas essen.** Es gibt ein wichtiges Zeitfenster, das reicht von direkt danach bis 45 bis 90 Minuten nach dem Sport – in dieser Zeit sind Ihre Muskeln am empfänglichsten für Erholung, Regeneration und Stärkung. Essen Sie dann einen leicht verdaulichen protein- und kohlenhydratreichen Snack, zum Beispiel Proteinbomben (Rezepte Seite 193, 194), Energiebooster-Haferkekse (Rezept Seite 196), eine Scheibe Bananen-Walnuss-Brot (Rezept Seite 203), einen meiner Post-Workout-Smoothies (Rezept Seite 248) oder einfach eine Banane oder eine Mango, vermischt mit zwei Messlöffeln Proteinpulver und etwas Mandelmilch.
   Binnen zwei Stunden nach dem Sport sollten Sie dann eine leichte, gesunde Mahlzeit aus Protein und reichlich Gemüse zu sich nehmen. Gemüse enthält viele Antioxidantien und kann dazu beitragen, dass der Muskelkater am folgenden Tag nicht so schlimm ist.

Meine fünf Tipps für die richtige Flüssigkeitszufuhr beim Sport

1. **Rote-Bete-Saft ist ein super Getränk vor dem Sport.** Er enthält nicht nur Kohlenhydrate, die Ihren Muskeln als Brennstoff dienen, Rote Bete sorgt auch für einen Anstieg des Stickoxidgehalts in Ihrem Blut. Das ist sehr gut für die Herzkreislauffunktion und das Arbeiten der Muskeln.
2. **Wenn es Ihnen schwerfällt, auf Kaffee zu verzichten, trinken Sie eine Tasse vor dem Sport.** Auf diese Weise können Sie sich seine stimulierende Wirkung zunutze machen. Es kann allerdings nicht in Ihrem Sinne sein, dass Sie nur mit Koffein Leistung bringen, setzen Sie ihn daher sparsam ein. Wie immer wird Mutter Natur Ihnen den richtigen Weg weisen. Mehr dazu finden Sie im Abschnitt zu Kaffee auf den Seiten 100 und 101.
3. **Trinken Sie einen halben Liter Flüssigkeit spätestens 30 Minuten vor dem Sport und mindestens ebenso viel unmittelbar danach.** Mit dieser Regel sind Sie auf der sicheren Seite, aber denken Sie daran, dass die Menge des Flüssigkeitsverlusts von der Sportart abhängt (bei einem lockeren Lauftraining brauchen Sie weniger als bei hochintensivem Kampftraining), davon, wo Sie Sport treiben (im Freien in der Sonne oder in einem klimatisierten Fitnessstudio) und von Ihrem Fitnesslevel. Trinken Sie zwischendrin regelmäßig kleine Schlucke Wasser, wenn es eine schweißtreibende Session ist. Achten Sie darauf, keine großen Schlucke zu machen, denn dies kann zu Magen-Darm-Beschwerden und zu Seitenstechen führen. Wenn Sie länger als eine Stunde Sport treiben, nehmen Sie, um den Flüssigkeitsmangel wieder auszugleichen, 30 Minuten nach dem Start ein gehaltvolleres Getränk zu sich und nicht nur Wasser. Im nächsten Absatz finden Sie ein Rezept dazu.
4. **Die besten Getränke zum Auffüllen des Flüssigkeitsspeichers enthalten nicht nur Wasser, sondern auch Elektrolyte und einige Kohlenhydrate.** Während eines intensiven Workouts verlieren Sie Wasser, Elektrolyte und Kohlenhydrate. Ich verlasse mich nicht auf Sport-Drinks, um diese wieder zu ersetzen. Ich stelle mein eigenes

Getränk her und das geht supereinfach und ist billig. Ich gebe entweder eine Prise hochwertiges Salz mit zwei Teelöffeln Ahornsirup und zwei Teelöffeln Zitronensaft in ein Glas Wasser und vermische alles miteinander oder ich nehme Kokoswasser (das von Natur aus vor Elektrolyten nur so strotzt) und mixe es mit etwas frischem Fruchtsaft, Kirschsaftkonzentrat oder einem Stück Frischobst. In den Stunden nach dem Sport sollten Sie weiterhin Flüssigkeit in Form von Wasser zu sich nehmen.

5. **Pflanzliche Nahrungsmittel können ebenfalls die Flüssigkeitszufuhr sicherstellen.** Sie liefern nicht nur viele Antioxidantien, die Ihnen helfen, sich nach dem Sport schnell wieder zu erholen, die meisten Obst- und Gemüsesorten enthalten auch Wasser und tragen dazu bei, dass Sie viel länger hydriert bleiben, sodass selbst schweißtreibende Yoga-Sessions erträglicher werden.

Ernährung auf Wanderungen

Für längere Wanderungen braucht Ihr Körper etwas andere Nahrung und Sie müssen das Ganze ein bisschen anders angehen als bei kurzen, intensiven Workouts. Die Frühstücke im Rezeptteil dieses Buches sind durchweg hervorragend geeignet als Vorbereitung auf eine Wanderung. Sie bieten eine gute Kombination aus Proteinen, komplexen Kohlenhydraten und gesunden Fetten, mit denen Sie etliche Stunden durchhalten werden.

Eine ähnliche Nährstoffkombination – Proteine, Fette und Kohlenhydrate – werden Sie brauchen, um durchzuhalten, wenn Sie lange unterwegs sind. Neben der einfachen, aber supergesunden Variante frischen oder getrockneten Obstes plus Nüsse, Kerne und Samen, können Sie auch mal Schoko-Brownies (Rezept Seite 210) probieren, Energiebooster-Haferkekse (Rezept Seite 196), die würzigen Frühstücks-Muffins mit Buchweizen (Rezept Seite 142), die schnellen Feigen-Pekannuss-Energieriegel (Rezept Seite 195), die Kokos-Aprikosen-Bällchen (Rezept Seite 204), die Proteinbomben (Rezept Seite 193), das Bananen-Walnuss-Brot (Rezept Seite 203) oder die Quinoa-Küchlein indische Art (Rezept Seite 200). Sie alle sind reich an Nährstoffen, sehr gute Energielieferanten und schmecken dazu noch lecker. Unterschätzen Sie das nicht. Napoleon meinte, dass eine Armee mit dem Magen marschiert, und er hatte recht – manchmal brauchen wir eine Motivation, um weiterzumachen. Ein Energielieferant, der auch noch lecker schmeckt, kann genau das sein.

Nahrungsergänzungsmittel zur Leistungssteigerung

Ich nehme keine Nahrungsergänzungsmittel, um meine sportliche Leistung zu verbessern, Fett schmelzen oder Muskeln wachsen zu lassen. In der Vergangenheit habe ich solche Mittel ausprobiert. Mag sein, dass einige geholfen haben, aber ich fand es schwierig, ihre Effektivität zu messen. Lieber wollte ich herausfinden, zu welchen sportlichen Leistungen ich auf natürliche Weise fähig war, indem ich auf die Fähigkeiten baute, die mein Körper besaß, wenn ich ihm die richtige Nahrung zuführte – und erzielte damit traumhafte Ergebnisse. Ich finde es viel besser, Wissen darüber zu erlangen, wie ich das optimieren kann, was die Natur uns für Erfolg und Leistung mitgegeben hat. Dabei spielen naturbelassene Lebensmittel und natürliches Training die Hauptrolle, insofern überrascht es nicht, dass wir dann einen Körper bekommen, der natürlich aussieht: schlank, gut proportioniert und straff. So, wie die Natur es vorgesehen hat! Vertrauen Sie der Natur, nicht irgendwelchen Pillen, und bedenken Sie, dass Abkürzungen immer ihren Preis haben und die negativen Folgen immens sein können.

Das Einzige, was ich zu mir nehme, das einem leistungssteigernden Nahrungsergänzungsmittel am nächsten kommt, ist Proteinpulver, weil man das als schnellen Proteinnachschub nach dem Sport schön einfach in einen Smoothie mixen kann.

ENERGIESPENDER KOKOSÖL

Inzwischen wissen Sie, dass ich total auf Kokosnuss stehe. Sie ist ein erstaunliches, leckeres Superfood (nicht nur) für Survival-Situationen. Seit ich Butter durch Kokosöl ersetzt habe, konnte ich feststellen, dass ich mehr Energie habe und bei allem länger durchhalte, und das aus gutem Grund. Kokosöl wird schnell aufgenommen und in einen Brennstoff verwandelt, wie ich im Kapitel über Fett erklärt habe (siehe Seite 39). Wenn ich heute auf lange Wanderungen gehe oder an Adventure Races teilnehme, habe ich immer Kokosnussstücke dabei – sie sind echte „Lebensretter“ (und leckere Snacks).

DIE GRUNDLAGEN DES EINKAUFENS

Niemand will, dass das Besorgen von Lebensmitteln zur Belastung wird. Niemand hat Lust, durch die Gegend zu latschen, um nach obskuren Zutaten zu suchen, die viel Geld kosten. Dafür habe ich viel zu viel um die Ohren, und ich wette, Sie auch.

Wie können wir daher beim Einkaufen sicherstellen, dass wir die richtigen Sachen kaufen, die unseren Körper mit ausreichend Energie versorgen und unsere Chancen auf ein langes, vitales Leben erhöhen?

Eine Möglichkeit ist, dass Sie sich nach den Informationen in diesem Buch richten. Ich hoffe, dass Sie Lebensmittel mit anderen Augen sehen, wenn Sie das Buch zu Ende gelesen haben, und sich besser und gesünder ernähren.

Die zweite Möglichkeit ist, dass Sie lernen, die auf den Verpackungen aufgelisteten Inhaltsstoffe richtig zu interpretieren.

Weniger ist mehr

Wenn es darum geht, was in Lebensmitteln drinsteckt, gibt es eine sehr einfache Faustregel: Weniger ist mehr. Je weniger Inhaltsstoffe ein Produkt enthält, desto höher ist wahrscheinlich sein Nährwert. Auch wenn es einige Ausnahmen geben mag, im Allgemeinen gilt: Wenn ein Lebensmittel fünf oder mehr Zutaten hat, ist es wahrscheinlich nicht zu 100 Prozent natürlich und gesund. Wenn in einem Produkt Inhaltsstoffe aufgeführt sind, von denen Sie noch nie etwas gehört haben, mit kompliziert klingenden Namen, die sich schwer aussprechen und wahrscheinlich noch schwerer verdauen lassen, lässt man es am besten im Regal stehen. Um Ihnen zu zeigen, was ich meine, vergleichen wir zwei Frühstücksprodukte. Das eine enthält einen einzigen Inhaltsstoff, das andere mehr als 20.

Haferflocken

Ein einfaches Frühstück, das viele von uns wegen seiner wärmenden, sättigenden und energiespendenden Eigenschaften schätzen.

Bestandteile: Haferflocken!

Diese eine Zutat enthält eine ganze Reihe von großartigen Nährstoffen. Einige von ihnen werden im Folgenden aufgeführt, jeweils mit einer kurzen Beschreibung, welche Funktion sie im Organismus haben, damit Sie verstehen, warum sie so wichtig sind.

Kalzium – wichtig für gesunde Zähne, Knochen, den Flüssigkeitshaushalt, die Muskelkontraktion, die Blutgerinnung, die Herzgesundheit, Nervenimpulse und die Milchsekretion.

Eisen – wichtig für den Transport von Sauerstoff im Körper, die Energieproduktion, die ordnungsgemäße Enzymfunktion und die Verstoffwechselung anderer Vitamine und Mineralstoffe.

Beta-Glucane – leisten hervorragende Arbeit beim Abtransport überschüssigen Cholesterins im Verdauungstrakt und unterstützen das Immunsystem.

Nicht-raffinierte Kohlenhydrate – eine gute Quelle für „langsam freigesetzte" Energie.

Vitamin B1 – wird benötigt für ein gesundes Herz-Kreislauf- und Nervensystem und eine normale Entwicklung des Gehirns.

Vitamin B3 – braucht man für die Energieproduktion, ein gesundes Nervensystem, gesunde Haut, die Produktion von Sexualhormonen und den Abtransport des schlechten Cholesterins aus dem Blut.

Vitamin B5 – wichtig für die Energieproduktion, das Zellwachstum, gesunde Haut und Haare, die Immunabwehr und den Hormonhaushalt.

Vitamin B6 – gut für die Haut, das Nervensystem und die Gehirnfunktion; bekämpft vorzeitige Alterung, stärkt die Immunabwehr und dient als Schutz vor Herzerkrankungen.

Folsäure – wird benötigt für die Bildung unserer DNA und die gesunde Entwicklung des menschlichen Embryos.

Magnesium – lebenswichtig für eine normale Muskel- und Herzfunktion, gesunde Knochen und Zähne, das Funktionieren des Nervensystems, einen gesunden Blutdruck, den Flüssigkeitshaushalt und eine intakte Immunfunktion.

Kalium – unterstützt die Arbeit der Muskeln, des Herzens und des Nervensystems und trägt zur Aufrechterhaltung eines gesunden Flüssigkeitshaushalts bei.

Zink – sorgt für die Energieproduktion, die Immunabwehr und reine Haut, wichtig für die sexuelle Entwicklung und die Gesundheit der Fortpflanzungsorgane.
Chromium – reguliert den Blutzuckerhaushalt, was wichtig ist, um Diabetes vorzubeugen.
Antioxidantien – helfen, der vorzeitigen Alterung vorzubeugen, und schützen uns unter anderem vor Krebs und Herzerkrankungen.
Essenzielle Fettsäuren – lebenswichtig für das Wachstum und die Gesunderhaltung des Gehirns, des Herzens und der Haut, für den Hormonhaushalt und die Immunabwehr.

All das steckt von Natur aus in diesem einen, einfach verpackten und praktisch unverarbeiteten Getreide.

Cerealien

Nehmen wir uns jetzt irgendeine Schachtel mit lecker aussehenden Frühstücksflocken vor – „ballaststoffreich, fettarm", mit Beerengeschmack und zugesetzten Vitaminen und Mineralstoffen.

Bestandteile: Weizen, Zucker, geröstete Haferflocken, Sojaöl, aromatisierte Äpfel (zwei Prozent Äpfel, künstliche Aromen und Farben, Natriumsulfit), Maissirup mit hohem Zuckergehalt, Salz, teilweise hydrogenisiertes Palmkernöl, fettfreie Milchtrockenmasse, Molke, Trockenglukosesirup, Überzugsmittel, Feuchthaltemittel (Glycerin), natürliche und künstliche Aromen, Zimt, reduziertes Eisen, Riboflavin (B2), Vitamin-A-Palmitat, Folsäure, Vitamin B12.

Es gibt Cerealien mit noch längeren Listen. Auch wenn ich bekannt dafür bin, komische Sachen zu essen, selbst ich ziehe hier eine Grenze!

Zugegeben, nicht alle Inhaltsstoffe auf der Liste sind ungesund. Diese Frühstücksflocken enthalten Hafer und sogar einen kleinen Prozentsatz von etwas, das einmal Obst war (bevor es in der Fabrik verarbeitet wurde). Doch die meisten Inhaltsstoffe sind dazu da, dass die Flocken knusprig schmecken und mehr Textur, Süße, Salzigkeit, Farbe und Aroma erhalten, oder damit sie ihre raffinierte Form behalten. (Ich belehre Sie jetzt nicht darüber, dass Mutter Natur keine Knusperflocken mit Beerengeschmack an Sträuchern wachsen lässt.) Wenn der zweite oder dritte Inhaltsstoff Zucker ist, sollten Sie noch nicht einmal in Erwägung ziehen, Ihren Kindern so etwas zu essen zu geben!

Bei der Herstellung dieser Frühstücksflocken – bei der sämtliche Zutaten erhitzt, vermischt und zusammengepresst werden, dann werden Konservierungsstoffe hinzugegeben und das Ganze wird abschließend verpackt – gehen die meisten Vitamine und Mineralstoffe verloren. Daher werden am Ende dieses langwierigen Prozesses, um sicherzustellen, dass das Endprodukt wenigstens ein bisschen was Gesundes an sich hat, diese verlorengegangenen Vitamine und Mineralstoffe wieder zugesetzt, in chemischer Form, die vom menschlichen Körper meistens nicht so gut „erkannt" und darum auch schlechter verwertet wird (Näheres hierzu auf Seite 93 und 94).

Ist Ihnen übrigens aufgefallen, dass in diesen Frühstücksflocken mit „Beerengeschmack" gar keine Beeren vorkommen? Das ist normal. Produkte mit einer bestimmten Geschmacksrichtung enthalten den eigentlichen Geschmacksträger oft gar nicht.

Jetzt wäre ein guter Zeitpunkt, sich einige Dosen, Schachteln und abgepackten Lebensmittel in Ihrem Vorratsschrank, Kühl- oder Gefrierschrank vorzunehmen und die auf den Etiketten angegebenen Inhaltsstoffe durchzulesen. Nehmen Sie sich ein wenig Zeit, um diejenigen zu notieren, die Sie nicht sofort erkennen, und recherchieren Sie sie im Internet. Sind sie gesund? Sind sie natürlich? Sind sie gefährlich? Das wird Sie für die Dinge sensibilisieren, die Sie verzehren. Und dies ist der erste Schritt bei der Umstellung Ihrer täglichen Essensgewohnheiten für mehr Energie, ein längeres Leben und eine optimale Gesundheit.

Hier sind sie nun also, meine Regeln fürs Einkaufen. Betrachten Sie sie als Leitfaden zum Überleben im Supermarkt-Dschungel!

Zehn lebenswichtige Einkaufsregeln

1. Kaufen Sie Lebensmittel, die möglichst unverarbeitet aussehen und sind: Haferflocken, Nüsse, Kerne, Samen, Obst, Gemüse, Kräuter, Naturreis, Bohnen und Hülsenfrüchte sowie Fleisch oder Fisch in Bio-Qualität, pur und unverarbeitet.
2. Wählen Sie Produkte, auf deren Verpackungen wenige oder gar keine gesundheitsbezogenen Angaben stehen. Lassen Sie die

Finger von Sachen, die angeblich „fettarm", „ohne Zucker", „vitaminangereichert", „kalorienarm" oder Ähnliches sind.

3. Kaufen Sie nur Produkte, bei denen weniger als fünf Bestandteile auf dem Etikett aufgeführt sind – am besten gar keine (wie bei frischem Obst und Gemüse) – und auf jeden Fall keine Inhaltsstoffe mit unaussprechlichen Namen.
4. Meiden Sie Lebensmittel, die Weizen, Zucker oder Milchprodukte als Hauptbestandteil enthalten. Hüten Sie sich vor Zucker, der sich unter unterschiedlichen Bezeichnungen verbirgt.
5. Überprüfen Sie den Gesamtzuckergehalt eines Produkts und denken Sie daran, dass vier Gramm Zucker einem Teelöffel entsprechen.
6. Kaufen Sie nichts, das im Fernsehen beworben wird. Gesunde Lebensmittel brauchen keine Werbung.
7. Kaufen Sie keine Instant-Produkte, keine frittierten Lebensmittel und auch keine abgepackten Fertiggerichte. Und würzen Sie sparsam – Gewürze sollen lediglich Ihren frisch zubereiteten Gerichten mehr Aroma verleihen.
8. Lassen Sie sich nicht von Produkten täuschen, die mit der „5 am Tag"-Kampagne werben. Viele verarbeitete Lebensmittel tragen dieses Etikett, aber deshalb sind sie nicht unbedingt gesund. Wenn man für bare Münze nimmt, was die Verpackungen behaupten, könnte man sein „5 am Tag"-Soll auch mit Nudeln in Tomatensoße aus der Dose, Wassereis, gebackenen Bohnen, einem Tiefkühlgericht und einem Karton Fruchtsaft erfüllen. Nichts davon hätte einen wirklichen Nährwert, dafür nimmt man aber jede Menge Zucker und Salz zu sich. Lebensmittel, welche die Kriterien der „5 am Tag"-Kampagne erfüllen, werden meist nicht als solche gekennzeichnet: Obst, Gemüse, Kerne, Samen, Nüsse, Bohnen, fettarme Produkte mit hohem Proteingehalt und andere naturbelassene Lebensmittel.
9. Manchmal müssen Sie im Alltagsleben genauso aufmerksam sein wie draußen in der freien Natur. Gesündere, weniger bekannte oder naturbelassene Produkte (Quinoa zum Beispiel) sind nicht immer in Augenhöhe platziert. Achten Sie darauf, dass Sie beim Einkaufen im Supermarkt auch ganz oben und ganz unten im

Regal nachsehen. Möglicherweise entdecken Sie dort alle möglichen Produkte, von denen Sie gar nicht wussten, dass Ihr Supermarkt sie führt!

10. Man kann auch woanders einkaufen als im Supermarkt. Zögern Sie nicht, auch mal bei Hofläden in der Nähe vorbeizuschauen oder im Internet zu shoppen – es kann sein, dass Sie hier viel bessere Preise und eine viel bessere (Bio-)Qualität bekommen als in Ihrem Supermarkt. Naturkostläden können eine wahre Fundgrube sein und Ihnen helfen, eine ganze Reihe neuer, gesunder Lebensmittel zu entdecken, mit denen Sie Ihre Ernährung bereichern können.

BÄRENSTARKE REZEPTE

DER VORRATSSCHRANK

Wussten Sie, dass die Leute im Durchschnitt nicht mehr als rund 20 Standardartikel in ihrer Küche haben und jede Woche so ziemlich das Gleiche kaufen? In diesem Buch geht es vor allem darum, dass Sie die Zahl Ihrer Grundnahrungsmittel und die Auswahl an Lebensmitteln insgesamt erweitern.

Im Folgenden finden Sie eine Liste der Zutaten, die ich immer im Vorratsschrank oder Kühlschrank habe und die Ihnen dabei helfen werden, gesunde Frühstücke, Mittagessen, Abendessen und Snacks zuzubereiten.

- Haferflocken (am besten grobe)
- Quinoa
- Mandelmehl
- Buchweizenmehl
- Kokosmehl
- Proteinpulver (Hanf-, Reis- oder Erbsenprotein oder eine Mischung daraus in Pulverform)
- Bio-Basmati-Vollkornreis
- mehrere Dosen Bohnen und Kichererbsen
- Nüsse, Kerne, Samen (fast alle Sorten)
- Nussmus, zum Beispiel Mandelmus, Cashewmus oder Erdnussmus, ohne Salz- oder Zuckerzusatz
- Kokosöl
- natives Olivenöl extra
- Hanföl
- Apfelessig
- sonnengetrocknete Tomaten
- Tomatenmark
- Oliven
- Marmite
- Currypaste (frisch, tiefgefroren oder aus dem Glas)
- Senf
- Nährhefeflocken
- Bio-Brühe als Würfel oder in Pulverform
- Beeren (frisch oder tiefgefroren)
- Äpfel
- Bananen
- ganze getrocknete Datteln, Feigen und Aprikosen
- ganze Kokosnüsse
- Zitronen und Limetten
- Ingwer
- Stevia
- Ahornsirup
- Baobab-Pulver
- Lucuma-Pulver
- Rohkakao-Pulver, ungesüßt
- Vanilleextrakt
- grüne Gemüsesorten, zum Beispiel Gurken, Spinat, Brokkoli, Grünkohl, Rucola, Lauch, Sellerie
- Knoblauch und Zwiebeln
- Avocados
- Möhren
- Chilischoten
- Tomaten
- Süßkartoffeln

- Tiefkühlerbsen und anderes Tiefkühlgemüse
- Mandel-, Hafer-, Kokos-, Hanf- oder Reismilch
- Kokoscreme
- Bio-Freilandeier
- tiefgefrorenes Wild (hauptsächlich Hirsch und Büffel)
- frischer oder tiefgefrorener Fisch (je nach Geschmack)
- Basilikum
- Thymian
- Rosmarin
- Koriander
- Minze
- eine Auswahl an getrockneten Kräutern und Gewürzen (siehe Seite 83)
- pinkfarbenes Himalajasalz
- schwarze Pfefferkörner (aus der Mühle)
- Rote-Bete-Saft
- Kokoswasser

Die folgenden Rezepte wurden sorgfältig zusammengestellt, um Ihnen eine große Auswahl an nahrhaften Gerichten und Snacks zu bieten. Alle schmecken superlecker und helfen Ihnen und Ihrer Familie dabei, positive, lebensverändernde Schritte zu unternehmen, um fitter, schlanker und produktiver zu werden.

So ernähre ich mich und meine Familie auch – mit köstlichen Gerichten, in denen jede Menge gesundheitsfördernde Nährstoffe stecken.

Diese Rezepte sind eine sorgfältig komponierte Mischung aus eigenen Ideen und Rezepten, die wir zusammengetragen und angepasst haben. Das Ergebnis sind leckere, gesunde Gerichte aus der ganzen Welt. Wie bei anderen Kochbüchern gilt auch hier: Sie dürfen ruhig experimentieren und Zugeständnisse an Ihren eigenen Geschmack machen. Tauschen Sie Zutaten aus und geben Sie nie nach dem ersten Versuch auf – das haben wir auch nicht getan!

Hinweis

- Wo von Salz die Rede ist, ist unraffiniertes Salz guter Qualität gemeint (siehe Seite 55).
- Wird bei einem Rezept Olivenöl benötigt, sollte es natives Olivenöl extra in guter Qualität sein.
- Wird bei einem Rezept Kokosöl benötigt, sollte es natives Bio-Kokosöl in fester Form sein. In den Zubereitungsabschnitten ist jeweils angegeben, ob es geschmolzen werden soll oder nicht.

KÜCHENGERÄTE

Mixer
Küchenmaschine
Nussmühle
Brotbackform
Backform
Backblech/Auflaufform
Brownie-Backform
Muffin-Backform
Standreibe oder Spiralschneider
qualitativ hochwertiges Messerset

1

Frühstück

Im Ernst: Vergessen Sie zuckerhaltige Cerealien und Toast mit Marmelade. Wählen Sie lieber einen leckeren Frühstücks-Smoothie oder meine Bärenstarken Haferflocken. Ersetzen Sie Ihr ungesundes English Breakfast am Wochenende durch ein supergesundes Schlemmermahl.
Schon allein dadurch decken Sie einen Großteil des täglichen Bedarfs an Vitaminen und Mineralstoffen ab. Damit stimmen Sie sich auf den restlichen Tag ein, und wenn sich ein weniger gesundes Mittag- oder Abendessen nicht umgehen lässt, haben Sie wenigstens schon eine Menge Gutes für sich getan, bevor der Tag richtig angefangen hat.

BÄRENSTARKE *Würstchen*

Ich mag Gebratenes aus der Pfanne genauso gern wie jeder andere auch, aber die Gerichte müssen nicht fettig und ungesund sein. Probieren Sie mal diese Powerpakete – sie enthalten viel Protein und frisches Gemüse. Garantierte Sattmacher und klasse Proteinspender sind sie obendrein!

ERGIBT 1 PORTION

1 Hähnchenbrust

1 mittelgroßer aromatischer Apfel, geschnitten

½ dünne Lauchstange, in Scheiben geschnitten

1 große Zehe Knoblauch, geschält

eine große Handvoll frische gemischte Kräuter (Basilikum/Thymian/Oregano, Koriander/Majoran, Petersilie/Schnittlauch oder Rosmarin/Thymian)

Salz und Pfeffer zum Abschmecken

Olivenöl zum Braten

1. Alle Zutaten in eine Küchenmaschine geben und so lange zerkleinern, bis Sie eine feine, hackähnliche Konsistenz erhalten.
2. Mit den Händen daraus 4–6 Würstchen formen und diese flach drücken, bis sie etwa 1 cm dick sind (so ist sichergestellt, dass sie innen gar werden).
3. Entweder das Olivenöl in einer Pfanne erhitzen und die Würstchen darin einige Minuten von beiden Seiten braten, bis sie braune Farbe angenommen haben und innen gar sind; oder den Ofen auf 200 °C vorheizen, die Würstchen auf ein leicht geöltes Backblech legen und unter gelegentlichem Wenden 20 Minuten backen.
4. Zu diesem Frühstück schmecken ein pochiertes Ei, einige gegrillte Tomaten und Champignons sowie eine Scheibe mehlfreies Brot (Rezept Seite 227). Wer möchte, kann noch Baked Beans dazu essen.
5. Die Würstchen lassen sich gut in größeren Mengen herstellen und einfrieren. Mit der Hackmischung gelingen auch tolle Burger.

POWER-*Pfannkuchen*

Auch wenn der Name anderes vermuten lässt, ist Buchweizen komplett weizen- und glutenfrei. Diese Pfannkuchen sind echte Muntermacher. Sie enthalten reichlich Protein und machen richtig satt. Sie schmecken unglaublich lecker mit einer in Scheiben geschnittenen Banane oder frischen Beeren und darübergestreuten Leinsamen. Köstlich dazu sind auch in Zimt und etwas Ahornsirup gedünstete Äpfel.

ERGIBT ETWA 6 STÜCK

130 g Buchweizenmehl
200 ml ungesüßte Mandelmilch
100 ml Wasser
½ TL Vanilleextrakt
½ TL Zimt
½ TL Salz
eine Prise Stevia (optional)
etwas Kokosöl zum Braten

1. Mit dem Handrührgerät oder Schneebesen alle Zutaten zu einem glatten Teig verrühren.
2. Etwas Kokosöl in einer Pfanne mit Antihaftbeschichtung bei mittlerer Hitze schmelzen. Mehrere große Löffel Teig in die Pfanne geben und die Pfanne schwenken, damit sich der Teig möglichst dünn und gleichmäßig verteilt.
3. Den Pfannkuchen weiterbacken, bis er sich mit einem Crêpes- oder Pfannenwender herausheben lässt und die Unterseite eine hellgoldene Farbe angenommen hat. Das dauert einige Minuten (da im Teig keine Eier sind, brauchen diese Pfannkuchen etwas länger als normale). Wenden und auf der anderen Seite genauso weiterbacken.
4. Den Pfannkuchen auf einem vorgewärmten Teller warm halten und den restlichen Teig ausbacken. Pfannkuchen warm servieren.

Eier-MUFFINS

Eier einfach zubereitet und dabei unglaublich lecker. Welche Geschmacksrichtung die Muffins haben sollen, bestimmen Sie oder Ihre Familie. Die Variationsmöglichkeiten sind endlos.

ERGIBT 6 STÜCK

circa 6 kleine Handvoll Gemüse – das kann alles sein, was Sie im Kühlschrank so finden. Besonders gut kombinierbar sind: Spinat, Tomaten und Schnittlauch; Grünkohl, Knoblauch und sonnengetrocknete Tomaten; Frühlingszwiebeln und geraspelte Möhren; rote Zwiebeln und Grünkohl; rote Paprika und Koriander; Rucola und rote Zwiebeln; Spargel und Brokkoli; Basilikum und Tomate

6 Eier, verquirlt

Salz und Pfeffer

etwas Kokos- oder Olivenöl zum Einfetten der Muffin-Backform

EXTRAS NACH BELIEBEN

gebratene Fleischreste, in sehr kleine Stücke gehackt

fein geschnittene Olivenscheiben

fein geschnittene Jalapeñoschotenscheiben

1. Den Ofen auf 175 °C vorheizen. Papierförmchen in eine Muffin-Backform mit 6 Mulden legen.
2. Gemüse und Extrazutaten hacken oder fein reiben und in eine große Schüssel geben. Die Eier und die Gewürze dazugeben und zu einem glatten Teig verquirlen.
3. Den Teig gleichmäßig auf die sechs Förmchen verteilen und 20 Minuten backen. Die Muffins sind fertig, wenn man mit einem Zahnstocher in die Mitte hineinpikst und beim Herausziehen kein Teig kleben bleibt.
4. Die Muffins aus der Backform heben und auf einem Kuchengitter etwas abkühlen lassen.

ALTERNATIVE: Aus diesem Rezept lassen sich auch 2 große Omelettes machen. Dafür alle Zutaten in einem Mixer zerkleinern. Etwas Kokos- oder Olivenöl in einer Pfanne erhitzen, die Hälfte der Mischung hineingeben und stocken lassen. Die Omelette aus der Pfanne heben und warm halten. Dann die zweite Omelette auf die gleiche Art zubereiten.

FRUCHTIGES POWER-FRÜHSTÜCK *mit Chiasamen*

Stressiger Morgen in Sicht? Keine Zeit zum Frühstückmachen? Mit nur drei Minuten Zeitaufwand am Abend zuvor bekommen Sie eine ganze Schale voll Energie mit jeder Menge Ballaststoffe, Omega-3-Fettsäuren, Vitamine und Mineralstoffe. Das Frühstück macht satt und ist superschnell zubereitet. Wenn Sie Chiasamen bisher noch nicht kennen, werden Sie wahrscheinlich ziemlich überrascht sein, welche Konsistenz sie nach dem Einweichen haben. Shara meint, das sieht aus wie Froschlaich – aber keine Angst, es schmeckt garantiert nicht so!

1. Alle Zutaten mit einem Schneebesen in einer Müslischale vermengen. 30 Minuten – oder über Nacht – einweichen lassen und gelegentlich umrühren, damit sich keine Klumpen bilden.

ERGIBT 1 PORTION

3–4 EL Chiasamen
250 ml Mandel- oder Kokosmilch
eine Prise Zimt
¼ Mango, in kleine Stücke gehackt (oder ein anderes süßes Obst, zum Beispiel eine Banane oder Birne)

BÄRENSTARKE *Haferflocken*

ERGIBT 1 PORTION

2 EL gemischte Kerne oder Samen (Leinsamen, Kürbiskerne, Sesam oder Sonnenblumenkerne) und eine große Handvoll frische Beeren

1 kleine halbreife Banane, gehackt, 1 EL Bio-Erdnussmus (ohne Zucker- oder Salzzusatz) und eine Prise Zimt

1 TL Rohkakaopulver, 1 kleine halbreife Banane, gehackt, eine kleine Handvoll Cashewkerne und 2 TL Kokosraspel

6 Walnüsse, 1 kleiner Apfel, in Würfel geschnitten, und eine Prise Zimt

etwas Ahornsirup und eine kleine Handvoll blanchierte Mandeln

Haferflocken müssen nicht langweilig schmecken – Sie können sich jeden Tag eine neue Geschmacksrichtung ausdenken! Bereiten Sie Ihren Haferbrei so zu wie immer und wie es auf der Verpackung steht, aber verwenden Sie statt Kuhmilch Mandelmilch, Kokosmilch, Hanfmilch oder Hafermilch. Geben Sie noch einige der Zutaten aus der nebenstehenden Liste dazu. Die halten Sie länger satt und geben Ihnen einen Extrakick an Nährstoffen.

PIKANTE FRÜHSTÜCKS-MUFFINS *mit Buchweizen*

Die Dinger machen echt satt. Super für ein schnelles Frühstück oder als Proviant für unterwegs.

ERGIBT 6-8 STÜCK

3–4 sehr reife Bananen, püriert
200 g Buchweizenmehl
50 g Haferflocken
80 g gehackte Walnüsse
25 g (circa 4 gehäufte TL) gemahlener Leinsamen (siehe Seite 86)
2 TL Backpulver
1 TL Natron
½ TL Meersalz
2 TL Zimt
1 TL Ingwerpulver
½ TL schwarzer Pfeffer aus der Mühle
2 EL Kokosöl, geschmolzen
2 TL Vanilleextrakt
100 g (circa 2 mittelgroße) Möhren, geraspelt
4 EL Rosinen (nach Belieben), 10 Minuten in Wasser eingeweicht
150–200 ml Kokosmilch

1. Den Ofen auf 190 °C vorheizen. Eine Backform für 8 Muffins mit Papierförmchen auslegen oder eine Backform (22 cm Durchmesser) mit etwas Öl bepinseln und mit Backpapier auslegen.
2. Mit einem elektrischen Handrührgerät oder einem Schneebesen alle Zutaten vermengen, dabei so viel Kokosmilch hinzugeben, dass ein dickflüssiger Teig entsteht.
3. Den Teig auf die Muffinförmchen verteilen und diese knapp bis zum Rand füllen oder den kompletten Teig in die Backform füllen.
4. Etwa 20–25 Minuten backen. Die Muffins sind fertig, wenn man mit einem Zahnstocher in die Mitte hineinpikst und beim Herausziehen kein Teig daran kleben bleibt. Die Muffins aus der Backform heben und auf einem Kuchengitter abkühlen lassen.

2

Salate und kleine Gerichte

Das Sprichwort kennen Sie vermutlich: „Frühstücken wie ein Kaiser, Mittagessen wie ein König und Abendessen wie ein Bettler." Dahinter steckt eine Wissenschaft. Im Verlauf des Tages fängt unsere Verdauung an, sich zu entspannen, sich zu erholen und zu entgiften. Es ist viel gesünder, mittags mehr zu essen als abends. Mit den folgenden Rezepten bekommen Sie das hin. Essen Sie leichte Mahlzeiten und Sie werden sich leicht fühlen.

ROSENKOHLSALAT *mit Apfel*

Ich habe Rosenkohl jahrelang verabscheut. Den Geruch, den Geschmack und die matschige Konsistenz mochte ich nicht und auch nicht die Blähungen, die er verursachte. Aber das lag wahrscheinlich daran, dass ich ihn immer zu Brei verkocht vorgesetzt bekam! Mit diesem Salat entdeckte ich meine Liebe zu Rosenkohl. Er ist schnell und einfach zubereitet und man würde nicht auf die Idee kommen, dass die Hauptzutat das von mir immer am meisten verabscheute Gemüse ist!

1. Vom Rosenkohl die äußeren Blätter und den Strunk abschneiden und den Rosenkohl mit einer Standreibe (Vorsicht: Finger!) oder einem Küchenhobel in eine Schüssel raspeln. Den Apfel ebenfalls dazuraspeln. Die übrigen Zutaten hinzugeben und alles gut mischen.

ERGIBT 2 PORTIONEN

300 g Rosenkohl (möglichst große Exemplare aussuchen), fein geraspelt

1 kleiner bis mittelgroßer süßer, aromatischer Apfel, fein geraspelt

1 EL Ahornsirup

1 EL Apfelessig

¼ TL Zimt

eine Prise Salz und etwas frischer Pfeffer aus der Mühle

10 Walnusshälften, in kleinere Stücke gehackt

KRAUTSALAT *mal anders*

Mayonnaise brauchen wir nicht, nur frische, knackige, aromatische Zutaten. Heraus kommt eine vitaminreiche Beilage – oder Sie machen es so wie ich an meinen „Detox-" oder „Fastentagen": eine große Schüssel Weißkohl zu Mittag verputzen.

ERGIBT 3 GROSSE PORTIONEN ALS BEILAGE

¼ Weißkohl
1 mittelgroße Möhre
2 EL Olivenöl
1 EL körniger Senf
50 g Walnüsse
1 EL Ahornsirup
1 EL Zitronensaft
Kerne von ½ mittelgroßen Granatapfel
eine Handvoll gehackter Koriander (optional)

1. Den Weißkohl und die Möhre mit einer Standreibe raspeln (oder mit einer Küchenmaschine fein hacken). In eine große Schüssel füllen und alle anderen Zutaten hinzugeben. Durchmischen, bis sich alles gut vermengt hat.
2. Das Gericht am besten kalt servieren, nachdem die Aromen sich für etwa 30 Minuten im Kühlschrank entfalten konnten.

Energiereicher **QUINOA-SALAT**

Ist in größeren Mengen zubereitet eine schöne Beilage zu Hauptgerichten, aber auch lecker als schnelle Zwischenmahlzeit.

ERGIBT 2–3 PORTIONEN

200 g Quinoa

12 getrocknete oder 6 frische Aprikosen (Pfirsiche gehen auch)

2 Frühlingszwiebeln

2 große Handvoll Rucola (etwa 50 g)

50 g geschälte Pistazien (oder andere Nüsse wie Walnüsse oder Pekannüsse)

4 EL Olivenöl

2 EL Zitronensaft

30 g Sultaninen

Salz und reichlich schwarzer Pfeffer aus der Mühle

1. Die Quinoa in Wasser und ein wenig Salz wie auf der Verpackung angegeben kochen. Anschließend in eine große Schüssel füllen.
2. Inzwischen die Aprikosen, die Frühlingszwiebeln und den Rucola fein hacken. Zur Quinoa dazugeben und die restlichen Zutaten untermischen.
3. Schmeckt warm und kalt lecker.

Bunter **SALAT**

Bei Salat denken die Leute vor allem an Kopfsalat, Tomaten und Gurke. Ging mir genauso. Aber fast alle Gemüsesorten, die man roh essen darf, schmecken auch lecker als Salat, wenn man sie nur fein genug hackt oder raspelt! Das ist das Geheimnis eines guten Salats mit viel Abwechslung drin – niemand isst gern große Stücke rohen Brokkoli oder Rote Bete. Dieser Salat ist eine echte Gesundheitsbombe. Je bunter Sie ihn zusammenstellen, desto höher der gesundheitliche Nutzen. Auch hiervon können Sie größere Mengen zubereiten und ihn als Beilage zu einem Hauptgericht reichen. Oder Sie gönnen sich als schnelle Zwischenmahlzeit oder leichtes Mittagessen allein eine Schüssel.

ERGIBT 1 PORTION

circa 5 von den folgenden Gemüsesorten: Brokkoli, Möhre, Paprika, Blumenkohl, Weißkohl, Zucchini, Kresse, Grünkohl, Tomaten, Champignons, grüne Bohnen, Zuckerschoten, grüne Spargelspitzen, Basilikum, Sellerie, Fenchel, Rote Bete, Süßkartoffeln, Koriander, Rucola, Salatblätter, Spinat, Lauch, Frühlingszwiebel.

Eine Kombination von 5 Zutaten könnte so aussehen: mehrere Brokkoliröschen, ¼ rote Paprika, 1 kleine Rote Bete, eine große Handvoll Rucola und 1 Möhre

GEHÖRT IMMER DAZU

½ Zehe Knoblauch, geschält und sehr fein gehackt

¼ kleine rote Zwiebel, geschält und sehr fein gehackt

OPTIONAL

Olivenöl

Zitronensaft

Meersalz und schwarzer Pfeffer aus der Mühle

frische Kräuter, nach Belieben

1. Das Gemüse möglichst fein hacken oder besser raspeln (ich meine wirklich fein) und in eine Schüssel füllen. Den Knoblauch und die Zwiebel dazugeben. Auf Wunsch eine Prise Meersalz, frisch gemahlenen Pfeffer aus der Mühle, etwas Olivenöl, Zitronensaft und/oder frische Kräuter nach Belieben hinzugeben. Das Aroma lässt sich mit ein paar gehackten Oliven sowie sonnengetrockneten Tomaten und feinen Jalapeño-Scheiben noch aufpeppen.
2. Dieser bunte Salat ist eine ausgezeichnete Grundlage für weitere Zutaten, durch die er zum Hauptgericht wird, zum Beispiel: eine Portion gegrilltes Huhn oder gegrillter Fisch in kleine Stücke gerupft, eine Handvoll gekochte Garnelen, ½ gehackte Avocado, eine Handvoll Nüsse oder Kerne, eine Tasse Bohnen oder etwas gekochte Quinoa, ½ Tasse Sprossen, Bohnen oder Linsen oder 2 EL frisch zubereiteter Dip wie Hummus oder Guacamole (Rezept Seite 224).

VITALGEMÜSE

Wenn Sie das Gefühl haben, dass Sie mehr Gemüse essen sollten, oder wenn später noch eine Cheat-Mahlzeit auf Sie wartet oder Sie auf eine Party gehen, essen Sie Ihr Gemüse doch vorher! Mit einer Schale davon können Sie auf einfache, sättigende und leckere Art den Bedarf an allen Vitaminen decken.

ERGIBT 1 PORTION

Gemüse nach Wahl (vorzugsweise grüne Sorten, zum Beispiel ½ Stange Lauch, einige Brokkoliröschen, 2 Handvoll Frühkohl, ¼ rote Zwiebel – einfach das, was sich im Kühlschrank findet)

Olivenöl

Salz und Pfeffer

sonnengetrocknete Tomaten, gehackt

Chili (frisch, getrocknet oder in Scheiben aus dem Glas), nach Belieben

1–2 EL Nährhefe

Salz und frischer Pfeffer aus der Mühle

1. Das Gemüse circa 5 Minuten dünsten, bis es weich ist. In eine Schüssel füllen.
2. Einen guten Schuss Olivenöl und alle anderen Zutaten dazugeben. Gut durchmischen und warm genießen. Fertig.

CEVICHE VOM WEISSEN FISCH *mit Limetten und Chili*

Draußen in der Wildnis habe ich schon alle möglichen Sachen roh gegessen. Um ehrlich zu sein, nicht alles schmeckt gut in rohem Zustand. Dieses Gericht mit rohem Fisch lernte ich allerdings schon vor vielen Jahren in Ecuador kennen. Jedes Mal, wenn ich mich in Süd- oder Mittelamerika aufhalte, steht Ceviche auf dem Speiseplan, aber auch bei mir zu Hause, weil die Zubereitung so einfach ist. (Übrigens ist der Fisch nicht wirklich roh. Er „zieht" im Limettensaft und ist absolut unbedenklich.)

ERGIBT 2–3 PORTIONEN

500 g fester weißer Fisch (Seebarsch, Seezunge, Heilbutt oder Red Snapper eignen sich gut, Garnelen sind aber auch eine leckere Alternative)

1 TL Salz

frisch gepresster Saft von 6 Limetten (nicht zu lange oder zu fest ausdrücken – damit nicht die Bitterkeit der Schale den Geschmack beeinträchtigt)

½ Bird's-Eye-Chili, entkernt und fein gehackt (etwas mehr oder weniger nehmen, je nachdem, wie scharf es sein soll)

1 TL Koriander, fein gehackt

½ rote Zwiebel, geschält, in sehr feine Scheiben geschnitten und kurz unter Wasser abgespült

Kirschtomaten, entkernt und gehackt

1. Den Fisch in große Stücke schneiden und auf eine Platte legen (die darf nicht aus Metall sein). Die Stücke mit Salz einreiben – die Menge kommt Ihnen vielleicht viel vor, aber das meiste verbleibt im Sud.
2. Den Limettensaft, die Chili und den Koriander dazugeben und alles mit den Händen vermischen. Die rote Zwiebel drüberstreuen, die Platte zudecken und in den Kühlschrank stellen.
3. Wenn Sie den Fisch möglichst roh mögen: Er ist nach etwa 10 Minuten servierbereit, das ist gerade genug Zeit, bis der Limettensaft in die Außenseite des Fischs eingedrungen ist. Achten Sie dann aber unbedingt darauf, dass der Fisch absolut frisch ist – Sie wollen sich ja keine Fischvergiftung holen. Meine Familie mag den Fisch gut durchgezogen, daher lasse ich ihn etwa 3 Stunden im Kühlschrank.
4. Als Garnitur eignen sich Kirschtomaten und noch etwas frisch gehackter Koriander, wenn Sie mögen.
5. Ich mag mein Ceviche am liebsten so einfach wie möglich, doch wenn man den Dreh erst mal raus hat, kann man alle möglichen Zutaten ergänzen, zum Beispiel gehackte Frühlingszwiebel, Sellerie, fein gewürfelte Paprika oder etwas geriebenen Ingwer. In Südamerika wurde es mit Grapefruitscheiben, Süßkartoffeln und Avocado serviert – eine klasse Kombination!

3

Haupt-
gerichte

Wenn wir unsere Ernährung umstellen, sind es die Wohlfühl- und Lieblingsgerichte, die wir am meisten vermissen. Aber ich will nicht, dass Sie den Eindruck haben, auf etwas verzichten zu müssen. In diesem Teil finden Sie einige unserer Lieblingsgerichte wieder, nur die Zusammenstellung ist neu und es werden ausschließlich hochwertige Zutaten verwendet.
Die Rezepte sind gesund, machen satt und bringen das von Leibspeisen hervorgerufene Wohlgefühl zurück.

HÄHNCHENPFANNE
südindische Art

Einfach und lecker – ein Rezept nach meinem Geschmack!

1. Die Hähnchenbrüste in vier Stücke schneiden. Mit viel Pfeffer würzen (das macht das Rezept aus, also wirklich reichlich Pfeffer nehmen) und ein wenig Salz.
2. In einer Bratpfanne etwas Kokos- oder Olivenöl erhitzen und das Hähnchenfleisch anbraten; dabei einige Male wenden, damit es gut Farbe annimmt. Das Fleisch aus der Pfanne nehmen. Ingwer, Knoblauch, Zwiebel und Kurkuma hineingeben und ein paar Minuten rösten. Tomaten und einige Teelöffel Wasser zufügen. Den Deckel auf die Pfanne setzen, die Hitze reduzieren und zwei Minuten köcheln lassen.
3. Das Hähnchenfleisch zurück in die Pfanne geben und mit Deckel weitergaren, bis das Fleisch schön zart ist. Koriander einrühren. Eventuell mit etwas Pfeffer und Salz abschmecken.
4. Als Beilage eignet sich ein Salat oder gedünstetes Gemüse.

ERGIBT 2 PORTIONEN

2 Brüste vom Bio-Freilandhuhn

Meersalz und reichlich schwarzer Pfeffer

1 EL Kokosöl oder Olivenöl

2,5 cm großes Stück Ingwer, sehr fein gehackt

4 Zehen Knoblauch, geschält und fein gehackt

1 Zwiebel, geschält und in feine Scheiben geschnitten

1 TL Kurkuma

2 Tomaten, fein gewürfelt

eine kleine Handvoll frischer Koriander

SHEPHERD'S PIE *vom Hirsch*

Selbst gemachtes Hirschhack (keine Angst, das ist in weniger als 2 Minuten hergestellt) macht diesen Shepherd's Pie zu etwas ganz Besonderem. Ein fettarmes, ehrliches Gericht mit unverarbeiteten Zutaten und viel frischem Gemüse, das unglaublich lecker schmeckt.

ERGIBT 4 PORTIONEN

FÜR DIE HAUBE

800 g geschälte, gewürfelte Süßkartoffeln (circa 2 große Süßkartoffeln)

1 EL Olivenöl

1 EL Kokosöl

1 EL Rosmarin, gehackt

Salz und Pfeffer

FÜR DIE FÜLLUNG

500 g Hirschfleisch, gewürfelt

2 EL Olivenöl, plus ein Schuss Öl extra

1 mittelgroße Zwiebel, geschält und gewürfelt

1 Stange Staudensellerie, gewürfelt

2 mittelgroße Möhren, gewürfelt

150 g Blumenkohl, in sehr kleine Röschen gehackt

4 Zehen Knoblauch, geschält und fein gehackt

5 braune Champignons, in Scheiben geschnitten

1 gehäufter EL Tomatenmark

1 Würfel Gemüsebrühe

1 TL Rosmarin, gehackt

1 EL Worcestersoße (oder Tamarisoße, wenn es glutenfrei sein soll)

125 ml Wasser

¼ TL Zimt

Salz und schwarzer Pfeffer

Tiefkühlerbsen

1. Den Ofen auf 200 °C vorheizen.
2. Zunächst die Haube vorbereiten. Die geschälten und gewürfelten Süßkartoffeln mit so viel Wasser in einen Topf geben, dass sie gut bedeckt sind, und in circa 5 Minuten gar kochen lassen.
   Das Wasser abgießen und die restlichen Zutaten für die Haube hinzufügen. Mit einem Kartoffelstampfer zerdrücken und beiseitestellen.
3. Jetzt kommt die Füllung dran. Das gewürfelte Hirschfleisch in eine Küchenmaschine geben und das Fleisch kurz darin zerkleinern, bis es die Konsistenz von Hack hat. 1 EL Olivenöl in einer Antihaftpfanne erhitzen und das Fleisch bei mittlerer Temperatur anbraten, bis es nicht mehr rosa ist. Beiseitestellen.
4. Restliches Olivenöl in einer Pfanne erhitzen und das gewürfelte und gehackte Gemüse (mit Ausnahme der Erbsen) dazugeben. Einige Minuten braten, bis es angegart, aber noch bissfest ist.
5. Das Fleisch zusammen mit dem Fleischsaft zum Gemüse geben. Dann Tomatenmark, Brühwürfel, Rosmarin und Worcestersoße, Zimt sowie 125 ml Wasser hinzugeben. Eine weitere Minute erhitzen. Nach Belieben abschmecken.
6. Die Gemüse-Fleisch-Mischung in eine leicht eingeölte Kasserolle geben. Eine Lage Tiefkühlerbsen darüberstreuen. Das Süßkartoffelpüree mit einem Löffel vorsichtig darüber verteilen.
7. Circa 30–40 Minuten im Ofen backen, bis der Shepherd's Pie dampfend heiß und an den Rändern leicht gebräunt ist.

Bärenstarkes superschnelles SCHLANK-CHILI

Superschnell, supereinfach, supermager – und mit tollen Aromen. Lässt sich in größeren Mengen prima einfrieren oder über mehrere Tage essen.

1. Das Fleisch in eine Küchenmaschine geben und zu Hack verarbeiten.
2. Das Olivenöl bei mittlerer Temperatur in einer großen Pfanne erhitzen und die Zwiebel, den Knoblauch und die Chilis einige Minuten darin anbraten. Hack und Paprika hinzugeben und so lange anbraten, bis das Fleisch nicht mehr rosa ist. (Größere Stücke mit einer Gabel zerteilen.)
3. Gewürze, Kräuter, Worcestersoße, Kakaopulver und Tomatenmark hinzufügen und zum Kochen bringen. Einige Minuten köcheln lassen, dann die stückigen Tomaten, Salz und, falls gewünscht, Kidneybohnen hinzugeben. Weitere 5–10 Minuten köcheln lassen und fertig ist Ihr Chili. Einfach, oder?
4. Dazu passen gekochte Quinoa, eine selbst gemachte Guacamole (siehe Seite 224) und ein Beilagensalat.

ERGIBT 4–6 PORTIONEN

800 g Bio-Fleisch aus Weidehaltung (Hirsch, Rind oder Büffel), gewürfelt

2 EL Olivenöl

1 große Zwiebel, geschält und gehackt

4 Zehen Knoblauch, geschält und fein gehackt

2 Chilis, sehr fein gehackt

1 rote Paprika, entkernt und in kleine Würfel geschnitten

1 grüne Paprika, entkernt und in kleine Würfel geschnitten

1 TL gemahlener Koriander

1 TL getrockneter Majoran

2 TL Paprika

2 TL getrockneter Oregano

½ TL Zimt

1½ TL Worcestersoße (oder Tamarisoße, wenn es glutenfrei sein soll)

½ TL Cayennepfeffer

1 gehäufter TL Rohkakaopulver

4 EL Tomatenmark

1 TL schwarzer Pfeffer, aus der Mühle

2 Dosen Tomaten, stückig

Salz zum Abschmecken (mindestens 1 gehäufter TL)

400 g Kidneybohnen aus der Dose (optional)

QUICHE *mediterrane Art*

Diese Quiche enthält weder Milch, Eier oder Käse noch Weizen, Gluten oder Nüsse. Heißt: Fast jeder kann sie essen! Kaum zu glauben, wie lecker so eine Quiche ohne Eier und Käse schmeckt.

ERGIBT 4 PORTIONEN

FÜR DEN BODEN

90 g Haferflocken
140 g Sonnenblumenkerne
1 TL getrockneter Oregano
1 EL Olivenöl
Salz nach Belieben (circa ¼ TL)

FÜR DIE FÜLLUNG

Olivenöl
2 große Zehen Knoblauch, geschält und fein gehackt
1 rote Zwiebel, geschält und fein gewürfelt
3 Frühlingszwiebeln, in feine Scheiben geschnitten
10 schwarze Oliven, in feine Scheiben geschnitten
5 sonnengetrocknete Tomaten in Öl, fein gehackt
eine Handvoll frische Basilikumblätter, fein gehackt
1 TL frischer Rosmarin, fein gehackt
2 EL Nährhefeflocken
400 g Tofu
Salz und Pfeffer

1. Den Ofen auf 175 °C vorheizen.
2. Für den Boden Haferflocken und Sonnenblumenkerne in einer Küchenmaschine zerkleinern, bis die Konsistenz mehlartig ist. Oregano, Öl und Salz dazugeben. Die Mischung mit den Händen zu einem Teig kneten.
3. Eine Quicheform mit 20 cm Durchmesser leicht einölen und den Teig darauf verteilen, bis der Boden der Form bedeckt ist; mit den Fingern gut andrücken und gleichmäßig zu den Rändern hin verteilen. In den Teigboden mit einer Gabel Löcher hineinstechen. Den Quicheboden 15 Minuten backen, bis er sich fest anfühlt.
4. Inzwischen den Belag zubereiten. Etwas Olivenöl in einer Pfanne erhitzen und darin Knoblauch, Zwiebel und Frühlingszwiebeln einige Minuten dünsten, bis das Gemüse weich ist. Den Herd ausschalten und die restlichen Zutaten bis auf den Tofu hinzufügen.
5. Den Tofu aus der Verpackung nehmen und mit beiden Händen möglichst viel Flüssigkeit herausdrücken. Nun den ausgepressten Tofu in eine Küchenmaschine füllen. 1 EL Olivenöl hinzugeben und so lange zerkleinern, bis der Tofu eine glatte, cremige Konsistenz hat. Die Tofucreme in die Pfanne zu den übrigen Zutaten geben und alles gut vermengen.
6. Die Mischung mit einem Löffel auf dem gebackenen Quicheboden verteilen und bei 190 °C für circa 30 Minuten im Ofen backen, bis sich der Belag fest anfühlt und leicht gebräunt ist.

BÄRENSTARKER NUSSBRATEN *de luxe*

Ich mag das Wort „Nussbraten" nicht, weil das immer nach einem ziemlich faden Essen klingt! Der hier schmeckt aber richtig lecker, macht satt und ist perfekt geeignet als vegetarisches Gericht für die ganze Familie.

ERGIBT 4–6 PORTIONEN ALS FLEISCHLOSER ERSATZ FÜR DEN SONNTAGSBRATEN

Olivenöl zum Einfetten

3 EL fein gemahlener Leinsamen (siehe Seite 86)

2 Zehen Knoblauch, geschält und fein gehackt

1 rote Zwiebel, geschält und fein gehackt

1 Stange Lauch, nur den weißen Teil, fein gehackt

1 mittelgroße Möhre, geraspelt

1 Staude Sellerie, fein gehackt

eine Handvoll frische Petersilie, fein gehackt

1 TL frischer Thymian, gehackt

250 g gemischte Nüsse (zum Beispiel Cashewkerne, Paranüsse, Walnüsse oder Haselnüsse; falls Sie eine Nussallergie haben, nehmen Sie gemischte Kerne und Samen)

90 g Haferflocken

400 g Limabohnen aus der Dose, ohne Flüssigkeit

150 ml Gemüsebrühe

Salz und Pfeffer

eine Prise Cayennepfeffer (optional)

1. Den Ofen auf 180 °C vorheizen. Eine Brotbackform (Maße circa 21 x 11 x 7 cm) mit Backpapier auslegen und mit etwas Olivenöl einfetten.
2. Den gemahlenen Leinsamen in einer Schüssel mit 9 EL Wasser mischen. Beiseitestellen und mindestens 10 Minuten einweichen lassen.
3. Knoblauch und Zwiebel in einer Pfanne leicht in etwas Olivenöl andünsten. Lauch, Möhre, Sellerie, Petersilie und Thymian hinzugeben. Einige Minuten dünsten. Dann vom Herd nehmen.
4. Die Nüsse in einer Küchenmaschine zerkleinern. Das Gerät nicht zu lange laufen lassen – die Nüsse sollten nicht zu fein gehackt sein. Aus der Küchenmaschine entfernen und beiseitestellen.
5. Nun die Haferflocken in der Küchenmaschine zu feinem Mehl verarbeiten. Limabohnen dazugeben und zerkleinern, bis eine cremige Mischung entstanden ist. Den eingeweichten Leinsamen, Gemüsebrühe, etwas Salz und Pfeffer (circa ½ TL Salz und 12 Umdrehungen mit der Pfeffermühle) hinzugeben und weiterverarbeiten, bis eine dickflüssige Creme entstanden ist.
6. Die Hafer-Bohnen-Mischung zum Gemüse geben, anschließend die gehackten Nüsse einrühren. Gut mischen und abschmecken (nach Belieben mit einer Prise Cayennepfeffer).
7. Die Mischung in eine Brotbackform füllen und circa 45 Minuten backen. Aus dem Ofen nehmen und die Form stürzen, damit der Nusslaib herausgleitet. Den Laib mit der Oberseite nach unten auf ein mit Backpapier ausgelegtes Backblech legen. Weitere 20–30 Minuten im Ofen backen, bis er rundherum gebräunt ist.
8. Der Nusslaib schmeckt lecker fleischig und ist innen schön feucht. Wer ihn lieber trockener mag, teilt die Mischung auf zwei kleinere Brotbackformen auf oder lässt den Laib 5–15 Minuten länger im Ofen.

BOHNEN-BURGER
für Feinschmecker

Diese Burger kosten nicht viel und sind einfach in der Zubereitung. Das Grundrezept ist für die meisten Bohnen-Burger so ziemlich das gleiche; das Gemüse macht sie saftig und gibt Geschmack. Der besondere Pfiff bei meiner Variante ist die Chipotle-Paste, aber Sie können auch andere Gewürze nehmen, auf die Sie stehen. Die Burger lassen sich statt mit schwarzen Bohnen auch mit Kidneybohnen, Linsen oder Kichererbsen zubereiten. Für eine gehaltvollere Version ersetzt man einen Teil der Bohnen durch Sonnenblumenkerne. Diese Burger sehen aus wie große Kekse mit Schokostückchen drin. Sie schmecken heiß und auch kalt lecker.

1. Den Ofen auf 180 °C vorheizen. Ein Backblech mit Backpapier auslegen und mit etwas Öl einfetten (die Burger könnten sonst kleben bleiben).
2. Alle Zutaten in einer Küchenmaschine zerkleinern, bis die Konsistenz glatt und dick ist. Jeweils 2 EL der Mischung aufs Backblech geben und zu einem Burger formen.
3. 15 Minuten backen, bis die Masse fest ist, dann vorsichtig umdrehen und von der anderen Seite weitere 10–15 Minuten backen, bis die Burger innen gar und außen knusprig sind.
4. So ein Burger schmeckt lecker auf einem Portobello-Champignon-Brötchen (Rezept Seite 230), serviert mit etwas Rucola, einem großen Klacks Guacamole (Rezept Seite 224) und einigen Süßkartoffel-Pommes (Rezept Seite 238).

ERGIBT 4–6 BURGER

230 g schwarze Bohnen aus der Dose (ohne Flüssigkeit und unter Wasser abgespült)

½ kleine rote Zwiebel, geschält und sehr fein gehackt

¼ grüne Paprika, entkernt und fein gehackt

1–2 Zehen Knoblauch, geschält und gehackt

½ mittelgroße Möhre, geraspelt

1 TL Chipotle-Paste

½ TL Kreuzkümmel

3 EL Haferflocken

eine Handvoll Koriander, fein gehackt

½ TL Rauchpaprika-Pulver

1 Ei (Veganer verwenden ein Leinsamenei, Rezept Seite 223)

1 EL ganzer Leinsamen

ein Spritzer Worcestersoße (Veganer, Vegetarier oder Personen mit Glutenintoleranz lassen sie weg)

1 EL Olivenöl, plus etwas Öl extra zum Einfetten

¼ TL Salz

schwarzer Pfeffer

POWER-PIZZA

Der Boden dieser Pizza ist weizen- und glutenfrei, nährstoffreich, enthält viele Proteine, Ballaststoffe und gesunde Fette, und er macht richtig satt. Das nenne ich Powerfood!

ERGIBT 1 PIZZA

FÜR DEN BODEN

5 EL Chiasamen

4 gehäufte EL Buchweizenmehl

1 EL Olivenöl

200 ml Wasser

1 EL frischer Rosmarin

1 TL Oregano

½ TL Salz

FÜR DIE SOSSE

circa 12 Kirschtomaten oder 400 g stückige Tomaten aus der Dose, ohne Flüssigkeit

3 gehäufte EL Tomatenmark

2 Zehen Knoblauch, geschält und gehackt

etwas frischer Rosmarin oder Basilikum, gehackt

2 EL Nährhefeflocken

ein Schuss Oliven- oder Hanföl

eine reichliche Prise Salz

FÜR DEN BELAG

Alles, worauf Sie Appetit haben! Zum Beispiel: feine Scheiben rote Zwiebeln; sonnengetrocknete Tomaten; Oliven; feine Zucchinischeiben; kleine Brokkoliröschen; feine Champignonscheiben; feine Paprikastreifen; frisches Basilikum; eine Handvoll Rucola oder Spinat (beides erst in den letzten Backminuten drauflegen)

1. Den Ofen auf 175 °C vorheizen.
2. Alle Zutaten für den Boden in eine Schüssel geben und mit einer Gabel oder einem Schneebesen aufschlagen, bis sich ein dickflüssiger Teig bildet, aus dem allmählich ein Klumpen wird, wenn die Chiasamen anfangen, das Wasser aufzusaugen. Fühlt sich der Teig nicht dick genug an, etwas mehr Buchweizenmehl dazugeben – aber vorher einige Minuten warten, bis der Teig von selbst nachgedickt ist.
3. Ein rundes Backblech (28 cm Durchmesser) mit Backpapier auslegen und mit etwas Olivenöl einfetten. Den dickflüssigen Teig aufs Blech füllen und mit der Rückseite eines Löffels gleichmäßig verteilen. Der Boden sollte knapp 1 cm dick sein. Circa 40–45 Minuten backen.
4. Inzwischen die Zutaten für die Soße zerkleinern, bis sie eine sehr glatte, dicke Konsistenz hat. (Falls sie zu dick scheint, kann sie mit etwas Wasser oder Olivenöl verdünnt werden.)
5. Die Soße auf dem gebackenen Pizzaboden verteilen und diesen anschließend mit den Wunschzutaten belegen, mit etwas Olivenöl beträufeln und weitere 5–10 Minuten backen, bis das Gemüse gar ist.

BÄRENSTARKE BÜFFEL-BURGER

Junkfood und Burger sind nicht zwingend das Gleiche. Ein Burger kann supernahrhaft sein, je nachdem, wie er zubereitet und womit er serviert wird. Ich bin komplett davon abgekommen, billiges Hackfleisch zu kaufen. Wenn ich einen Burger esse, dann mit richtigem Fleisch. Ich liebe Büffel: Das Fleisch hat von Natur aus viel weniger Fett als Rind, ist aber trotzdem zart und enthält keine ekligen Zusätze wie Hormone oder Antibiotika. Man bekommt Büffelfleisch in einigen Fleischereifachbetrieben und direkt bei Erzeugern.

ERGIBT 4 BURGER

500 g Büffelhack

1 EL Tomatenmark

½ kleine rote Zwiebel, geschält und fein gehackt

1–2 Zehen Knoblauch, geschält und fein gehackt

mehrere großzügige Spritzer Worcestersoße (Vegetarier, Veganer oder Personen mit Glutenintoleranz lassen sie weg)

Salz und Pfeffer nach Belieben

1. Alle Zutaten in eine Schüssel geben und mischen. Nicht zu lange mischen – langes Hantieren ist bei Büffelfleisch nicht nötig.
2. Vier Burger formen. Die stellt man am besten für eine Stunde in den Kühlschrank, sie können aber auch gleich weiterverarbeitet werden.
3. Etwas Olivenöl in einer Pfanne erhitzen und auf jeder Seite circa 5 Minuten braten, bis die Burger medium sind – Büffelfleisch sollte man nicht zu lange braten, sonst wird es trocken. Alternativ kann man die Burger auch grillen, bis sie innen rosa sind; zwischendrin wenden.
4. Auf einem Portobello-Champignon-Brötchen (Rezept Seite 230) servieren, dazu gibt es einen bunten Salat und einige Süßkartoffel-Pommes (Rezept Seite 238).

BÄRENSTARKES THAI-CURRY

Auch wenn fertige Currysoßen verlockend erscheinen – sie enthalten oft haufenweise Zucker und ungesunde Fette. Lassen Sie sich von der Vorstellung, die Soße selbst zuzubereiten, nicht abschrecken. So schwer ist das nicht. Und was das Aroma, den gesundheitlichen Nutzen und das Glücksgefühl anbelangt, geht nichts über ein selbst gemachtes Curry. Dieses hier ist mein Lieblingsrezept. Beim Gemüse und hinsichtlich der Mengenangaben brauchen Sie es nicht so genau nehmen. Schmeißen Sie einfach alles hinein, was Sie mögen, solange es schön bunt und eine grüne Sorte wie Brokkoli dabei ist.

ERGIBT 4 PORTIONEN

FÜR DIE CURRYPASTE

3 rote oder grüne Chilis (weniger, wenn es nicht zu scharf sein soll)

6 Zehen Knoblauch, geschält

2 Stängel Zitronengras, frisch, getrocknet oder eine entsprechende Menge Zitronengraspaste

4 cm großes Stück Ingwer, geschält (wenn erhältlich, am besten Galgant bzw. „Thai-Ingwer" nehmen)

Saft einer Limette

2 TL zerstoßene Kaffirlimettenblätter oder die geriebene Schale einer halben Limette

2 Schalotten, in feine Scheiben geschnitten

1 kleine rote Zwiebel, geschält und fein gewürfelt

2 TL Fischsoße (für Vegetarier 1½ EL Tamarisoße)

6 Stängel Koriander, fein gehackt

eine Prise Kreuzkümmelpulver

1–2 EL Kokosöl zum Braten

Pfeffer, nach Belieben

FÜR DAS GEMÜSE

200 g Brokkoliröschen

200 g Süßkartoffeln, geschält und gewürfelt

200 g Aubergine, gewürfelt

4–6 Champignons, in Scheiben geschnitten

200 g grüne Bohnen oder Zuckerschoten

400 ml Kokosmilch

½ Brühwürfel

1 TL Kokospalmzucker

ein kleiner Bund Koriander, fein gehackt

1. Alle Zutaten für die Currypaste bis auf das Kokosöl in einen Mixer oder eine Küchenmaschine geben und zu einer Paste verarbeiten.
2. Das Kokosöl bei mittlerer Temperatur in einer Pfanne schmelzen und darin die Paste ein oder zwei Minuten lang anschwitzen, damit sich die Aromen aus den Gewürzen entfalten. (Nicht anbrennen lassen!)
3. Das Gemüse dazugeben (den gehackten Koriander noch zurückbehalten) und auch die Kokosmilch. Die leere Kokosmilchdose mit Wasser füllen und ein wenig davon dazugießen – wie viel, hängt davon ab, wie fest das Curry sein soll. Einige Minuten vor sich hin köcheln lassen. Den Brühwürfel und den Palmzucker unterrühren und weiter köcheln lassen, bis das Gemüse gar ist.
4. In einer Schale mit etwas Naturreis servieren und mit frischem Koriander bestreuen.
5. Für eine Extraportion Protein können beim Anschwitzen der Currypaste gewürfelter Tofu, Tempeh, Huhn oder einige Garnelen dazugegeben werden oder auch eine Dose Kichererbsen, kurz bevor das Gemüse gar ist.
6. Von der Currypaste ruhig die doppelte Menge zubereiten: Eingefroren ist sie mehrere Wochen haltbar.

PFANNENGERICHTE

Ich liebe Pfannengerichte. Man kann mit ihnen auf die wohl einfachste und leckerste Art verschiedenste Gemüsesorten und eine ordentliche Portion mageres Protein zu sich nehmen. So lässt sich an jedem Tag der Woche binnen zehn Minuten ein schnelles Pfannengericht zaubern. Wenn Sie also keine Lust darauf haben, neue Gerichte ausprobieren, aber trotzdem Abwechslung wollen, dann sind Pfannengerichte genau das Richtige. Mit Gemüseresten aus dem Kühlschrank sowie Kräutern und Gewürzen aus dem Regal lassen sich verschiedene Geschmacksrichtungen kreieren, zum Beispiel thailändisch, indisch, japanisch, chinesisch oder italienisch – und wenn Sie mutig sind, mischen Sie alle Aromen! Hier kommt ein Leitfaden für die Zubereitung.

ERGIBT 1 PORTION

circa 300 g gehacktes, gewürfeltes oder in Scheiben geschnittenes Gemüse; folgende Gemüsesorten eignen sich gut für Pfannengerichte: grüne Bohnen, Grünkohl, Weißkohl, Bohnensprossen, Paprika, Champignons, Frühlingszwiebeln, gehobelte Möhren, gehobelte Zucchini, Zuckerschoten, Frühkohl, Wirsing, kleine Brokkoli- oder Blumenkohlröschen, Broccolini, Spargel, Pak Choi, grüne Erbsen, Zwiebeln (alle Sorten), Spinat (erst gegen Ende der Kochzeit dazugeben) oder Süßkartoffeln.

Sie können aus folgenden Proteinquellen wählen, pro Person:

80–100 g Huhn, Fisch oder Garnelen

100 g Tofu oder Tempeh

150 g gekochte Bohnen oder Hülsenfrüchte

2 kleine Handvoll Nüsse, zum Beispiel Cashewkerne

2 Eier

Für alle meine Asia-Pfannengerichte schwitze ich meistens als Erstes eine gehackte Zwiebel (rot oder weiß), einige Zehen Knoblauch, ein 2,5 cm großes Stück fein gehackten Ingwer und eine gehackte Chili in 1 EL Kokosöl an. Anschließend gebe ich meine Lieblingsgewürze und die Proteinquelle meiner Wahl hinzu, falls diese gekocht werden muss (Fleisch, Fisch, Tofu oder Tempeh), und brate sie bei mittlerer Temperatur an, bis sie fast gar ist (dauert etwa 5 Minuten). Danach wird das Gemüse bei hoher Temperatur mit angebraten, bis es al dente ist. Einige Minuten vor Ende rühre ich manchmal noch Bohnen, Hülsenfrüchte oder Nüsse unter (nicht erst ganz am Schluss, damit sie ein wenig von dem Aroma aufnehmen). Wenn ich mein Pfannengericht gern mit Soße möchte, schütte ich ½ Dose Kokosmilch (circa 200 ml) zum Gemüse und manchmal noch etwas Gemüsebrühe. Quinoa- oder Naturreisreste reiche ich als Beilage oder gebe sie zum Schluss in die Wokpfanne.

Je nachdem, für wie viele Personen Sie kochen, können Sie die Mengen aller Zutaten einfach verdoppeln oder vervierfachen.

Für die Soßen verwende ich manchmal fertige Currypaste, um meinem Pfannengericht ein anderes Aroma zu geben. Wenn Sie die Soßen lieber frisch zubereiten möchten, dann probieren Sie folgende Varianten aus:

Thai: Das Rezept für eine leckere Currypaste steht auf Seite 172.

Indisch: Die folgenden Zutaten bei mittlerer Temperatur in etwas Öl zusammen mit gehackter Zwiebel und Knoblauch anschwitzen: ein 2,5 cm großes Stück frisch gehackter Ingwer, 1 TL Kreuzkümmel, 1–2 TL Garam Masala, 1 TL Schwarzkümmel, 1 TL Chilipulver. Anschließend das Gemüse und die Proteinquelle dazugeben. Am besten eignen sich Blumenkohlröschen, in Scheiben geschnittene Zwiebeln, Paprika, in Streifen geschnittener Weißkohl und gehobelte Möhren.

Italienisch: Als Gemüsesorten eignen sich zum Beispiel Zucchini, Brokkoli, reichlich Flaschentomaten, Zwiebeln und Champignons. Anschließend einige frische Kräuter hacken und dazugeben: Basilikum, Thymian und getrockneter Oregano. Für die Proteinquelle Bio-Freilandhuhn nehmen. Zum Braten Olivenöl verwenden. Mit einer Portion Buchweizen oder Naturreisspaghetti (gibt es im Naturkostladen) servieren.

Japanisch: Aus 2 TL fein gehacktem Ingwer, 2–4 EL Sesamöl, 2 EL Tamari- oder Sojasoße, 2 EL Reisessig, 1–2 EL Palmzucker oder Ahornsirup eine Würzsoße herstellen. Geeignete Gemüsesorten sind: Paprika, Brokkoli, Knoblauch, Shiitake-Pilze, in dünne Streifen geschnittener Weißkohl. Für die Proteinquelle in kleine Stücke geschnittenes Bio-Rindfleisch aus Weidehaltung nehmen.

Wenn Ihnen die Ideen ausgehen, geben Sie einfach einige Teelöffel Hummus und etwas frisch gepressten Zitronensaft zu Ihrem Pfannengemüse.

FISCH-PÄCKCHEN
aus dem Ofen (oder vom Grill)

Das ist die einfachste Art, Fisch zuzubereiten. Der Ofen und der Dampf in den Päckchen erledigen die ganze Arbeit für Sie. Machen Sie die Päckchen so groß oder so klein, wie Sie möchten, und probieren Sie unterschiedliche Sorten Gemüse und Fisch aus.

ERGIBT 4 PORTIONEN

4 Fischfilets – geht mit jeder Fischsorte

circa 2,5 cm großes Stück Ingwer, geschält und fein gehackt

4 Zehen Knoblauch, geschält und fein gehackt

1 mittelgroße rote Chili, entkernt und fein gehackt

Saft einer großen Limette (oder mehr, wenn es besonders pikant sein soll)

4–6 EL Tamari- oder Sojasoße

200 g Zuckerschoten

200 g Broccolini

1. Den Ofen auf 180 °C vorheizen.
2. Für vier Fisch-Päckchen jeweils ein Fischfilet auf ein Stück Alufolie (oder Pergamentpapier) legen. Die Filets mit Ingwer, Knoblauch, Chili und Limettensaft würzen. Die Broccolini und die Zuckerschoten gleichmäßig auf dem Fisch verteilen, anschließend Tamari- oder Sojasoße über das Gemüse gießen.
3. Nun die Enden der Folie jeweils zu einem Päckchen verzwirbeln. Fisch und Gemüse dünsten im eigenen Saft, achten Sie also darauf, dass die Oberseite des Päckchens genug „Dampfplatz" hat und die Folie überall dicht schließt.
4. Die Fisch-Päckchen auf ein Backblech legen und 15–25 Minuten im Ofen garen. Je nachdem, wie dick das Filet ist oder welche Fischsorte verwendet wird, kann die Kochzeit leicht variieren. Nach circa 15 Minuten prüfen, ob der Fisch gar ist. Falls nicht, das Päckchen wieder schließen und 5 Minuten nachgaren lassen.
5. Mit Pfannengemüse und einer kleinen Portion Basmati-Naturreis oder Wildreis servieren.

CASHEW-*Lasagne*

Diese Lasagne liefert viel Protein, auch wenn sie keine Milch, keinen Käse, keinen Weizen und auch kein Fleisch enthält. Die Cashewkerne müssen vorher einige Stunden einweichen, also am besten morgens vor der Arbeit in Wasser legen – dann sind sie abends fertig, wenn es losgeht mit dem Kochen.

ERGIBT 2 PORTIONEN

FÜR DIE BÉCHAMELSOSSE

150 g Cashewkerne, mindestens 2 Stunden eingeweicht
100 ml Wasser
1½ EL Zitrone
2 EL Nährhefeflocken
2 Eier
eine Prise Muskatnuss
½ TL Salz
schwarzer Pfeffer aus der Mühle

FÜR DIE TOMATENSOSSE

400 g Tomaten aus der Dose (oder 2–3 große Fleischtomaten)
4–6 Zehen Knoblauch, geschält und gehackt
4 EL Tomatenmark
2 EL Olivenöl
2 EL gemischte Kräuter
eine große Handvoll frisches Basilikum
Salz nach Belieben (circa ½ TL)

FÜR DIE FÜLLUNG

½ große Zucchini
½ große Aubergine
5 große braune Champignons
50 g Spinatblätter

1. Den Ofen auf 190 °C vorheizen.
2. Die eingeweichten Cashewkerne abgießen. In einer Küchenmaschine mit 100 ml Wasser und dem Zitronensaft zu einer ziemlich glatten Masse verarbeiten. Die Ränder sauberkratzen und das Gerät nochmals laufen lassen, um sicherzustellen, dass alle Cashewkerne zerkleinert werden – das Ergebnis ist eine glatte, leicht körnige Masse. Mit den übrigen Zutaten für die Béchamelsoße in der Küchenmaschine weiterverarbeiten. In eine Schüssel füllen.
3. Alle Zutaten für die Tomatensoße in einen Mixer oder eine Küchenmaschine geben und zu einer glatten Soße verarbeiten. Die Zucchini, die Auberginen und die Champignons in sehr feine Scheiben schneiden.
4. Eine große, quadratische Auflaufform (24 x 24 cm) mit Olivenöl einfetten und den Boden mit in feine Scheiben geschnittenen Zucchini belegen. Das braucht nicht fächerartig zu sein, die Zucchini sollten jedoch den gesamten Boden bedecken. Ein Drittel der Tomatensoße darübergießen und gleichmäßig verteilen. Dann die in Scheiben geschnittenen Champignons auf die gleiche Art wie zuvor darüberlegen. Mit einem Drittel der Béchamelsoße und dann mit etwas Tomatensoße bedecken, dabei die beiden Soßen gleichmäßig übereinander verteilen. Anschließend die in Scheiben geschnittene Aubergine gleichmäßig darauflegen und erneut Tomatensoße darübergießen. Die Schicht braucht nicht sehr dick zu sein, es muss daher nicht alles aufgebraucht werden. Die Spinatblätter in einer dünnen Lage darauf verteilen, danach die restliche Béchamelsoße darübergießen und gleichmäßig verteilen.
5. Die Form mit Alufolie bedecken und rund 40 Minuten backen, bis sich die Masse gesetzt hat und an den Rändern leicht gebräunt ist.

ZUCCHINI-MÖHREN-SPAGHETTI
mit Avocado-Pesto

Zucchininudeln haben in den letzten Jahren immens an Popularität gewonnen. Bei uns zu Hause gehören sie definitiv zu den Lieblingsgerichten. Man kann sie auf die elegante Art mit einem Spiralschneider oder Küchenhobel zubereiten oder so wie ich mit der guten alten Standreibe oder einem Sparschäler.

1. Für die Spaghetti eine Standreibe mit der gröbsten Reibefläche nach oben auf die Seite legen und die Zucchini und die Möhre der Länge nach in lange Streifen oder einfach mit einem Sparschäler in dünne Scheiben schneiden.
2. Etwas Olivenöl in einer Pfanne erhitzen. Zucchini- und Möhrenscheiben einige Minuten darin dünsten, bis sie weich sind. Schwarzen Pfeffer aus der Mühle darübermahlen. Beiseitestellen.
3. Die übrigen Zutaten mit Ausnahme der Pinien- oder Sonnenblumenkerne und der Tomaten in einem Mixer zu einem cremigen Pesto verarbeiten.
4. Die Pinienkerne in einer Pfanne anrösten, bis sie eine goldbraune Farbe haben (bei Sonnenblumenkernen ist kein Anrösten nötig).
5. Das Pesto mit den Gemüsespaghetti mischen und die Kerne darüberstreuen. Wer mag, gibt noch einige (gegrillte) gewürfelte Kirschtomaten dazu.

ERGIBT 1 PORTION

1 mittelgroße Zucchini
1 mittelgroße Möhre, geschält
eine Handvoll Basilikum
½ große reife Avocado
1 EL Zitronensaft
1 Zehe Knoblauch, geschält
2 EL Olivenöl
plus etwas Öl extra zum Braten
eine kleine Handvoll Pinienkerne
oder Sonnenblumenkerne
Kirschtomaten (optional)
Salz und Pfeffer

4

Sättigende Suppen & Eintöpfe

Sie kennen das Gefühl: Das nasskalte Wetter draußen scheint Ihnen alle Energie zu rauben. Dagegen helfen die folgenden Rezepte. Sie geben Kraft, halten satt, helfen Ihnen aber auch, in Form zu bleiben. Mit ihnen bekommen Sie einen ganzen Teller voller Nährstoffe. Ich esse solche Gerichte mehrmals pro Woche. Sie lassen sich gut in größeren Mengen zubereiten und auf Wochen im Voraus einfrieren.

HERBSTLICHE KRAFTSUPPE
mit Pilzen

Diese Suppe schmeckt auch ohne Sahne supercremig. Als Vorspeise vor einem leichten Gericht servieren oder als Hauptgericht in einer großen Schale und dazu etwas Kräuterbrot (Rezept Seite 227).

ERGIBT 2 PORTIONEN

- 1 Zwiebel, geschält und gehackt
- 2 Zehen Knoblauch, geschält und gehackt
- 2 Möhren, gehackt
- 600 ml Gemüsebrühe
- 100 g Shiitake-Pilze
- 150 g braune Champignons
- 200 g gekochte Esskastanien, vakuumverpackt
- schwarzer Pfeffer nach Belieben

1. Gehackte Zwiebel, Knoblauch und Möhren in einen großen Topf geben, mit Brühe aufgießen, zum Kochen bringen und anschließend 15 Minuten köcheln lassen.
2. Champignons und Kastanien dazugeben und weitere 10 Minuten köcheln lassen. Nach Belieben mit schwarzem Pfeffer abschmecken.
3. Die Suppe in einer Küchenmaschine oder mit dem Pürierstab pürieren, bis sie eine glatte, cremige Konsistenz hat.

Sportsfreunds ROTE-BETE-SUPPE

Rote Bete trägt dazu bei, dass die Muskeln mit Sauerstoff versorgt werden, und kann beim Sport leistungssteigernd wirken. Mit etwas Kräuterbrot serviert (Rezept Seite 227) ist das eine gute Ausgangsbasis für ein abendliches Fitnessprogramm.

ERGIBT 2 PORTIONEN

2 mittelgroße Rote Beten
1 EL Oliven- oder Kokosöl
1 Zwiebel, geschält und gehackt
2 Zehen Knoblauch, geschält und gehackt
1 TL gehackter Ingwer
2 Stangen Staudensellerie, fein gewürfelt
600 ml Gemüsebrühe
eine Prise Kreuzkümmel
½ TL scharfer Senf
Meersalz und schwarzer Pfeffer
3 EL Kokos-, Hafer- oder Sojacreme (optional)

1. Die ungeschälten Roten Beten 30–45 Minuten kochen, bis sie so weich sind, dass man mit einem scharfen Messer hineinstechen kann. Die Enden abschneiden und die Beten in Stücke schneiden.
2. Öl in einem großen Topf erhitzen und die Zwiebel, den Knoblauch und den Ingwer 2 Minuten andünsten. Die Roten Beten, Sellerie und Gemüsebrühe dazugeben. Zum Kochen bringen und köcheln lassen, bis die Roten Beten weich genug sind, um sie zu pürieren.
3. Mit Kreuzkümmel, Senf, Salz und Pfeffer in einen Mixer geben. Pürieren, bis die Konsistenz glatt ist. Ein Klecks Kokos-, Hafer- oder Sojacreme macht die Suppe noch cremiger.

DURCHPUTZER-SUPPE

Diese pikante Suppe ist supergesund und supergemüsig. Sie hat alles, was Sie brauchen, um Ihren Körper dabei zu unterstützen, überschüssige Toxine loszuwerden. Auch ohne ein Stück Brot dazu macht sie ordentlich satt. Toll zum Entschlacken.

ERGIBT 4 PORTIONEN

1 EL Oliven- oder Kokosöl

2 Zehen Knoblauch, geschält und gehackt

1 Zwiebel, geschält und fein gehackt

2,5 cm großes Stück frischer Ingwer, geschält und fein gehackt

400–500 g Brokkoli, in kleine Röschen geschnitten

2 mittelgroße Pastinaken, geschält und gehackt

2 Stangen Staudensellerie, fein gehackt

100 g Spinatblätter

Saft von ½ kleinen Zitrone

Meersalz und Pfeffer aus der Mühle, nach Belieben

1. Öl in einem großen Topf erhitzen und Knoblauch, Zwiebel und Ingwer darin 1–2 Minuten andünsten, bis sie weich sind. Dann den Brokkoli, die Pastinaken und den Sellerie dazugeben.
2. Wasser zugießen: 250 ml für eine dicke Suppe, 500 ml für eine dünnere. Zum Kochen bringen, dann die Temperatur reduzieren und köcheln lassen. Jetzt mit dem Spinat bedecken und den Deckel auf den Topf setzen. Weiter köcheln, bis alle Gemüse gar sind.
3. Die Suppe mit einem Mixer oder in einer Küchenmaschine pürieren. Ist alles verbunden, Zitronensaft zugeben und mit Salz und Pfeffer würzen.
4. Wer es cremiger mag, rundet die Suppe beim Servieren mit einem Schuss Kokosmilch ab.

Würzige BUTTERNUSS-KÜRBIS-SUPPE

Das ist Kays Lieblingssuppe. Sie kann gar nicht genug davon kriegen. Die Suppe wärmt auf, ist nahrhaft und macht satt – ideal für kalte Wintertage.

1. Das Kokosöl in einem Topf bei mittlerer Temperatur schmelzen und die Zwiebel und den Knoblauch darin anschwitzen, bis sie glasig sind. Die Butternusskürbis-Würfel hinzugeben und eine Minute lang rühren.
2. Gemüsebrühe und Currypulver dazugeben. 20–25 Minuten köcheln lassen, bis der Kürbis gar ist.
3. Kokoscreme dazugießen und alles mit einem Kartoffelstampfer oder dem Pürierstab zu einer Suppe verarbeiten. Nach Belieben mit Worcestersoße, Salz und Pfeffer abschmecken. In Schalen gießen und Kürbiskerne darüberstreuen.

ERGIBT 2 PORTIONEN

1 Zehe Knoblauch, geschält und fein gehackt

1 mittelgroße Zwiebel, geschält und fein gehackt

1 EL Kokosöl

600 g Butternusskürbis, geschält und gewürfelt

150 ml Gemüsebrühe

¾ TL Currypulver

½ Dose (80 ml) Kokoscreme (nach Belieben)

ein Spritzer Worcestersoße

frischer Pfeffer aus der Mühle und Meersalz

½ EL Kürbiskerne pro Person

Grünkohl-Quinoa-KASSEROLLE

Grünkohl ist eines der gesündesten Gemüse und Quinoa eines der gesündesten Pseudogetreide der Welt. Zusammen geben sie einen richtigen Gesundheitskick! Dieser Eintopf hat reichlich Protein, Ballaststoffe, Kalzium, Magnesium, Vitamine – und viel Geschmack. Schmeckt lecker als leichtes Mittagessen oder als Beilage zu einem Hirschsteak.

ERGIBT 4-6 PORTIONEN

Olivenöl zum Braten

1 große Zwiebel, geschält und fein gehackt

4 Zehen Knoblauch, geschält und fein gehackt

1 rote Paprika, fein gewürfelt

200 g Grünkohlblätter ohne Stiele, fein gehackt

8 Kirschtomaten, fein gewürfelt

300 g Quinoa

4 EL Zitronensaft

400 g Kichererbsen aus der Dose, abgetropft

2 EL Nährhefeflocken

600 ml heiße Gemüsebrühe

100 ml Soja- oder Hafercreme

2 TL getrockneter Oregano

1 TL frischer Pfeffer aus der Mühle

Salz nach Belieben (mindestens ½ TL)

eine Prise Cayennepfeffer

1. Den Ofen auf 220 °C vorheizen.
2. Etwas Olivenöl in einer Pfanne erhitzen und die Zwiebel, den Knoblauch und die rote Paprika einige Minuten darin anschwitzen. Grünkohl und Tomatenwürfel dazugeben, das Gemüse bei niedriger Temperatur einige Minuten anschwitzen, bis der Grünkohl angegart ist.
3. Die Quinoa mit Wasser abspülen und in eine Kasserolle geben. Das Grünkohlgemüse und die übrigen Zutaten dazugeben. Umrühren, bis alles gut vermengt ist.
4. Die Kasserolle mit Alufolie abdecken und in den Ofen stellen. Nach 20 Minuten prüfen, ob die Flüssigkeit komplett aufgesogen ist. Falls nicht, weitere 5–10 Minuten im Ofen garen.

5

Snacks

Snacks halten mich bei Laune, wenn ich unterwegs bin – nicht nur auf Touren, sondern auch im alltäglichen Leben, das immer hektisch ist – also bin ich inzwischen irgendwie von ihnen abhängig. Es war eine echte Herausforderung, Snacks zu finden, die einerseits ausreichend Energie liefern und lecker schmecken, gleichzeitig aber auch megagesund sind. Mit der folgenden Auswahl an Snacks bekommen Sie genau das: supergesunde, unglaublich leckere Muntermacher als Zwischenmahlzeit an stressigen Tagen oder als dringend benötigter Energiekick vor oder nach dem Sport.

PROTEINBOMBEN

Diese sättigenden Bomben schmecken genauso wie die Füllung eines Mars-Schokoriegels und verpassen uns einen ordentlichen Energieschub. Sie sind mein absoluter süßer Lieblingssnack. Punkt. Ich trage sie oft in einer Butterbrot-Tüte mit mir herum, die ich in meinen Rucksack oder meine Taschen gestopft habe. Am besten schmecken sie allerdings gekühlt.

1. Das Kokosöl in eine Pfanne geben und bei mittlerer Hitze schmelzen.
2. Das geschmolzene Öl zusammen mit den übrigen Zutaten in eine Küchenmaschine geben. Verarbeiten, bis die Mischung eine sehr feine, halb-trockene Konsistenz hat.
3. Nun das Wasser dazugeben. Erst einmal 200 ml, dann je nach Bedarf esslöffelweise mehr, bis aus der Mischung ein klebriger Teigklumpen wird.
4. Aus dem Teig etwa 10 kleine Kugeln formen und essen. Wenn Sie es tatsächlich schaffen, so lange zu warten, können Sie den Teig auch etwa 30 Minuten lang in den Kühlschrank legen und anschließend ausrollen, dann ist das Formen der Kugeln einfacher und eine weniger klebrige Angelegenheit.

ERGIBT ETWA 10 STÜCK

2 gehäufte EL Kokosöl
50 g Hanfproteinpulver
40 g Rohkakaopulver
75 g Sonnenblumenkerne
1 EL natives Olivenöl (eines mit mildem Aroma)
eine Prise Salz
½ TL Stevia-Pulver
125 g getrocknete Datteln
200 ml Wasser

NUSSBOMBEN

Das ist eine einfachere Version der Proteinbomben von Seite 193, mit weniger Zutaten, aber genauso lecker und genauso gut für Sie, wenn Sie unterwegs sind oder einen schnellen Energieschub brauchen.

ERGIBT ETWA 10 STÜCK

150 g gemischte Nüsse
40 g Rohkakaopulver
50 g Hanfproteinpulver
Xylitol, Stevia oder Ahornsirup nach Belieben
Kokosraspel (optional)

1. Alle Zutaten in einer Küchenmaschine mit 1–2 EL Wasser zerkleinern, bis sich ein Klumpen bildet. Nicht zu viel Wasser nehmen, sonst wird die Mischung zu klebrig.
2. Aus dem Teig mundgerechte Kugeln formen. Je nach Geschmack die Kugeln in Kokosraspeln wälzen.
3. Die Kugeln können sofort gegessen werden. Im Kühlschrank aufbewahren.

Superschnelle Feigen-Pekannuss- **ENERGIERIEGEL**

Noch einfacher geht nicht! Diese Energieriegel sind ein süßer Kaugenuss und ein super Snack nach dem Sport.

ERGIBT ETWA 6 STÜCK

150 g getrocknete Feigen
100 g Pekannüsse (oder Walnüsse)
1 EL Cashewmus

1. Alle Zutaten mit 2 EL Wasser in einer Küchenmaschine zu einem großen Klumpen verarbeiten.
2. Den Teig auf ein leicht eingefettetes Backblech beliebiger Größe geben. Mit der Rückseite eines Löffels gleichmäßig verstreichen und mehr oder weniger fest andrücken, je nachdem, wie dick die Riegel sein sollen.
3. Im Kühlschrank oder Gefrierschrank fest werden lassen, anschließend in Riegel schneiden.

Energiebooster-HAFERKEKSE

Mit einem Energie liefernden Trio aus Erdnüssen, Haferflocken und Bananen geben diese Haferkekse Ihnen einen echten Kick. Sie sind sehr beliebt bei unseren drei Söhnen. Der Snack sorgt auf dem Heimweg von der Schule dafür, dass sie hellwach und gut gelaunt bleiben. Und ich mag diese Kekse auch!

ERGIBT 10–12 STÜCK

200 g entsteinte getrocknete Datteln, gehackt (keine gehackten Datteln kaufen – die sind zu trocken und lassen sich schlecht zu einer Paste verarbeiten)

100 g Kokosöl

100 g Bio-Erdnussmus, crunchy (ohne Zucker- oder Salzzusatz)

4 EL gemahlener Leinsamen (siehe Seite 86)

1 mittelreife Banane, in kleine Stücke geschnitten

200 g Haferflocken

1 TL Vanilleextrakt

eine Prise Salz

1. Die Datteln mit 100 ml Wasser in einen Stieltopf geben. Bei niedriger Temperatur auf den Herd stellen und die Datteln mit der Rückseite eines Löffels gegen die Topfwand drücken, damit sie sich mit dem Wasser mischen und zu einer weichen Paste werden. Das Kokosöl hinzufügen und umrühren, bis es geschmolzen ist.
2. Den Herd ausschalten. Erdnussmus in den Topf geben und umrühren, bis es geschmolzen ist. Vorsichtig den Leinsamen und die Banane einrühren. Haferflocken, Vanilleextrakt und Salz hinzufügen. So lange rühren, bis alles gut vermengt ist.
3. Den Teig in eine mit etwas Öl eingefettete quadratische Brownie-Backform (circa 24 x 24 cm) füllen, gleichmäßig verteilen und mit der Rückseite eines Löffels leicht andrücken. (Je nach Grüße der Backform werden die Haferkekse dicker oder dünner – darauf kommt es nicht an.)
4. Für 30–60 Minuten in den Kühlschrank stellen und fest werden lassen, bis sich aus dem Teig kleine Quadrate schneiden lassen. (Ich gestehe, die Kekse schmecken auch schon lecker, bevor sie fest sind!)

ALTERNATIVE: Das Erdnussmus kann durch Mandel- oder Cashewmus ersetzt werden und der Leinsamen durch Chiasamen.

KÖRNERRIEGEL

Diese Riegel sind klasse, wenn Sie keine Zeit fürs Frühstück haben oder unterwegs sofort einen Energieanschub brauchen. Ich nehme sie oft auf Reisen mit. Eignen sich für Kinder auch prima als Pausensnack für die Schule, weil sie keine Nüsse enthalten.

ERGIBT 10–15 STÜCK

200 g getrocknete Datteln

100 g Kokosöl

150 g gemischte Körner (zum Beispiel 50 g Leinsamen, 50 g Kürbiskerne, 50 g Sonnenblumenkerne)

150 g Haferflocken

1 TL Zimt

eine Prise Salz

Kokosraspel (optional)

1. Die Datteln mit 150 ml Wasser in einen Stieltopf geben. Bei niedriger Temperatur auf den Herd stellen und die Datteln mit der Rückseite eines Löffels gegen die Topfwand drücken, damit sie sich mit dem Wasser mischen und zu einer weichen Paste werden. Das Kokosöl hinzufügen und umrühren, bis es geschmolzen ist.
2. Den Herd ausschalten. Die Körner dazugeben und gut mischen. Haferflocken, Zimt und Salz hinzugeben und durchrühren, bis alles gut vermengt ist.
3. Den Teig in eine mit etwas Öl eingefettete quadratische Brownie-Backform (circa 24 x 24 cm) füllen, gleichmäßig verteilen und mit der Rückseite eines Löffels leicht andrücken. (Je nach Größe der Backform werden die Körnerriegel einfach nur dicker oder dünner – darauf kommt es nicht an.) Wer mag, bestreut die Riegel mit einigen Kokosraspeln. Mit der stumpfen Seite eines Messers die Masse in Quadrate schneiden.
4. Entweder für 30–60 Minuten in den Kühlschrank stellen, fest werden lassen und anschließend roh essen (so schmecken sie mir am besten) oder bei 180 °C für 15 Minuten backen, bis sie eine goldbraune Farbe haben (so mögen meine Kinder sie).

GRÜNKOHLCHIPS

Eine originelle Methode, um etwas grünes Blattgemüse zu verputzen. Die Chips sind total beliebt bei unserem Besuch zu Hause. Ein Snack, bei dem man ohne Schuldgefühle zulangen kann!

ERGIBT 2 PORTIONEN

1 Beutel Grünkohl (circa 200 g)
1–2 EL Olivenöl
¼ TL Meersalz, mehr oder weniger nach Belieben

OPTIONAL ZUM WÜRZEN

Nährhefeflocken
Knoblauchpulver
Currypulver
schwarzer Pfeffer

1. Den Ofen auf 130 °C vorheizen. Ein großes Backblech mit Backpapier auslegen.
2. Wurde der Grünkohl zuvor gewaschen, darauf achten, dass er sehr, sehr trocken ist. Den Grünkohl in eine große Schüssel geben, dann Öl, Salz und weitere Gewürze nach Wunsch hinzufügen. Schnell mit den Händen durchmischen, damit jedes einzelne Blatt mit etwas Öl bedeckt ist. (Nicht zu lange arbeiten, sonst wird der Grünkohl schlapp!)
3. Den Grünkohl in einer Lage auf das vorbereitete Backblech legen und 8–12 Minuten backen, bis er gerade eben knusprig, aber noch nicht braun ist. (Je nach Ofentyp kann das unterschiedlich lange dauern, daher besser schon nach 8 Minuten Backzeit prüfen, ob der Grünkohl nicht verbrennt.) Sofort servieren.

QUINOA-KÜCHLEIN
indische Art

Diese kleinen Snacks sind klasse. Sie erinnern mich ein wenig an die indischen Samosas, die es zu essen gab, als ich in Sikkim auf Klettertour war. Sie machen satt, sind gesund und lecker.

ERGIBT 8–10 STÜCK

2 normale Eier oder 2 Leinsameneier (Rezept Seite 223)

1 mittelgroße Gemüsezwiebel, geschält und fein gehackt

1 große Zehe Knoblauch, geschält und fein gehackt

1 kleine scharfe Chili (je nachdem, wie scharf Sie es mögen, entsprechend weniger oder mehr)

1 EL Kokosöl, plus etwas Öl extra zum Einfetten

½ TL Kreuzkümmel

½ TL Kurkumapulver

2 TL Garam Masala

200 g Süßkartoffeln, fein gewürfelt

150 g Quinoa

450 ml Gemüsebrühe

150 g Tiefkühlerbsen

Salz und reichlich frischer Pfeffer aus der Mühle

1. Werden statt normaler Eier Leinsameneier verwendet, diese zuerst zubereiten (Rezept Seite 223).
2. Das Kokosöl in einer Pfanne bei mittlerer Temperatur schmelzen und Zwiebel, Knoblauch und Chili darin anschwitzen. Nach 2 Minuten Kreuzkümmel, Kurkuma und die Garam-Masala-Mischung dazugeben und eine weitere Minute anbraten. (Aufpassen, dass die Gewürze nicht verbrennen!)
3. Quinoa, Süßkartoffeln und Gemüsebrühe hinzufügen, bei niedriger Temperatur und geschlossener Pfanne circa 15 Minuten köcheln lassen, dabei gelegentlich umrühren. Weitere 5 Minuten in der offenen Pfanne weiterköcheln lassen, bis die Quinoa fast gar ist und eine dicke, porridgeähnliche Konsistenz hat.
4. Pfanne vom Herd nehmen, 5 Minuten abkühlen lassen. In der Zwischenzeit den Ofen auf 180 °C vorheizen und Papierförmchen in die Mulden einer Muffin-Backform legen. Die Quinoa-Süßkartoffel-Mischung mit Salz und Pfeffer würzen (circa ½ TL Salz und 12 Umdrehungen mit der Pfeffermühle). Tiefkühlerbsen und die (Leinsamen-)Eier hinzugeben und alles gut durchmischen.
5. Circa 2 EL der Mischung in jedes Papierförmchen geben, dann mit der Rückseite eines Löffels andrücken. Die Küchlein 25–30 Minuten backen, bis sie goldbraun sind. Vollständig abkühlen lassen, damit sie fest werden.

Leckere GEWÜRZMILCH

Mit diesem Rezept lässt sich das Verlangen nach Kaffee und Süßigkeiten bremsen. Die Milch ist super für die Verdauung und wärmt von innen, wenn Sie einfach Lust darauf haben, es sich gemütlich zu machen.

ERGIBT 1 PORTION

1 große Tasse Mandel- oder Kokosmilch
¼ TL Ingwerpulver
¼ TL Zimt
frischer schwarzer Pfeffer aus der Mühle (circa 3 Umdrehungen)
3 Kardamomkapseln, grob zerstoßen
2 getrocknete Gewürznelken
eine Prise Muskatnuss
Stevia zum Süßen

1. Die Milch und alle Gewürze in einen Topf geben und zum Kochen bringen. Eine Minute leicht köcheln lassen, dann in einen großen Becher gießen. Nach Belieben mit Stevia süßen und genießen.

Bananen-Walnuss-**BROT**

Als Kind liebte ich Bananen-Brot über alles. Dieses Rezept weckt alle positiven Kindheitserinnerungen. Schmeckt am besten schön klebrig!

1. Den Ofen auf 175 °C vorheizen. Eine Brotbackform (circa 21 x 11 x 7 cm) leicht einfetten und dann mit Backpapier auslegen.
2. Das Kokosöl bei mittlerer Hitze in einer Pfanne schmelzen. Beiseitestellen.
3. Bananen, Mandelmus und Eier in einer Küchenmaschine (oder mit dem Pürierstab) vermischen. Das geschmolzene Kokosöl hinzufügen und alles zu einem glatten Teig vermischen. Die restlichen Zutaten hinzufügen und noch einmal alles gut vermengen.
4. Den Teig in die Brotbackform füllen und 50–60 Minuten backen. Das Brot ist fertig, wenn man mit einem Zahnstocher in die Mitte hineinpikst und beim Herausziehen kein Teig kleben bleibt. Nicht zu lange backen, sonst wird es zu trocken.
5. Noch einige Minuten in der Form lassen, dann zum Abkühlen auf ein Kuchengitter stürzen.

ERGIBT 1 BROT

2 gehäufte EL Kokosöl

4 mittelgroße reife Bananen

100 g Mandelmus

3 große Eier

200 g gehackte Walnüsse

65 g Kokosmehl (durch Mandelmehl ersetzen, wenn keines aufzutreiben ist, Geschmack und Konsistenz werden dann jedoch etwas anders sein)

1 EL Ahornsirup

1 EL Zimt

1 TL Backpulver

1 TL Natron

1 TL Vanilleextrakt

eine Prise Salz

*Kokos-Aprikosen-***BÄLLCHEN**

Aprikosen sind nährstoffreich und eine ideale Quelle für Ballaststoffe, Kalium, Eisen und Antioxidantien. Sie sind gut für die Herzgesundheit, die Verdauung und als Energielieferanten. Die Cashewkerne liefern zudem Proteine und gesunde Fette. Ein perfekt ausgewogener Snack.

Durch die Beigabe von Kokosmilch verbinden sich die Zutaten besser miteinander und die Bällchen werden etwas cremiger, aber das Rezept funktioniert auch sehr gut ohne.

ERGIBT 15 STÜCK

150 g getrocknete Aprikosen
100 g Cashewkerne
½ TL Zimt
2 EL Kokosmilch (optional)
Kokosraspel

1. Mit Ausnahme der Kokosraspel alle Zutaten in eine Küchenmaschine geben und zerkleinern, bis ein klebriger Klumpen entstanden ist.
2. Mit den Fingern Bällchen formen und rundherum in Kokosraspeln wälzen. Fertig. Die Bällchen im Kühlschrank aufbewahren.

Möhren-**SCHICHTKUCHEN**

Dieses Rezept hat mir gezeigt, dass ein Essen aus Rohzutaten genauso gut schmecken kann wie das gebackene Original, wenn nicht noch besser. Seit ich es ausprobiert habe, habe ich keinen normalen Möhrenkuchen mehr gegessen. Der Kuchen enthält keinen Weizen, keine Milchprodukte und keinen ungesunden raffinierten Zucker. Er gibt auch eine prima Nachspeise ab. Schmeckt am besten gut gekühlt.

1. Eine runde Backform (22 cm Durchmesser) leicht einfetten und mit Backpapier auslegen.
2. Alle Zutaten für den Guss in eine Küchenmaschine oder einen Mixer geben und schnell zu einem glatten Guss verarbeiten. Wenn die Mischung zu dick erscheint, etwas Wasser dazugeben. Der Guss sollte weich genug sein, um sich verteilen zu lassen.
3. Alle Zutaten für den Kuchen in eine Küchenmaschine geben und zu einem klebrigen, körnigen Teig verarbeiten.
4. Die Hälfte des Teiges in die Backform füllen. So verteilen, dass der gesamte Boden bedeckt ist. Mit der Rückseite eines Löffels gut andrücken. Ein Drittel des Gusses auf dem Kuchenboden verteilen. Die Backform circa 30 Minuten in den Gefrierschrank stellen, bis der Guss fest geworden ist.
5. Anschließend den restlichen Teig in die Form füllen und mit der Rückseite eines Löffels wieder gut andrücken. Dann den restlichen Guss ebenfalls mit der Rückseite eines Löffels gleichmäßig darauf verteilen. Den Kuchen zurück in den Gefrierschrank stellen, bis der Guss fest geworden.
6. Mit Walnüssen dekorieren.

ERGIBT 1 KUCHEN

FÜR DEN GUSS

150 g Macadamianüsse
2 EL Zitronensaft
2 EL Kokosöl
75 ml Ahornsirup

FÜR DEN KUCHEN

2 große Möhren, geschält und in kleine Stücke gehackt
130 g Mandelmehl
250 g getrocknete Datteln
40 g Kokosraspel
½ TL Zimt
Walnüsse zum Verzieren

Wahnsinnig leckerer SCHOKOLADENKUCHEN

Wie schon gesagt, ich bin süchtig nach Schokolade! Ich brauche nach fast jeder Mahlzeit etwas Schokoladiges. Dieses Rezept ist fantastisch. Gönnen Sie sich ein größeres Stück Kuchen als Nachspeise oder ein kleines Stück zwischendrin, wenn der Schoko-Jieper einsetzt!

ERGIBT 1 KUCHEN

FÜR DEN BODEN

150 g Cashewkerne
80 g Kokosraspel oder Haferflocken
60 g getrocknete Datteln
1 EL Kokosöl, geschmolzen
Salz nach Belieben (circa ¼ TL)

FÜR DEN SCHOKOLADEN-BELAG

3 EL Rohkakaopulver
150 g Cashewkerne
75 ml Ahornsirup
2½ EL Kokosöl, geschmolzen
60 ml Zitronensaft
1 TL Vanilleextrakt
1 EL Wasser
Stevia nach Belieben, falls Sie es süßer mögen

1. Eine runde Backform (22 cm Durchmesser) leicht einfetten und mit Backpapier auslegen.
2. Zunächst den Boden zubereiten. Alle Zutaten in eine Küchenmaschine geben und zerkleinern, bis ein klebriger Klumpen entstanden ist. In die Backform füllen und mit der Rückseite eines Löffels andrücken.
3. Für den Belag alle Zutaten mit dem Mixer zu einer glatten Masse verarbeiten. Wer es lieber stückiger mag, reduziert die Zeit etwas, damit die Masse noch einige knackige Nussstücke enthält. Den Belag auf dem Kuchenboden verteilen.
4. Vor dem Verzehr den Kuchen eine Stunde in den Gefrierschrank stellen und fest werden lassen. Man sollte ihn (falls überhaupt was davon übrig bleibt) im Kühlschrank aufbewahren.

KÄSEKUCHEN *mit Erdbeeren oder Himbeeren*

Ich bin verrückt nach Käsekuchen, und der Gedanke daran, ihn nicht mehr essen zu dürfen, wäre unerträglich! Dank dieses Rezepts ist das glücklicherweise auch nicht nötig. Falls Sie mal keine Lust auf Schokoladenkuchen haben, probieren Sie eine andere Variante des gleichen Rezepts: Lassen Sie die Schokolade einfach weg und belegen Sie den Kuchen mit frischen Erdbeeren oder Himbeeren. Der Hammer!

Bärenstarke **SCHOKOLADE**

Wer hätte gedacht, dass das Zubereiten von Schokolade so einfach sein und das Ergebnis so verdammt lecker schmecken kann?! Diese Schokolade ist gehaltvoll und geschmeidig und verursacht Glücksgefühle. Klingt nach Werbung? Ist aber die Wahrheit – das Zeug schmeckt echt gut.

ERGIBT 1 QUADRATISCHE TAFEL (CIRCA 10 X 10 CM)

1 EL Kokosöl
1 EL Ahornsirup
2 EL Rohkakaopulver

1. Das Kokosöl bei niedriger Temperatur in einer Pfanne schmelzen. Ahornsirup und Kakaopulver einrühren.
2. Die Mischung in eine quadratische Eiswürfelschale füllen, für 20–30 Minuten in den Gefrierschrank stellen und fest werden lassen.
3. Als Variation können Sie eine kleine Handvoll Rosinen und 5 gehackte Walnüsse in die Mischung geben. Superlecker. Oder 1 EL Kokosraspel und etwas Vanilleextrakt.
4. Für eine komplett zuckerfreie Version lässt sich die Schokolade auch mit Stevia zubereiten. Aber es ist nicht ganz einfach, hier die richtige Menge zu bestimmen, da die verschiedenen Stevia-Hersteller unterschiedliche Mengen angeben und der Nachgeschmack bitter sein kann, wenn man zu viel davon nimmt. Funktioniert aber auch gut mit Xylitol! Und wer scheut schon Experimente, wenn das Probieren selbst gemachter Schokolade ein Teil davon ist? Eine der Lieblingsbeschäftigungen meiner Familie!

Schnelle SCHOKO-BROWNIES

Der Ofen kann ausbleiben. Die Brownies sind in wenigen Minuten zubereitet und innerhalb von Sekunden verputzt. Achtung: hoher Suchtfaktor!

ERGIBT ETWA 10 STÜCK

20–30 g Rohkakaopulver (wer es noch schokoladiger mag, nimmt mehr)
90 g Haferflocken
150 g Cashewkerne
250 g getrocknete Datteln (je klebriger, desto besser)
2 EL Kokosöl, geschmolzen
eine Prise Meersalz

1. Alle Zutaten in eine Küchenmaschine füllen und mit 1–2 EL Wasser verarbeiten, bis sie einen klebrigen Teig bilden. Falls er zu krümelig ist, etwas mehr Wasser zugeben, aber immer nur je 1 EL, sonst wird die Masse zu klebrig.
2. Den Teig in eine mit etwas Öl eingefettete quadratische Brownie-Backform (circa 24 x 24 cm) füllen, gleichmäßig verteilen und mit der Rückseite eines Löffels leicht andrücken. (Je nach Größe der Backform werden die Brownies dicker oder dünner – das spielt keine Rolle.)
3. Für 30 Minuten in den Kühlschrank stellen und fest werden lassen, dann in Brownie-Stücke schneiden.

6

Nach-speisen

Nachspeisen sind keine leichte Sache – im wahrsten Sinne des Wortes. Die folgenden Rezepte sind keine Schlankmacher, denn sie enthalten Fette und Kohlenhydrate, aber wir verwenden nur gesunde, naturbelassene Zutaten, darunter gesunde Öle und natürliche Süßstoffe. Ernährungstechnisch bombig ausgewogen. Es sind immer noch Desserts, also bitte nicht übertreiben, aber das Tolle an Desserts wie diesen hier ist, dass Sie sich mit all den gesunden Zutaten schneller satt fühlen. Wie auch immer, lassen Sie es sich schmecken, denn die folgenden Nachspeisen haben mein Leben verändert und verbessert, und das meiner Familie auch!

MOUSSE *au Chocolat*

Diese Mousse au Chocolat ist unglaublich gut und absurd schnell zubereitet. Falls unerwarteter Besuch hereinschneit, können Sie damit punkten!

1. Alle Zutaten in eine Schüssel geben und mit dem Schneebesen zu einer glatten Masse vermengen. Mit dem Löffel in ein Keramikförmchen füllen.
2. Diese Mousse muss nicht unbedingt in den Kühlschrank, um fest zu werden. Man kann sie gleich essen. (Wer einen ganz kleinen Löffel nimmt, hat länger was davon!)

ERGIBT 1 PORTION

1 Ei

2 leicht gehäufte EL Rohkakaopulver

2 EL Ahornsirup

1 EL Kokosöl, geschmolzen (aber nicht zu heiß)

eine Prise Vanilleextrakt

DATTEL-KÜCHLEIN
mit Karamellsoße

Sie gehören zu meinen absoluten Favoriten! Ich mag es, wenn meine Küchlein in der Mitte noch schön feucht sind, also backe ich sie nicht besonders lange, aber wenn Sie sie kuchiger mögen, einfach länger im Ofen lassen. Gäste sind immer wieder überrascht, wie gut sie schmecken und dass keine Milch, kein Weizen und kein Zucker drin ist! Wenn Sie die Mandeln selber mahlen, lassen Sie für mehr Biss ein paar nur grob gehackte Mandeln drin.

ERGIBT 6 PORTIONEN

FÜR DIE KÜCHLEIN

250 g Datteln, entsteint und gehackt
100 ml Reis-, Hafer- oder Mandelmilch
90 g milchfreie Butter
4 kleine oder 3 große Bio-Eier
180 g gemahlene Mandeln
Ahornsirup nach Belieben
1 TL Natron
1 TL Vanilleextrakt
eine Prise Salz

FÜR DIE KARAMELLSOSSE

1 großer EL milchfreie Butter
2 EL Palmzucker
Ahornsirup nach Belieben
230 ml Hafercreme oder Bio-Sojacreme
½ TL Vanilleextrakt
eine Prise Salz

1. Den Ofen auf 180 °C vorheizen. 6 kleine ofenfeste Keramikförmchen gut einfetten oder, wenn Ihnen das lieber ist, eine größere Auflaufform.
2. Die Datteln in 200 ml kochend heißem Wasser 5–10 Minuten einweichen, dann mit den übrigen Zutaten für die Küchlein in einer Küchenmaschine verarbeiten. Bitte daran denken, dass die Süße hauptsächlich durch den Ahornsirup bestimmt wird, daher kann die Menge nach Belieben angepasst werden, aber bitte nicht zu viel nehmen. Die Masse in die Keramikförmchen füllen und wie gewünscht backen (zwischen 10 und 20 Minuten, je nachdem, wie durch die Küchlein sein sollen).
3. Während der Backzeit die Soße zubereiten. Dafür Butter, Palmzucker und Ahornsirup bei hoher Temperatur schmelzen und nach und nach zum Andicken die Creme, Vanilleextrakt und Salz dazugeben.
4. Die fertigen Küchlein mit einer Gabel anpiksen und mit einem Viertel der Soße übergießen. Die restliche Soße in ein Kännchen füllen und zum Servieren dazustellen.

Schnelles BANANEN-KOKOS-EIS

Jeder liebt Eiscreme. Zumindest jedes Kind. Meine Frau Shara fand dieses einfache Rezept, als sie nach einer Möglichkeit suchte, einige übrig gebliebene Bananen zu verarbeiten. Das Beste daran: Sie brauchen keine Eismaschine! Ist schnell gemacht, nahrhaft und lecker, aber anders als 99 Prozent der Eiscremes im Handel ist die hier supergesund!

ERGIBT 1 PORTION

1 reife Banane
50 ml Kokoscreme

ZUM DEKORIEREN

Nüsse
Rohkakaopulver
Kokosraspel
Ahornsirup

1. Pro Person 1 reife Banane nehmen. In Scheiben schneiden und in einem luftdichten Behälter für mindestens 2 Stunden in den Gefrierschrank stellen, bis die Banane sich außen hart anfühlt.
2. Anschließend die Banane in eine Küchenmaschine geben und mit 50 ml Kokoscreme auffüllen – dann zerkleinern. Zunächst bleibt die Banane krümelig. Einfach immer weiter verarbeiten und zwischendrin die Bananenstücke von den Wänden kratzen.
   Nach einer Weile wird die Mischung auf einmal weiß und supercremig, genauso wie Eiscreme. Sie kann mit Nüssen, Rohkakaopulver oder Kokosraspeln garniert werden oder mit etwas Ahornsirup.
   Die Möglichkeiten sind vielfältig – und alle Zutaten sind gesund und 100 Prozent natürlich.

Apple **CRUMBLE**

Nachdem meine Familie entdeckt hatte, wie lecker Buchweizenmehl in Pfannkuchen schmeckt, suchten wir nach weiteren Möglichkeiten, es zu verwenden. Jeder mag Apple Crumble, oder? Dieses hier ist auch noch reich an Ballaststoffen und Protein und rundum gesund. Volltreffer!

1. Den Ofen auf 180 °C vorheizen. Eine ofenfeste Auflaufform (circa 20 cm) oder vier kleine Keramikförmchen mit Kokosöl einfetten.
2. Haferflocken und die beiden Mehle mit dem Kokosöl vermengen. Mit den Fingerspitzen zu trockenen Streuseln verarbeiten. Nun Ahornsirup und Salz dazugeben. Vermischen und wieder mit den Fingerspitzen zu etwas größeren, weniger trockenen Streuseln reiben. Die Mischung probieren, um zu prüfen, ob sie salzig genug ist. Sie sollte auch roh sehr gut schmecken und keinesfalls fade.
3. Die Äpfel in kleine Stücke schneiden, in eine Schüssel geben und mit Zimt bestreuen, dann in die Auflaufform oder die Förmchen füllen.
4. Die Streusel gleichmäßig auf den Äpfeln verteilen (wurden kleine Förmchen genommen, kann es sein, dass von den Streuseln etwas übrig bleibt) und 25–30 Minuten backen, bis sie goldbraun sind.

ERGIBT 4 PORTIONEN

80 g Haferflocken
80 g Mandelmehl
100 g Buchweizenmehl
3 gehäufte EL Kokosöl (nicht schmelzen)
2 EL Ahornsirup
Salz nach Belieben (mindestens ¼ TL)
5–6 Bio-Äpfel (die Hälfte der Äpfel kann auch durch Beeren oder Birnen ersetzt werden)
1 TL Zimt
etwas Kokosöl zum Einfetten

7

Dips & Beilagen

Ich garantiere, dass die jedem schmecken, auch denen, die meinen Ernährungstipps nicht folgen! Bei den Rezepten sind einige dabei, mit denen Sie auf Partys echt punkten können.

LEINSAMENEIER

Leinsamen ist super. Er ist reich an Ballaststoffen, Omega-3-Fettsäuren und gesundheitsfördernden Nährstoffen. Und das Beste daran: In vielen Rezepten kann man Eier durch gemahlenen Leinsamen ersetzen. Sie sollten Leinsamen ganz kaufen und ihn in einer Kaffeemühle, Nussmühle oder einer Küchenmaschine selbst mahlen. Das dauert nicht lange, garantiert aber, dass er frisch ist und seinen gesundheitlichen Nutzen am besten entfaltet. (Die Öle im Leinsamen werden sehr leicht ranzig, dann schmeckt er ausgesprochen bitter und ist ungesund.) Kaufen Sie Leinsamen in größeren Mengen im Internet, das ist viel billiger, außerdem ist er lange haltbar. Mahlen Sie jeweils so viel Leinsamen, dass er für eine Woche reicht, und bewahren Sie ihn in einem luftdichten Behälter im Kühlschrank auf.

Als Ei-Ersatz 1 EL gemahlenen Leinsamen (geht auch mit ganzen Chiasamen) mit 3 EL Wasser mischen und mindestens 15 Minuten quellen lassen. (Der Ansatz muss nicht sofort verarbeitet werden, er hält sich ein oder zwei Tage.) Der Leinsamen saugt das Wasser auf und wird ganz klebrig. Das Leinsamenei kann jetzt in jedem Rezept verwendet werden, in dem ein Ei benötigt wird. Funktioniert super!

GUACAMOLE

Ein leckerer Dip, der auch super zu Süßkartoffel-Pommes passt (Rezept Seite 238). Wenigstens einmal im Leben sollten Sie diese bärenstarke und gesunde Guacamole probiert haben!

ERGIBT 1 SCHALE

1 große reife Avocado

1 EL Limettensaft

1 Zehe Knoblauch, geschält und fein gehackt

½ kleine Gemüsezwiebel, geschält und fein gehackt

½ kleine Chili, entkernt und gehackt

Salz nach Belieben

1. Die Avocado in Würfel schneiden und ein Viertel davon beiseitestellen. Den Rest zusammen mit den anderen Zutaten in eine Schale geben und mit einer Gabel zerdrücken, bis eine weiche Masse entsteht.
2. Anschließend die zurückbehaltenen Avocadowürfel dazugeben und weiter mit der Gabel zerdrücken – aber nur so weit, dass noch einige größere Stücke übrig bleiben. Nach Belieben salzen. Guten Appetit!

BUTTERNUSSKÜRBIS-*Dip*

Ein aufregend aromatischer Dip, der fantastisch zu den Körner-Crackern schmeckt (Rezept Seite 232).

ERGIBT 1 SCHALE

½ Butternusskürbis oder ein anderer kleiner Kürbis (Gewicht ohne Schale circa 350 g)
4 EL Tahin
1 große Zehe Knoblauch, geschält
1 TL Kreuzkümmelpulver
1 TL Zimt
Saft von ½ Zitrone
½ TL Meersalz
Pfeffer nach Belieben

1. Den Ofen auf 200 °C vorheizen. Den Kürbis in Stücke schneiden, anschließend 30–40 Minuten im Ofen backen, bis er weich ist.
2. Etwas abkühlen lassen, dann die Schale entfernen und den Kürbis zusammen mit den übrigen Zutaten und 8 EL Wasser in der Küchenmaschine (oder mit dem Pürierstab) zu einem Dip verarbeiten.

BLUMENKOHLPÜREE

Wer braucht schon Kartoffelpüree, wo es doch diese viel gesündere Version gibt? Sie ist reich an Ballaststoffen, schmeckt lecker, ist gesund und macht satt und zufrieden. Super als Beilage zu Fleischgerichten.

ERGIBT 1 SCHALE

1 Kopf Blumenkohl
Kokosmilch aus der Dose
1–2 Zehen Knoblauch, geschält und zerdrückt
Salz und Pfeffer nach Belieben
1–2 EL frisch gehackte Kräuter – frischer Thymian und Rosmarin passen gut

1. Den Blumenkohl in Röschen schneiden und in eine Pfanne geben. Gerade so viel Kokosmilch dazugießen, dass der Pfannenboden 2,5 cm bedeckt ist. (Der Blumenkohl braucht nicht in Kokosmilch zu schwimmen.)
2. Mit Knoblauch, Salz und Pfeffer würzen und zum Kochen bringen. Den Blumenkohl bei geschlossenem Deckel köcheln lassen, bis er ganz weich ist, dann mit einem Kartoffelstampfer oder einem Mixer pürieren. Die Kräuter untermischen und sofort servieren.

KRÄUTERBROT

Ich liebe Brot, seit ich denken kann. Die Entdeckung, dass ich darauf nicht verzichten muss und Brot jetzt so zubereiten kann, dass es gut schmeckt und gesund ist, hat mein Leben verändert! Dieses granatenmäßig leckere glutenfreie Brot geht ganz leicht und macht satt. Sieht ein bisschen aus wie Kuchen – die Konsistenz und der Geschmack sind irre. Eine wirklich gute Sache, wenn einen das Verlangen nach Brot plagt!

1. Den Ofen auf 175 °C vorheizen. Eine Brotbackform (Maße 22 x 12 x 6 cm) mit etwas Kokos- oder Olivenöl einfetten. Es macht nichts, wenn die Form etwas größer ist – dann wird das Brot nur ein bisschen flacher. Mandelmehl, Leinsamen, Natron und Salz in eine Schüssel geben und mit einem Handrührgerät oder Schneebesen gut vermengen.
2. Die übrigen Zutaten bis auf die Kräuter dazugeben und weitermischen, bis ein glatter, dicker Teig entsteht. Die Kräuter unterrühren und noch einmal alles gut vermengen.
3. Den Teig in eine Brotbackform geben – sie sollte etwa bis zur Hälfte gefüllt sein. 25–30 Minuten backen. Das Brot ist fertig, wenn man mit einem Zahnstocher in die Mitte hineinpikst und beim Herausziehen kein Teig kleben bleibt. Das Brot etwas abkühlen lassen, dann aus der Backform heben und auf ein Kuchengitter stürzen.
4. Dieses Brot lässt sich beliebig variieren. Es schmeckt sehr gut mit eingebackenen schwarzen Oliven und sonnengetrockneten Tomaten, aber auch mit eingebackenen Walnüssen und Rosinen (hier nur ½ TL Salz nehmen). Wer allergisch gegen Eier ist, nimmt stattdessen Leinsameneier (Rezept Seite 223).

ERGIBT 1 BROT

180 g Mandelmehl
35 g gemahlener Leinsamen (siehe Seite 86)
1 TL Natron
1 gestrichener TL Himalajasalz
5 Eier
1 EL Ahornsirup
1½ EL Kokosöl, geschmolzen
1 TL Apfelessig
2 EL frisch gehackte Thymianblättchen
2 EL frisch gehackter Rosmarin

Portobello-Champignon- **BRÖTCHEN**

Es gibt keinen wirklichen Ersatz für ein weiches Burgerbrötchen aus Weizen – aber diese Art von „Brötchen" kommt verdammt nah heran, und sie sind viel gesünder. Sie schmecken fleischig, sind super fettarm und nahrhaft. Wenn man sie 5 Minuten pro Seite auf den Grill legt – oder über einem Lagerfeuer röstet –, anstatt sie im Ofen zu backen, schmecken sie noch besser!

FÜR 1 BRÖTCHENHÄLFTE

1 Portobello-Champignon
1–2 TL Olivenöl
Salz und Pfeffer

1. Den Ofen auf 175 °C vorheizen.
2. Die Champignons nicht waschen, sondern nur mit Küchenkrepp sauber reiben. Etwas Öl auf die Handfläche gießen und die Außenseite der Champignons damit einreiben.
3. In die Mitte jedes Champignons ebenfalls etwas Öl träufeln und ihn mit schwarzem Pfeffer aus der Mühle bestreuen. (Sie können auch anders würzen, zum Beispiel mit frisch gehacktem Knoblauch oder mit Knoblauchpulver, Chiliflocken, einer Prise Sojasoße, Balsamicoessig, Zitrone oder einer Prise Cayennepfeffer.)
4. Die Champignons auf ein mit Olivenöl eingefettetes Backblech setzen und circa 5–7 Minuten im Ofen garen. Alternativ dazu können sie auch auf jeder Seite einige Minuten gegrillt werden. Bei der Grillvariante sollte zunächst die runde Seite nach oben zeigen – Gewürze, Öl und Pfeffer dann erst nach dem Wenden dazugeben!

Körner-**CRACKER**

Sie behaupten, Pastinaken schmecken nicht? Geben Sie ihnen eine zweite Chance. Diese Cracker haben's in sich! Sie sind glutenfrei und enthalten kein Ei, keine Nüsse und keine Milchprodukte. Sie schmecken pur lecker als Snack oder zu Dips – unbedingt mit dem Butternusskürbis-Dip von Seite 226 probieren! Am köstlichsten sind sie, wenn sie ganz knusprig sind, daher ist die Backzeit entscheidend und muss, je nach Ofentyp, eventuell verlängert werden.

ERGIBT CIRCA 12 STÜCK

2 Pastinaken, geschält und gehackt
2 EL Olivenöl, plus ein Schuss Öl extra
70 g gemahlener Leinsamen (siehe Seite 86)
½ TL Rauchpaprikapulver
½ TL Knoblauchpulver
½ TL Kreuzkümmelpulver
½ TL schwarzer Pfeffer aus der Mühle
½ TL Sel Gris
160 g gemischte Körner
1 TL Zitronensaft

1. Den Ofen auf 170 °C vorheizen. Ein Backblech (34 x 20 cm) mit Backpapier auslegen und mit etwas Olivenöl einfetten.
2. Die gehackten Pastinaken zusammen mit 2 EL Olivenöl und 6 EL Wasser in eine Küchenmaschine geben. Zerkleinern, bis eine sehr feine Masse entsteht. Gemahlenen Leinsamen, Gewürze und Salz dazugeben und weiterverarbeiten, bis alles gut vermengt ist.
3. Die Masse in eine Schüssel füllen. Gemischte Körner und Zitronensaft zufügen und mit den Händen zu einem dicken Teig kneten.
4. Den Teig auf dem Backblech verteilen und mit der Rückseite eines Löffels andrücken. Darauf achten, dass die Masse möglichst dünn und gleichmäßig verteilt ist. Mit einem Messer circa 12 müsliriegelgroße Stücke abteilen.
5. 15–20 Minuten im Ofen backen. Die Cracker sollten an den Rändern leicht gebräunt sein und sich ganz trocken anfühlen.
6. Das Blech aus dem Ofen nehmen. Ein weiteres, mit Öl eingefettetes Backpapier darüberlegen und die Cracker umdrehen. Nun das alte Backpapier langsam abziehen. Es kann sein, dass dabei etwas Teig mit abgeht – das macht aber nichts!
7. Die Cracker für weitere 15–20 Minuten in den Ofen stellen, bis sie knusprig sind. 10 Minuten abkühlen lassen und vom Backpapier abziehen.

*Rucola-Cashew-***PESTO**

Sie vermissen Ihren Käse und den Käseaufstrich? Dies hier ist eine milchfreie Alternative, die wirklich schmeckt. Ich finde sie klasse. Ein toller Dip zu Rohkost wie Blumenkohl, Möhren und Paprika, der auch als Pesto super funktioniert!

ERGIBT 1 SCHALE

200 g ungesalzene Cashewkerne
2–3 EL (circa 10 g) Nährhefeflocken
1 Zehe Knoblauch, geschält
100 g Rucola
6 EL Olivenöl (mehr nach Belieben)
2 EL Zitronensaft
Salz und Pfeffer

1. Cashewkerne, Nährhefeflocken und Knoblauch in eine Küchenmaschine geben. Die Zutaten zerkleinern, bis alles vermengt ist – die Cashewkerne können ruhig noch etwas stückig sein. In eine Schale umfüllen.
2. Jetzt Rucola, Olivenöl und Zitronensaft in der Küchenmaschine zu einer groben Soße verarbeiten.
3. Die Rucola-Öl-Mischung zur Cashewkern-Mischung geben und mit Salz und Pfeffer abschmecken.
4. Soll die Masse als Aufstrich verwendet werden, die Cashewkerne etwas länger zerkleinern und etwas mehr Öl verwenden. Der Geschmack wird intensiver, wenn man Knoblauch oder Knoblauchpulver dazugibt; Chiliflocken geben etwas Schärfe.
   Das Pesto hält sich im Kühlschrank bis zu 3 Tage.

Dads **TOMATENSOSSE**

Als ich klein war, bereitete mein inzwischen verstorbener Vater jeden Sonntagabend diese einfache Soße zu. Ich vermute, sie war so ziemlich das Einzige, was er kochen konnte, aber mit meinem jetzigen Wissen über Ernährung weiß ich, was in ihr steckt und wie gesund sie ist. Dad sagte immer, diese Soße, eine Kombination aus Olivenöl, rohem Knoblauch, Tomaten und schwarzem Pfeffer, wäre eine Hommage an unsere spanischen Vorfahren. Sie schmeckt jedes Mal und verleiht einfachen Gerichten Charakter. Heutzutage esse ich die Soße zum Frühstück oder als leichte Abendmahlzeit zu gebratenem Räucherhering oder pochiertem Lachs mit etwas Rührei als Beilage. Mit ein bisschen Olivenöl schmeckt sie auch lecker auf glutenfreiem Vollkorntoast.

1. Alle Zutaten in einen Mixer geben und zu einer dickflüssigen Soße verarbeiten.
2. Die Soße kann erhitzt oder kalt genossen werden. Schmeckt auf Fisch und Toast.

ERGIBT 2 PORTIONEN

4 Bio-Tomaten
ein guter Schuss natives Olivenöl extra
einige Zehen Knoblauch, geschält
Salz und reichlich frischer Pfeffer aus der Mühle
Koriander (optional)

Bärenstarke
RÖST-SÜSSKARTOFFELN

Die Zeiten von Toast mit Marmite sind vorbei. Heute esse ich Marmite zu Süßkartoffeln! Schmeckt fantastisch und macht satt.

ERGIBT 2 PORTIONEN

½ EL Kokosöl

1 Süßkartoffel, geschält und in kleine Würfel geschnitten (circa 300 g)

2–3 Schalotten, geschält und fein gehackt

1 Zehe Knoblauch, geschält und fein gehackt

10 Kirschtomaten

½ EL Marmite

1. Kokosöl in einer Pfanne mit Antihaftbeschichtung bei mittlerer Temperatur erhitzen. Die gewürfelte Kartoffel darin 5 Minuten anrösten, bis die Kartoffelstücke weicher werden.
2. Schalotten, Knoblauch, Tomaten und Marmite dazugeben und gut umrühren. Bei geschlossener Pfanne weitere 5–7 Minuten rösten, dabei gelegentlich umrühren, bis die Kartoffelstücke gar sind.
3. Sofort essen – aber Vorsicht: die Tomaten sind innen drin kochend heiß!

Süßkartoffel-POMMES

Ich habe Pommes frites weitgehend aus meiner Ernährung verbannt, aber hin und wieder, wenn mich die Pommes-Lust packt, gönne ich mir ein paar aus Süßkartoffeln!

PRO PORTION

1 mittelgroße Süßkartoffel, geschält
1–2 EL Olivenöl
Meersalz (circa ¼ TL)
Pfeffer und Gewürze nach Wahl (zum Beispiel Cayennepfeffer, Paprika, Currypulver, Knoblauchpulver oder Kreuzkümmel)
Maismehl (optional)

1. Den Ofen auf 220 °C vorheizen. Ein Backblech mit Antihaftunterlage auslegen.
2. Die Süßkartoffeln in gleichmäßige, nicht zu dicke Stifte in Pommes-frites-Größe schneiden. In einer Schüssel die Kartoffelstifte mit Olivenöl, Salz, Pfeffer und Gewürzen nach Wahl mischen (circa ½ TL Gewürze pro Kartoffel). Damit die Pommes wirklich knusprig werden, 1 TL Maismehl darüberstreuen.
3. Die Pommes gleichmäßig auf dem Backblech verteilen und auf der oberen Schiene 15 Minuten backen. Die Pommes mit einem Pfannenwender aus Metall wenden. Anschließend weitere 10–15 Minuten backen, bis sie knusprig und leicht gebräunt an den Rändern, aber innen immer noch schön weich sind.

8

Shakes, Säfte & Smoothies

Um möglichst viele Nährstoffe auf einmal aufzunehmen, ist es manchmal die gesündeste und einfachste Lösung, sich einen leckeren Shake, Smoothie oder Saft zuzubereiten. Da gibt es zahlreiche Varianten – die nachfolgenden zählen zu meinen Favoriten.
Ich beginne den Tag immer mit meinem Lieblings-Gemüseshake und esse danach mein Frühstück. Manchmal beende ich ihn auch mit einem Shake, wenn ich beispielsweise einen Detox- oder Fastentag einlege. Außerdem versuche ich immer, nach dem Sport einen Shake zu mir zu nehmen, damit meine Muskeln sich schneller erholen.

SMOOTHIES

Smoothies sind eine vielseitige, leckere, nahrhafte und unglaublich einfache Art, den Tag zu beginnen oder zu beenden. Sie können eine komplette Mahlzeit ersetzen, wenn Sie wie ich immer in Eile sind. Und zum Frühstück eingenommen garantieren sie, dass Sie gleich zu Beginn des Tages mit allen Nährstoffen versorgt werden. Mit den Zutaten aus der nachstehenden Liste können Sie sich jeden Tag einen anderen Smoothie zubereiten.

Mit Smoothies unternehmen Sie den ersten Schritt, um die Kontrolle über Ihre Ernährung und Ihre Gesundheit wiederzuerlangen, und zeigen damit, dass Ihnen etwas an Ihrem Körper und Ihrem Geist liegt. Fangen Sie jetzt damit an.

Um zu verhindern, dass Smoothies zu viele Kohlenhydrate enthalten, was Auswirkungen auf Ihren Blutzuckerspiegel und Ihren Energielevel haben könnte, sollten sie immer mit ausreichend Protein ausgeglichen werden. Das geht am einfachsten, wenn Sie einen kleinen Messlöffel Proteinpulver in Ihren Smoothie tun. Soweit ich weiß, sind die gesündesten Proteinpulver Hanf-, Reis- und Erbsenprotein – das bekommt man im Internet oder in Naturkostläden. Von Zeit zu Zeit, vor allem auf Reisen, greife ich auch zu Molkeprotein, aber die Diskussion darüber, welche Sorte gesünder ist, schlanker hält und besser für die Muskulatur ist, dauert an. Normalerweise versuche ich, mich molkefrei zu ernähren, da sie aus Milch gewonnen wird, und um die wollen wir ja aus diversen, bereits genannten Gründen einen großen Bogen machen (siehe Seite 67–70).

Die verschiedenen Sorten von Proteinpulver schmecken alle etwas anders. Ist der Geschmack zu penetrant, nehmen Sie etwas weniger, bis Sie sich daran gewöhnt haben.

Es folgt nun eine Liste der Grundzutaten, Proteinquellen und einiger Extrabeigaben, die gut in Smoothies schmecken und nach Belieben ergänzt werden können. Die Auswahl ist riesig – für welche Sie sich entscheiden, ist eine Frage des persönlichen Geschmacks. Zerkleinern Sie die Zutaten einfach in einem Mixer oder einer Küchenmaschine. Wie dick oder dünn der Smoothie sein soll, bestimmen Sie durch die Menge an Flüssigkeit, die Sie verwenden. Im Anschluss daran finden Sie einige meiner Lieblingsrezepte für Smoothies.

Smoothies sind sehr gut (und wichtig), um nach dem Sport verlorene Nährstoffe, Flüssigkeit und Glukose zu ersetzen und Ihre Muskeln mit dem so wichtigen Protein zu versorgen.

STELLEN SIE SICH IHREN SMOOTHIE SELBST ZUSAMMEN

Grundzutaten

Jede Sorte Obst. Beeren, Mango, Banane und Papaya eignen sich besonders gut. ½ Tasse Obst sollte ausreichen. (Wer es süßer mag, nimmt mehr.)

Jede Sorte Nüsse, Kerne und Samen, zum Beispiel Chiasamen, Leinsamen, Kürbiskerne, Mandeln, Walnüsse, Pekannüsse und Paranüsse – bei den Sorten variieren. Davon circa 2 EL. Statt der Nüsse kann auch 1 großer EL Nussmus verwendet werden, zum Beispiel Mandel-, Cashew- oder Sonnenblumenkernmus.

Statt normaler Milch auf Milchersatz zurückgreifen wie Hafer-, Mandel-, Kokos- oder Hanfmilch oder auch auf Kokosjoghurt, Bio-Sojamilch oder -joghurt. (Ich verwende meistens Hafer- oder Mandelmilch.) Mengenmäßig so viel nehmen, dass die gewünschte Konsistenz erreicht wird. (Manche mögen ihre Smoothies lieber dicker, andere eher dünnflüssiger.)

Eine Handvoll rohen Bio-Spinat dazugeben – der hat keinen Einfluss auf den Geschmack, nur auf die Farbe! Andere Gemüsesorten mit mildem Geschmack, die sich ebenfalls gut eignen, sind gekochte Rote Bete und geraspelte Zucchini.

Man kann auch ein paar Tropfen Öl dazugeben, zum Beispiel Hanf- oder Leinöl. Das ist besonders sinnvoll, wenn man keinen Fisch isst.

Ein oder zwei Löffel Haferflocken (das macht den Smoothie dickflüssiger).
Eine reichliche Prise Zimt, wenn man den Geschmack mag (hilft, den Blutzuckerspiegel im Lot zu halten).
Zum Süßen Stevia, Ahornsirup, Xylitol oder Rohhonig nehmen, falls der Smoothie nicht süß genug ist. (Ich verwende Stevia, das ist ein natürlicher, kalorienfreier Süßstoff.)

Proteinquellen
Wahlweise:
½ Avocado (neutral im Geschmack, gibt Smoothies aber Substanz)
Proteinpulver (1–2 EL pro Smoothie)

Extras
Kokosraspel
Rohkakaopulver
Baobab-, Maca-, Lucuma- oder Weizengraspulver (erhältlich in Naturkostläden oder im Internet)
frische Minzblätter

Bärenstarker Post-Workout- **SMOOTHIE 1**

Mandelmilch

1–2 EL Proteinpulver (Hanf-, Reis- oder Erbsenprotein)

½ Banane

eine kleine Handvoll Beeren (Erdbeeren/Himbeeren/Blaubeeren)

Stevia zum Süßen

1 EL Chiasamen

eine Handvoll Haferflocken (optional)

Bärenstarker Post-Workout- **SMOOTHIE 2**

Kokosmilch

1 reife Banane

1 EL Kürbiskerne

¼ TL Vanilleextrakt

1 TL Honig oder Ahornsirup

2 TL Mandelmus

1–2 EL Proteinpulver

eine Prise Zimt

optional: eine große Handvoll junger Bio-Blattspinat und eine Prise Kurkuma

Bärenstarker Post-Workout- **SMOOTHIE 3**

Hafer-, Kokos-, Hanfmilch oder Wasser

1 Orange, geschält

6 gefrorene Mangostücke oder ½ frische Mango, gehackt

eine große Handvoll Spinat

1 EL Cashewmus

1–2 EL Proteinpulver

Such-das-Gemüse- **SMOOTHIE**

Mandelmilch

1 kleine Zucchini, geraspelt

2 große Handvoll Blaubeeren

2 große Handvoll Spinat

1 EL Lein- oder Chiasamen

1 EL Cashewmus

natürlicher Süßstoff nach Belieben (1–2 Datteln, Kokospalmzucker, Stevia oder Ahornsirup)

*Bärenstarker Frühstücks-*SHAKE 1

Eis oder Wasser zum Mixen
½ Gurke, mit Schale
eine kleine Handvoll Minze
1 Möhre, gehackt
einige Brokkoliröschen
2 cm großes Stück Ingwer (oder mehr!)
½ Zitrone
½ Birne, Apfel oder Orange

*Bärenstarker Frühstücks-*SHAKE 2

Mandelmilch
1 Banane
1 EL Chiasamen
2 EL Haferflocken
Eis
Stevia zum Süßen

*Immun-*SHAKE

Mandelmilch
2 cm großes Stück frische Kurkuma (oder ½ TL getrocknete Kurkuma)
2,5 cm großes Stück Ingwer, geschält
1 Banane
¼ Ananas, in Stücke geschnitten
1 TL Vanilleextrakt

*Schoko-Bananen-*SHAKE

1 reife Banane, gehackt und dann gefroren
1 gehaufter TL Kakaopulver
1–2 EL Mandelmus
Mandelmilch
natürlicher Süßstoff nach Belieben (Xylitol, Kokospalmzucker, Stevia oder Ahornsirup)
½ EL Chiasamen
eine Prise Zimt
eine Handvoll zerstoßenes Eis

Salat-SCHOPPEN

Eine sehr gute Methode, um haufenweise Grünzeug zu verzehren, ohne kochen zu müssen. Probieren Sie eine Woche lang mal Folgendes: Wann immer Sie Lust auf etwas Süßes haben und Richtung Naschschublade schleichen, trinken Sie erst einmal diesen Shake und prüfen Sie dann, ob Sie immer noch naschen wollen! Das ist ein lustiges und erhellendes Experiment, um zu sehen, wie Geist und Körper wirklich arbeiten.

3–4 Brokkoliröschen
Saft einer Limette
eine Handvoll Petersilie
1 süßer Apfel, geschält und gehackt
2 Handvoll Spinat
etwas Stevia, falls nicht süß genug

Alle Zutaten mit etwas Wasser (Richtwert 200 ml) in einen Mixer geben und zu einem Shake zerkleinern. Wer den Shake lieber dicker mag, nimmt weniger Wasser, wer ihn dünnflüssiger mag, mehr. Sofort trinken.

ENTSAFTEN/SÄFTE *mixen*

Wer einen leistungsstarken Mixer oder Entsafter hat, sollte immer beim Verhältnis 80:20 bleiben, also 80 Prozent Gemüsesaft (vorzugsweise grüne Sorten) mit 20 Prozent Fruchtsaft mischen. Äpfeln, Birnen, Ingwer, Zitrone und Melonen verleihen Ihren Säften einen fruchtig-spritzigen Geschmack, selbst wenn Sie jede Menge Gemüse mit hineintun. Möhren lassen Säfte auch süßer schmecken.
Um ehrlich zu sein, entsafte ich inzwischen kaum noch – ich mixe die Säfte lieber. Dazu werfe ich alles – inklusive Schale und Gehäuse – in einen leistungsstarken Mixer, lasse ihn bei maximaler Power laufen und zerkleinere die Zutaten zu einem leckeren pürierten Getränk. So bekomme ich all die guten Dinge und Ballaststoffe, die beim Entsaften verloren gehen. Hier kommen zwei einfache und leckere Rezepte für pürierte Säfte.

Grüner SAFT

2 große Handvoll Grünkohl
½ Gurke
2 Stauden Sellerie
2 Birnen
½ Zitrone
circa 2,5 cm großes Stück Ingwer

*Pre-Workout-*SAFT

4 Möhren
1 Gurke
1 Rote Bete
2 große Handvoll Spinat
½ Zitrone
2 kleine oder 1 großer süßer Apfel

Einfache zuckerfreie **LIMONADE**

Wer braucht noch stark zuckerhaltige oder künstlich gesüßte Getränke, wenn man zu Hause eine lecker süße und spritzige Limonade herstellen kann, die vor Geschmack und Vitaminen nur so strotzt! Es gibt endlos viele Varianten, ich mache meine Limonade so.

ERGIBT 1 KRUG

750-ml-Flasche Quellwasser mit natürlicher Kohlensäure

2 TL Stevia (mehr oder weniger nach Belieben, entsprechend der Marke)

frisch gepresster Zitronensaft nach Belieben

gehackte Erdbeeren nach Belieben

1. Einfach alle Zutaten in einen Krug geben und vermischen. Ein bisschen mit den Mengen herumspielen, um den perfekten Süßegrad zu erzielen, und je nach Laune ruhig noch andere Obstsorten verwenden.
2. Eine super Kombination ist auch Zitrone, Gurke, Minze, Apfel und Orange – schmeckt ein bisschen wie Pimm's ohne Alkohol! (Meine Kinder futtern gern das ganze Obst mit einem Löffel oder Strohhalm auf.)

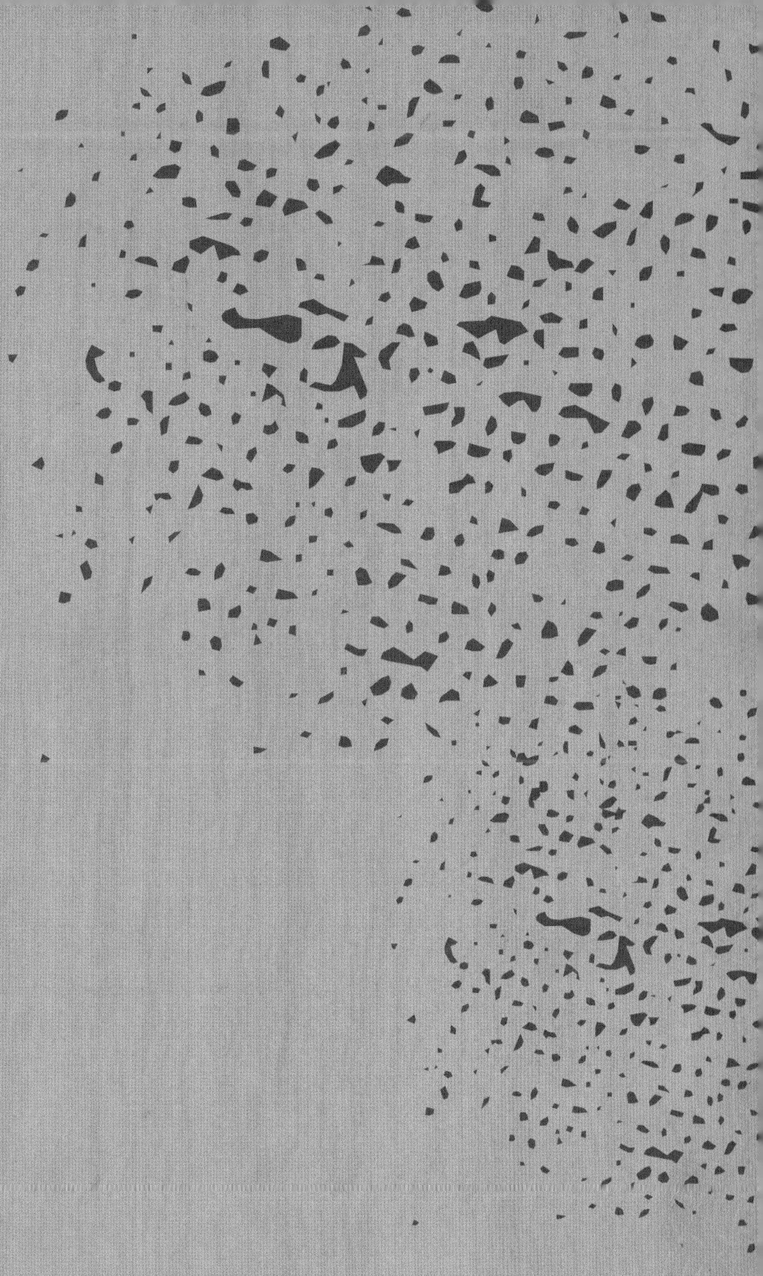

JETZT SIND SIE DRAN!

ACHT-WOCHEN-ERNÄHRUNGSPLAN

Hier kommt mein zielführender Acht-Wochen-Plan für eine möglichst gesunde Ernährung und eine maximale Energieausbeute.

Nachdem Sie sich so weit im Buch vorgearbeitet haben, denke ich, Sie verstehen nun, warum ich beschlossen habe, mich auf diese Weise zu ernähren. Ich fühle mich damit energiegeladen, gesund und bereit für jede Herausforderung, vor die mein Leben (und die freie Natur) mich stellt.

Ich weiß, dass es eine beängstigende Aufgabe sein kann, die Einstellung zur eigenen Ernährung zu ändern. Das war es für mich auch. Es wird nicht über Nacht passieren und wahrscheinlich werden Sie dabei auch ein wenig Hilfe benötigen. An dieser Stelle kommt mein Ernährungsplan ins Spiel.

Sie können den folgenden Plan als eine Art befristete Testphase sehen – in der Sie erste Einblicke gewinnen. Oder Sie betrachten ihn als gezielten Plan, Ihren kompletten Lebensstil zu ändern.
So oder so empfehle ich Ihnen, sich zu 80 Prozent der Zeit an den Plan zu halten und sich zu 20 Prozent der Zeit ein paar Sünden zu erlauben – Näheres zur 80:20-Regel finden Sie auf Seite 19.

Acht Wochen sind die Zeitspanne, die ein Mensch im Durchschnitt für die nötigen Veränderungen braucht. Doch wenn Sie den Plan schneller oder langsamer umsetzen möchten, ist das absolut in Ordnung. Die acht Wochen sind nicht als Zwangsjacke gedacht. Wenn Sie kein Kaffeetrinker sind und sich jetzt schon glutenfrei ernähren, werden Sie den Plan um einige Wochen kürzen können. Wenn alle Umstellungen Ihnen leichtfallen, können Sie ihn vielleicht sogar auf drei oder vier Wochen kürzen. Fällt Ihnen die Einhaltung dagegen schwerer, gehen Sie die Sache ruhig etwas langsamer an und strecken Sie den Plan über mehr Wochen. Es gibt keine strengen Zeitvorgaben. Was beim einen funktioniert, klappt bei Ihnen vielleicht nicht. Gehen Sie das Ganze locker an, und wenn Sie sehen, wie Ihr Körper sich verändert, Ihre Gesundheit sich verbessert und dass auch Ihre Familie positiv auf die neuen, leckeren Rezepte reagiert, können Sie die Zügel etwas anziehen.

Und bestrafen Sie sich nicht für Rückfälle.

Denken Sie daran: Rückfälle sind nur Schritte auf dem Weg zum Erfolg! Niemand hat je Großes erreicht, ohne dass er zuvor immer wieder gescheitert wäre. Seien Sie nett zu sich. Wenn Sie vom Pferd fallen, klopfen Sie sich einfach den Staub ab und schwingen sich wieder in den Sattel. Ausrutscher sind normal. Aber denken Sie daran: Es sollten Ausrutscher bleiben und keine Totalaufgaben werden!

Dies ist ein Marathon und kein Sprint. Es ist ein Weg für den Rest Ihres Lebens und das Ziel heißt: Gesundheit, Fitness und ein langes Leben. Hier geht es nicht darum, dass Sie für eine Weile rigoros aufs Schlemmen verzichten, um dann zu Ihren alten Gewohnheiten zurückzukehren. Bei diesem Buch geht es um eine Umstellung der Ernährung! Öffnen Sie sich dafür und machen Sie sich gefasst auf das eine oder andere Aha-Erlebnis, wenn es darum geht, welche Dinge gesund sind und wie man sie lecker zubereitet. Darin besteht das Ziel.

Das Buch ist prall gefüllt mit Informationen – ernsthaft – und ich sage das nicht nur, weil Kay und ich es geschrieben haben! Sie können Ihr Leben wirklich verändern und bereichern. Im Leben geht es so oft um den Genuss leckeren Essens. Ich wollte kein Buch über blödsinnige Rezepte schreiben, die langweilig schmecken und mit denen keiner länger als 90 Tage herumexperimentiert!
Hier geht es darum, dass Sie sich positiv verändern, damit Sie schlanker und gesünder werden.

Und denken Sie daran: In diesem Plan gibt es sehr wenige Dinge, die Sie aufgeben müssen, denn wir haben uns intensiv damit beschäftigt, tolle Alternativen zu finden! Das gilt für Weizen, Zucker, Salz und Milchprodukte. Wenn Sie es richtig angehen, die Rezepte und grundlegenden Tipps befolgen und Ihr Gehirn immer wieder mit allumfassenden Informationen füttern, welchen Nutzen die Nahrungsmittel haben und wie schädlich das ungesunde Zeug ist, dann sollte die Umsetzung wirklich einfach und machbar sein.

Hier geht es nicht um die Besteigung des Mount Everest. Ich weiß, Sie haben mit Ihren eigenen „Bergen" alle Hände voll zu tun, sei es in der Arbeit oder in Ihrem Privatleben: Vielleicht streben Sie einen Posten als CEO an, vielleicht sind Sie auch alleinerziehend. Jeder kämpft seinen eigenen Kampf. Ich will einfach, dass mein Plan umsetzbar ist und Sie stärker macht. Ich möchte, dass er die Art positive Anleitung zur Ernährungsumstellung ist, die Ihnen den „Kraftstoff" gibt, um für den Rest Ihres Lebens besser auf „Berge" zu kommen, welche auch immer Sie im Blick haben mögen. Und der Weg dorthin soll genussreich sein!

Und nicht vergessen: Wenn alle Stricke reißen – na, dann gönnen Sie sich Ihre Schlemmermahlzeit! Gehen Sie eine Pizza essen! Aber dann bitte zurück zum Plan.

Erfolgskontrolle

Ich bin fest davon überzeugt, dass Sie sich gesünder, weniger gestresst und energiegeladener fühlen können, wenn Sie den folgenden Acht-Wochen-Plan befolgen. Doch da die Veränderungen allmählich eintreten, kann es leicht passieren, dass man übersieht, wie einschneidend sie sind. Sie sollten daher Ihre Fortschritte dokumentieren. Ich denke, Sie werden verblüfft sein, was für Auswirkungen Ihre neuen Ernährungsgewohnheiten haben können.

Füllen Sie dazu, bevor Sie mit dem Ernährungsplan starten, den Fragebogen auf der rechten Seite aus. Wiederholen Sie dies nach vier Wochen und dann noch einmal am Ende der acht Wochen.

IHR GESUNDHEITSZUSTAND

1. Ihr derzeitiges Gewicht

2. Ihre Stimmung in den letzten Wochen

fröhlich

angespannt

gereizt

depressiv

aggressiv

hyperaktiv

3. Ihr Stresslevel insgesamt auf einer Skala von 1 bis 10

(1 = sehr gestresst, 10 = überhaupt nicht gestresst)

4. Ihr Energielevel insgesamt im Tagesverlauf auf einer Skala von 1 bis 10

(1 = keine Energie, 10 = jede Menge Energie)

morgens:

nachmittags:

abends:

5. Ihre Verdauung in der vergangenen Woche (1 = sehr schlecht, 10 = keine Probleme)

regelmäßiger Stuhlgang

Blähungen

Flatulenzen

Sodbrennen

andere Verdauungsprobleme

6. Ihr Schlaf in der vergangenen Woche

(1 = kaum geschlafen, 10 = die ganze Nacht durchgeschlafen)

7. Notieren Sie sonstige vorliegende körperliche Symptome, zum Beispiel Arthritis, Akne oder Hämorrhoiden, und den Schweregrad

(1 = sehr starke Beschwerden, 10 = sehr leichte Beschwerden)

WOCHE 1: SCHWERPUNKT FLÜSSIGKEITEN

Beim Thema Ernährung konzentrieren sich die Leute oft nur aufs Essen. Aber wenn Sie das Kapitel „Flüssigkeiten" gelesen haben – oder mal eine Zeitlang draußen in der Wildnis zugebracht haben –, dann wissen Sie, dass Flüssigkeit für Ihre Gesundheit ganz essenziell ist.

Ein leichter Einstieg also. Stellen Sie ihn sich als lockeren Spaziergang im Vorgebirge vor, bevor Sie den Berggipfel in Angriff nehmen. Zu Anfang wird erst einmal sichergestellt, dass Sie die richtigen Flüssigkeiten zu sich nehmen.

Dazu setzen Sie nach und nach koffeinhaltige, zuckerhaltige und künstlich gesüßte Getränke ab.

Stellen Sie sich auf mögliche Nebenwirkungen ein. Bedingt durch den Koffein- und Zuckerentzug können während dieser Woche Kopfschmerzen, eine leichte Müdigkeit und Reizbarkeit auftreten.

Koffein

Wenn Sie ohne Weiteres auf Koffein verzichten können – enthalten in Kaffee, Schwarztee, Cola und „Energie-Drinks" – umso besser. Dennoch kann es sein, dass Sie Kopfschmerzen haben und sich antriebslos fühlen, wenn Sie das Koffein schnell absetzen, doch das sind vorübergehende Symptome. Es sind Zeichen dafür, dass Ihr Körper die Abhängigkeit überwindet. Beißen Sie sich durch!

Wenn Sie für gewöhnlich literweise Koffein trinken, machen Ihnen die Entzugserscheinungen vielleicht besonders zu schaffen. Das ist völlig normal. Niemand besteigt den Mount Everest oder überquert den Atlantik mit einem Ruderboot, ohne vorher kleinere Etappen gemacht zu haben. Und genau das ist der Weg.

Anstatt das Koffein gleich in der ersten Woche komplett abzusetzen, dehnen Sie den Prozess über mehrere Wochen aus. Das geht am besten mit einem Koffeintagebuch.

KOFFEIN-TAGEBUCH

Woche 1
Notieren Sie eine Woche lang, wie viele koffeinhaltige Getränke Sie täglich trinken, dann ermitteln Sie, wie viele das durchschnittlich pro Tag sind. Wenn Sie zum Beispiel pro Woche 35 koffeinhaltige Getränke konsumieren, sind das im Schnitt fünf pro Tag.

Woche 2
Reduzieren Sie die Tagesmenge um eine Tasse (oder zwei, wenn Sie das schaffen). Jetzt trinken Sie also nicht mehr fünf koffeinhaltige Getränke pro Tag, sondern nur noch vier (oder drei). Den Rest ersetzen Sie durch andere Getränke wie Kräutertees, Kaffeeersatz, frische Säfte, Shakes oder Wasser (nähere Infos dazu auf den Seiten 54, 100–103, 241–252).

Woche 3
Reduzieren Sie die Tagesmenge noch einmal um ein bis zwei Tassen und ersetzen Sie sie durch Kräutertees, Kaffeeersatz, frische Säfte, Shakes oder Wasser. Fahren Sie so fort, bis Sie auf ein koffeinhaltiges Getränk (oder noch besser null) pro Tag runter sind. Sie werden wahrscheinlich eine Veränderung (zum Positiven!) bemerken – an Ihrem Energielevel, Ihrer Taille und an Ihrer Verdauung.

Alternativen zu Schwarztee

Wir Briten lieben Tee. Ich war ziemlich abhängig davon und habe früher den ganzen Tag Dutzende Tassen Schwarztee mit Milch und Zucker getrunken. Das fing schon in den Jahren an, als ich beim Militär war. (NATO-Standard: Als Getränk heißer süßer Tee den ganzen Tag über, egal, was wir taten!) Teetrinken war also eine fest verwurzelte Gewohnheit. Ich wollte nicht von jetzt auf gleich zu streng riechenden Kräutertees wechseln – die Umstellung wäre zu groß gewesen. Dann fand ich den perfekten Ersatz: Rotbusch-Tee mit einem Schuss Hafermilch. Er sieht aus wie normaler Tee – heiß, braun und nass. (Das war auf jeden Fall NATO-Standard!) Er schmeckt lecker und ist supergesund.

Es gibt Hunderte von Alternativen zu schwarzem Tee.

In der freien Natur kann man aus Wurzeln, Rinden und Kräutern tolle gesunde Tees zubereiten. (Mehr dazu in meinem Buch „Essen Extrem: Wie weit musst Du gehen, um draußen zu überleben?")
Zu Hause geht das etwas einfacher! Meine Lieblingskräutertees sind **Rotbusch (Rooibos)**, **Fenchel**, **Pfefferminz**, **Ingwer**, **Zimt** und **Kamille**. Sie können auch in Scheiben geschnittenen oder geraspelten Ingwer mit kochendem Wasser übergießen – probieren Sie das mal, das ist ein supergesunder Tee ohne Beutel! Wenn Sie den Geschmack von Kaffee vermissen, versuchen Sie es mal mit den Alternativen auf Seite 101, zum Beispiel mit Löwenzahnwurzelkaffee oder Zichorienkaffee – die sehen aus wie Kaffee und sind gut für die Verdauung und zum Entschlacken. Ihren Latte macchiato und Ihren Cappuccino ersetzen Sie mit einer Tasse leckerer Gewürzmilch (Rezept Seite 202).

Zuckerhaltige Getränke

Ersetzen Sie zuckerhaltige Getränke mit den nahrhaften Shakes und Säften aus dem Rezeptteil (Seite 241–252).

Ein toller Ersatz für zuckerhaltige Getränke mit Kohlensäure ist selbst gemachte Limonade. Die kostet nicht viel und geht schnell – ein Rezept dazu steht auf Seite 252. Oder auch ein großer Krug mit Beeren, Apfelschnitzen und Minze, aufgegossen mit Quellwasser mit natürlicher Kohlensäure. Die Variationsmöglichkeiten sind endlos, und Kinder versuchen mit großem Vergnügen, die Beeren mit dem Strohhalm aus dem Glas zu bekommen!

Kokoswasser und Rote-Bete-Saft gehen auch – die sind zudem super als Sport-Drinks geeignet.

Alkohol

Ich bin kein totaler Abstinenzler und Sie brauchen das auch nicht zu sein. Aber Sie sollten Ihren Alkoholkonsum auf ein gesundes Maß reduzieren. Wenn Sie die 80:20-Regel befolgen, können Sie sich einige Male pro Woche eine Schlemmermahlzeit gönnen – aber bitte übertreiben Sie es bei diesen Gelegenheiten nicht mit dem Alkohol! Dass das langfristig wirklich Schaden anrichtet, ist wissenschaftlich erwiesen. Seien Sie vernünftig: Trinken Sie Alkohol in Maßen. Das ist sowieso am besten. Niemand ist gern mit einem Betrunkenen zusammen! Einige Gläser Wein sind okay und tragen zur Geselligkeit bei, aber belassen Sie es dabei. Das sollte reichen, um Spaß ohne Reue zu haben.

Qualität sollte stets über Quantität gehen. Lieber ein Glas anständigen Bio-Wein trinken als eine ganze Flasche billigen Fusel. Ich will damit nicht andeuten, dass das ein teurer Superwein von irgendeinem kuriosen Chateau sein muss! Suchen Sie einfach im Internet nach gesunden Weinen – das kann sogar richtig Laune machen. Und lassen Sie sich von Ihren Kumpels nicht dazu drängen, mehr zu trinken, als Sie wollen. Mit Standhaftigkeit und einem starken Willen erntet man Respekt. Trinken Sie in Gesellschaft, aber halten Sie sich zurück. Die Leute um Sie herum werden Sie wahrscheinlich entweder um Ihre Disziplin beneiden oder es Ihnen gleichtun wollen. (Das nenne ich umgekehrten Gruppenzwang.)

Wasser

Gewöhnen Sie sich an, direkt nach dem Aufstehen ein Glas lauwarmes Wasser mit einem Spritzer frischen Zitronensaft zu trinken. Das trägt dazu bei, dass alle Toxine ausgeschwemmt werden, die sich über Nacht angesammelt haben; es kurbelt auch Ihre Darmtätigkeit an und bringt Ihre Verdauung schnell in Schwung. Eine einfache Maßnahme mit großem Nutzen für die Gesundheit.

Wenn Sie es so machen wollen wie ich, suchen Sie sich einen Hersteller für abgefülltes artesisches Brunnenwasser, das reich an gesunden Mineralstoffen ist und im Idealfall keine Nitrate enthält.

Das bedeutet, es ist absolut rein und gesundheitsfördernd. Lassen Sie die Finger von unökologischen Marken oder Mineralwasserabfüllern, die mit Grundwasser arbeiten, oder die, was noch schlimmer ist, einfach entchlortes Leitungswasser abfüllen! Ansonsten können Sie auch gefiltertes Wasser nehmen. Achten Sie jedoch darauf, den Filter regelmäßig auszutauschen, da sich dort Bakterien ablagern können.

Beherzigen Sie die Regel, dass Sie stets die Farbe Ihres Urins prüfen (siehe Seite 51 f.) und, falls nötig, mehr Wasser trinken.

ALLER ANFANG IST SCHWER

Sie müssen sich vergegenwärtigen, dass Sie in den ersten paar Wochen mit einigen tief verwurzelten Gewohnheiten brechen! Es heißt, man brauche 21 Tage, um sich eine Gewohnheit an- oder abzugewöhnen. Bei vielen zuckerhaltigen Getränken und beim Kaffee besteht Ihre Abhängigkeit seit Jahren, vielleicht schon seit Jahrzehnten, rechnen Sie also mit diversen Hürden, Konflikten, Kämpfen – und mit einigen Rückfällen. Es kann durchaus sein, dass Sie zwischendrin einige Kämpfe verlieren, aber am Ende werden Sie als gesünderer, schlankerer und fitterer Sieger daraus hervorgehen! Halten Sie durch – in nur 21 Tagen können Sie sich einige positive neue Verhaltensweisen zu eigen machen. Nach acht Wochen – das sind nur 56 Tage – werden diese neuen Angewohnheiten fest in Ihnen verankert sein! An dieser Stelle eine Warnung: Gerade in den ersten Tagen werden Sie auf eine harte Probe gestellt. Und die sollten Sie als Zeichen dafür nehmen, dass Sie eine Reise der besonderen Art angetreten haben!

WOCHE 2: VERZICHT AUF MILCHPRODUKTE

In diesem Stadium des Ernährungsplans sind mit Milchprodukten in erster Linie Milch, Sahne und Joghurt gemeint, die sich leicht durch milchfreie Alternativen austauschen lassen. Machen Sie sich nicht zu viele Sorgen, wenn Sie weiterhin Butter und Käse essen – um die wird es an anderer Stelle gehen.

Der Verzicht auf Milchprodukte mag Ihnen wie eine große Entbehrung vorkommen, das ist es aber nicht. Wenn Sie das Kapitel „Milch & Milchprodukte" gelesen haben, wissen Sie, dass es jede Menge Alternativen zu Milch, Sahne und Joghurt gibt. Probieren Sie einige davon aus. Experimentieren Sie. Seien Sie offen für Neues.

(Denken Sie daran – unser Geist ist wie ein Regenschirm: Er funktioniert am besten, wenn er offen ist!) In Ihrem Supermarkt gibt es haufenweise gesunde milchfreie Alternativen, zum Beispiel **Hanf-**, **Mandel-**, **Haselnuss-** oder **Kokosmilch** (in der Packung oder in der Dose), Kokoscreme (in der Dose oder getrocknet als Block), **Hafermilch**, **Hafercreme**, **Bio-Sojamilch**, **Bio-Sojacreme**, **Reismilch**, **Sojajoghurt** und **Kokosjoghurt**. Achten Sie auf die Inhaltsstoffe – einige enthalten Zuckerzusatz oder Sirup. Versuchen Sie, Produkte zu kaufen, bei denen das nicht so ist.

Geben Sie nicht nach dem ersten Versuch auf. Die Alternativprodukte schmecken vielleicht völlig anders als echte Milchprodukte, aber Sie werden sich bald an den Geschmack gewöhnen. Finden Sie heraus, welche Ihnen am besten schmecken. Lassen Sie Ihre Kinder eigene Favoriten finden. Probieren Sie ruhig jede Woche eine neue Sorte!

In einer ganzen Reihe von Rezepten in diesem Buch wird Kokosmilch oder Kokoscreme verwendet. Wenn Sie den Geschmack nicht mögen, nehmen Sie stattdessen Sojacreme, Sojanaturjoghurt oder Hafercreme. Das funktioniert genauso gut.

GEMEINSAM GEHT ES LEICHTER

Wenn man sich ein ehrgeiziges Projekt vornimmt, besonders ein so persönliches wie die Ernährung, die an unsere Stimmungen und unsere Gewohnheiten aus Kindertagen gekoppelt ist, dann ist es sehr wichtig, dass man einen Freund oder jemanden aus der Familie an seiner Seite hat, mit dem man das gemeinsam durchstehen kann. Das hält Sie bei der Stange, spornt Sie an – und Sie haben jemanden, um Ideen auszutauschen, über den inneren Schweinehund zu reden und die nächsten Schritte zu planen.

Sie können einander auch gut zureden, falls einer von Ihnen aufgeben will. Ich würde behaupten, das ist eine der wichtigsten Lektionen, die ich draußen in der Wildnis und bei vielen anspruchsvollen Projekten, die ich mit Kollegen, Freunden oder der Familie durchgeführt habe, gelernt habe: zu erkennen, dass wir gemeinsam immer stärker sind.

WOCHE 3: KÄSE

Sie haben es bis hierhin geschafft? Fantastisch. Ich wette, Sie fühlen sich jetzt schon super. Nun ist es an der Zeit, einen Schritt weiter zu gehen. Ich werde Sie nicht belügen: Die dritte Woche ist hart, besonders für Hardcore-Käsefans, wie ich einer war! Aber Käse ist ein Milchprodukt und aus diversen Gründen haben wir beschlossen, künftig darauf zu verzichten.

Wenn die vielen unnötigen Kalorien entfallen, die in einem Stück Käse stecken, und sei es auch noch so klein, genügt das schon, um viel besser in Form zu bleiben. Betrachten Sie es also als eine Maßnahme, um fitter zu werden. Wenn Sie das Kapitel „Milch & Milchprodukte" gelesen haben (Seite 67–70), werden Sie verstehen, warum die nicht gut für Sie sind – schlagen Sie gegebenenfalls noch mal nach.

Falls es Ihnen schwerfällt, auf Käse zu verzichten, und Sie sich eine Kompromisslösung wünschen, können Sie bei Ihren Mahlzeiten ab und an Ziegenkäse essen. Die meisten vertragen Ziegenmilch besser als Kuhmilch.

Wenn Sie aber diesem Ernährungsplan zu 100 Prozent folgen und Käse komplett von der Liste streichen – was ich empfehlen würde für ein wirklich gesundes, langes und vitales Leben –, dann ist es gut, einige schmackhaften Alternativen zu haben, die Sie sich aufs Brot schmieren können. (In der fünften und sechsten Woche wird auch glutenhaltiges Getreide gestrichen, die folgenden Brotaufstriche schmecken jedoch genauso gut auf Brot und Crackern, die kein Gluten enthalten.) Hier eine Auswahl:

- **Hummus** – vielseitig, gibt es in vielen verschiedenen Geschmacksrichtungen und passt gut zu allen möglichen Salaten. Eignet sich als Dip und mit etwas Grünzeug drin auch als Aufstrich auf gesundem Brot.
- **Rucola-Cashew-Pesto** – Rezept Seite 234.
- **Avocado** – einfach eine mit einer Prise Himalajasalz und etwas frischem Pfeffer aus der Mühle gewürzte reife Avocado aufs Brot streichen; sehr gut schmeckt auch Guacamole (Rezept Seite 224).

- **Nuss- oder Kernmus** – lassen Sie sich vom Namen nicht abschrecken: Diese Aufstriche sind eine tolle Alternative zu Milchprodukten. Es gibt sie inzwischen in allen möglichen Varianten, zum Beispiel Kürbiskern-, Mandel- oder Cashewmus. Sie sind viel gesünder als Käse. Die meisten Supermärkte haben ein annehmbares Sortiment, in Naturkostläden ist die Auswahl noch größer.
- **Käsefreie Pestos** – können Sie mit jedem Pesto-Rezept selbst herstellen, indem Sie den Käse durch Nährhefeflocken ersetzen.

Über **Nährhefe** habe ich schon im Kapitel „Milch & Milchprodukte" gesprochen (siehe Seite 70). Mir hat sie sehr geholfen und ich bin inzwischen ein großer Fan von ihr. Wenn Sie wie ich den Geschmack von Käse in Soßen, Pestos und anderen Gerichten vermissen, probieren Sie sie aus. Die Zutaten zu den meisten Rezepten in diesem Buch lassen sich zwar im Supermarkt besorgen, aber hierfür müssten Sie in einen Naturkostladen – oder Sie kaufen mehrere Gläser Nährhefe übers Internet.

Nährhefe gibt es als Flocken oder in Pulverform. Sie ist billig und man erhält damit nicht nur einen käsigen Geschmack, sie ist zudem reich an Nährstoffen (darunter Vitamin B und Protein). Machen Sie sich keine Sorgen, wenn Sie Hefe eigentlich nicht vertragen: Nährhefe wird Ihnen nichts anhaben und schmeckt gut.

Wenn Sie herausfinden wollen, was für ein tolles Zeug das ist, probieren Sie die Quiche mediterrane Art (Rezept Seite 164) oder die Cashew-Lasagne (Rezept Seite 178), die beide auch ohne Käse großartig schmecken. Oder stellen Sie Ihren eigenen käsefreien Parmesan her, indem Sie eine viertel Tasse Nährhefe mit einer Tasse ungeschälte Mandeln und einer Prise Salz in der Küchenmaschine mixen.

Natürlich werden diese Alternativen nie genauso wie Käse schmecken, aber sie sind eine wohlschmeckende, gesunde Alternative in milchfreien Gerichten.

AUF DIE EINSTELLUNG KOMMT ES AN

Seine Ernährungsgewohnheiten umzustellen, ist immer eine Herausforderung. Aber für etwas, das sich lohnt, muss man oft was tun. Wäre es so einfach, wären Adipositas, Diabetes und Blähungen nicht derart verbreitet. Sich schlecht zu ernähren ist ziemlich leicht. Zu lernen, sich mit den richtigen Energielieferanten zu versorgen, und das dann beizubehalten, dafür braucht man Zeit, Begeisterung und die richtige Einstellung. Aber der Lohn, den man am Ende bekommt, ist die Mühe wert. Wenn Sie acht Wochen dabei sind, werden Sie sich vollkommen in Ihr gesundes Leben eingegroovt haben. Sie werden sich gesünder und fitter fühlen, besser in Form sein und leckere Rezepte genießen, mit denen Sie richtig satt werden. Sie werden dann gar nicht mehr zu Ihren alten Gewohnheiten zurückkehren wollen! Aber um an diesen Punkt zu kommen, ist einiges an Engagement und Ausdauer nötig. Meine Mutter sagte früher: „Engagement heißt, dass man etwas tut, wenn man schon längst nicht mehr in der Stimmung ist, in der man gesagt hat, dass man es tun würde!" Eine kluge Frau!

WOCHE 4: ZUCKER & SALZ

Der Verzicht auf Zucker gehört zu den wichtigsten Schritten in diesem Programm. Vielen fällt das wirklich schwer, aber wenn Sie im Buch bis hierhin gekommen sind, werden Sie verstehen, warum das eine kluge Entscheidung ist.

Die gute Nachricht ist, dass Sie inzwischen laut Plan ohnehin keine zuckerhaltigen Getränke mehr zu sich nehmen. Das hilft – sehr – denn von jetzt an ist weißer Zucker tabu.

Die beste Methode, um die Lust auf Süßes in den Griff zu bekommen, ist ein gut ausgewogener Blutzuckerspiegel. Den bekommen Sie, wenn Sie zu jeder Mahlzeit und auch zu Snacks etwas Protein zu sich nehmen. Sie können zum Beispiel Nüsse, Kerne und Samen in Ihren Frühstücks-Porridge tun, einen Messlöffel Proteinpulver in Ihren Smoothie oder Ihr Mittagessen mit einer halben Avocado oder etwas gegrilltem Fisch ergänzen. Als Snack eignen sich eine Handvoll Kerne und Samen zu einem Apfel, Gemüse mit Hummus-Dip, ein weich gekochtes Ei oder eine Proteinbombe (Rezept Seite 193). Protein wird langsam verdaut, was bedeutet, dass die Energie nach und nach abgegeben wird und nicht mit den üblichen Energiespitzen und -einbrüchen, die Zucker verursacht.

Sollte die Lust auf Süßes Sie packen – und glauben Sie mir, es geht nicht nur Ihnen so –, probieren Sie auf jeden Fall, statt weißen Zucker Stevia, Datteln, Feigen oder Ahornsirup zu nehmen (siehe hierzu die Seiten 37–38). Aber vergessen Sie nicht: Auch Ahornsirup, Datteln und Feigen haben einen natürlichen Zuckergehalt, essen Sie also bitte nicht zu viel, sonst werden Sie stattdessen davon abhängig! Alles in Maßen.

Falls Sie Stevia auf Anhieb nicht mögen, testen Sie eine andere Marke. Und denken Sie daran: In dieser Phase geht es darum, Ihr Gehirn und Ihre Geschmacksnerven umzutrainieren. Geben Sie nicht auf!

Noch eine Sache: Alkohol enthält jede Menge Zucker. In dieser Woche sollten Sie komplett darauf verzichten (und auch in den folgenden Wochen nur in sehr geringen Mengen Alkohol trinken. Hüten Sie sich vor den „leeren" Kalorien im Alkohol: Sie bekommen, in anderen Worten, für sehr viele überflüssige Kalorien sehr wenig Gesundes zurück).

Bei Salz geht das Aussortieren einfacher. Von jetzt an sollten Sie auf Speisesalz verzichten und stattdessen qualitativ hochwertiges Salz nehmen. (Eine Liste der gesunden Salzarten finden Sie auf Seite 56.) Prüfen Sie, welche Salze in Ihrem Supermarkt oder im Naturkostladen erhältlich sind, und suchen Sie sich dort eine Sorte aus oder bestellen Sie einen großen Beutel im Internet. Einfach, oder?

Ich empfehle Leuten, die auf Tour gehen, oft, eine Gewürzbox für unterwegs mitzunehmen, um ihr Essen zu würzen. Die gleichen Würzregeln gelten daheim, wenn Sie Lunchpakete machen oder Sachen für ein Picknick einpacken. Mit kleinen Gewürzmengen kommen Sie wirklich lange aus, und wenn Sie sich angewöhnen, Ihre Speisen mit anderen Gewürzen zu aromatisieren als mit haufenweise Salz, tun Sie Ihrem Körper einen Riesengefallen.

Also: Schaffen Sie sich ein Gewürzbord an oder stocken Sie Ihr jetziges Gewürzbord auf, um in Rezepten den Bedarf an zusätzlichem Salz zu reduzieren.

GENIESSEN SIE DEN WEG

Wir haben im Leben alle das gleiche Ziel! Es sind unsere Wege dorthin, die sich unterscheiden. Und daher ist der Weg wichtiger als das Ziel. Genießen Sie den Weg zurück zu einer gesunden Ernährung und all den guten Dingen, die das mit sich bringen wird – wenn Sie das tun, wird Ihr Leben so viel reicher (und länger!) sein.

WOCHE 5 & 6: WEIZEN & GLUTEN

Sie haben die halbe Wegstrecke geschafft! Sie sollten ungeheuer stolz auf das sein, was Sie bisher erreicht haben. Es geht Ihnen hoffentlich absolut fantastisch und Ihr Energielevel steigt. Das bedeutet, dass Sie bereit dafür sind, den Teil des Ernährungsplans anzugehen, den ich am härtesten fand, der aber mehr positive Auswirkungen gehabt hat als alles andere: der Verzicht auf Weizen und Gluten.

Wenn Sie keinen Weizen und keine glutenhaltigen Nahrungsmittel mehr essen, fällt damit automatisch eine ganze Reihe verarbeitetes Junkfood wie Kekse, Kuchen, Croissants und andere ungesunde Snacks weg. Doch schon der Verzicht auf Brot kann bei Menschen gesundheitliche Probleme „heilen", die sie für unbehandelbar hielten. Es ist schwer. Aber wie bei vielen schweren Aufgaben ist der Lohn immens. Entscheidend ist, dass man Alternativen findet, die einem schmecken.

- Genießen Sie zum Frühstück statt des üblichen Toasts oder der gewohnten Frühstückscerealien **Smoothies**, **glutenfreie Pfannkuchen**, **glutenfreie Muffins**, **ein gesundes Pfannengericht** (Rezept Seite 174) oder einen sättigenden **Porridge**. (Hafer enthält geringe Mengen an Gluten. Wenn Sie glutenintolerant sind, nehmen Sie glutenfreie Haferflocken.)
- Es gibt ganz einfache Mittagsgerichte, die satt machen, zum Beispiel eine gebackene **Süßkartoffel** auf einem großen **Salatbett** mit einigen Esslöffeln **Hummus** oder gekochte **Quinoa**, gemischt mit **gebratenem Gemüse** und einigen **Kernen**, **Samen**, **Nüssen** und **Kräutern**, eine **sättigende Suppe** oder ein **bunter Salat** (Rezept Seite 152) mit etwas gegrilltem Fisch. Damit werden Sie sich viel energiegeladener fühlen, als das mit Ihrem üblichen Mittagssandwich jemals möglich wäre.
- Probieren Sie fürs Abendessen aus dem Rezeptteil einige der leckeren, nahrhaften Vorschläge, die viel Gemüse enthalten; die machen viel besser satt als Nudeln! (Ein besonderes Spaghetti-Rezept ist ebenfalls dabei: Es steht auf Seite 179.)

- Zu den glutenfreien Snacks zählen unter anderem Nüsse, Kerne, Samen, Obst, frische Kokosnussstücke (ganze Kokosnüsse sind nicht so teuer und man bekommt sie in den meisten Supermärkten), Shakes und Protein-Smoothies. Versuchen Sie auch mal die Snack-Rezepte auf den Seiten 191–210.
- Wenn Sie Brot wirklich vermissen, probieren Sie das gluten- und weizenfreie leckere Brotrezept von Seite 227. Sie können das Brot pikant oder süß würzen – es macht satt und schmeckt richtig lecker. Passt auch toll zu Suppen. Außerdem gibt es Rezepte für knusprige weizenfreie Cracker (Rezept Seite 232), weizenfreie Brownies (Rezept Seite 210), ein Bananen-Walnuss-Brot (Rezept Seite 203) und sogar für eine klasse Pizza, die keine der Nebenwirkungen von Gluten hat (Rezept Seite 168).
- Wenn Sie keine Zeit haben und das Probieren neuer Rezepte Ihnen mühsam erscheint, verstehe ich das sehr gut. Halten Sie sich an die einfachen Rezepte, wenn Sie viel um die Ohren haben. Wenn Sie sich Smoothies mit unterschiedlichen Geschmacksrichtungen, einen bunten Salat oder eine Gemüsesuppe und jeden Abend ein Pfannengericht zubereiten, hätten Sie unter der Woche abwechslungsreiche Gerichte, die supergesund, schnell gemacht, lecker und nahrhaft sind. Heben Sie sich die aufwendigeren Rezepte fürs Wochenende auf, wenn Sie mehr Zeit zum Experimentieren haben. Wenn Sie diese zwei Wochen noch durchhalten, können Sie anschließend eine Bestandsaufnahme machen, um zu sehen, ob Sie immer noch zu den leeren Kalorien und den schlechten Kohlenhydraten zurückkehren wollen. Ich fresse meinen glutenfreien Besen, wenn Sie sich wirklich lieber wieder träge und aufgebläht fühlen wollen, nachdem Sie sich an die leckeren Brot- und Nudelalternativen gewöhnt haben.

Ein paar abschließende Worte. Geraten Sie nicht in Panik, wenn es Ihnen nicht immer möglich ist, glutenfreies Essen zuzubereiten. Viele Delikatessenläden, Lunchtheken und sogar Supermärkte führen inzwischen eine gute Auswahl an gesunden weizenfreien, milchfreien Gerichten zum Frühstück, Mittag- und Abendessen. Schauen Sie sich die Speisekarte an oder sagen Sie dem Personal einfach, was in Ihren Gerichten drin sein darf und was nicht, und bitten Sie um Menüvorschläge. Lesen Sie die Etiketten, prüfen Sie die Inhaltsstoffe, bleiben Sie offen.

GEDÄCHTNISSTÜTZE KÜHLSCHRANK

Konzentrieren Sie sich immer auf das Endziel, nicht auf vorübergehende Anstrengungen. Schreiben Sie Ihre Ziele auf und kleben Sie sie an den Kühlschrank. So habe ich meine Ziele formuliert: „Keine Milchprodukte, kein Weizen, kein Zucker: Fit und gut in Form zu bleiben ist mir wichtiger als leere Kalorien! Finde Alternativen, Bear Grylls. Sei stark!“ Ich weiß, das hört sich abgedroschen an, aber bei mir funktioniert es. Denn wo zieht es einen hin, wenn man sich schwach fühlt? Zum Kühlschrank! Also seien Sie darauf vorbereitet.

WOCHE 7: UNGESUNDE ÖLE

Sie haben es fast geschafft. Und jetzt, nach der fünften und sechsten Woche, kommt eine einfache Woche.

Sie werden inzwischen hoffentlich erkannt haben, dass ungesunde Öle viel unsichtbaren Schaden anrichten, daher ist es nun an der Zeit, sie durch gesündere Alternativen zu ersetzen.

Glücklicherweise folgen die meisten Supermärkte dem Gesundheitstrend und bieten eine gute Auswahl an hochwertigen kalt gepressten, unraffinierten Ölen in Bio-Qualität, darunter Oliven- und Hanföl – die sich hervorragend für Dressings eignen – und auch natives Bio-Kokosöl. Für gesunde Alternativen brauchen Sie also keine weiten Wege auf sich zu nehmen.

In den Rezepten in diesem Buch wird meistens Kokosöl verwendet, weil das mein absoluter Favorit ist. Falls Sie den Geschmack von Kokosöl nicht mögen: Es gibt einige Marken, die nicht nach Kokos schmecken. Geruchloses Kokosöl bekommen Sie im Naturkostladen oder Sie suchen sich Bezugsquellen im Internet. Alternativ können Sie auch Avocadoöl nehmen.

Wenn Sie nicht nur bei „Schlemmermahlzeiten" ein wenig Butter verwenden möchten, nehmen Sie aus Weidemilch hergestellte Bio-Butter oder wählen Sie die gesündere, laktosefreie Alternative: Bio-Ghee.

Frittierte Snacks (darunter Pommes frites und frittierte Tiefkühlware) fallen ebenfalls unter die Kategorie „ungesunde Öle", da sie jede Menge davon enthalten. Wenn Sie solche Lebensmittel nicht ohnehin schon gestrichen haben, dann sollten Sie das jetzt tun. Sie wissen bereits, welche gesunden Snacks Sie stattdessen essen können.

STANDHAFT UND BESCHEIDEN BLEIBEN

Passen Sie auf, dass Sie kein selbstgefälliger Langweiler werden! Beides kann Sie zu Fall bringen. Die erste Gefahr ist, dass Sie in dem Moment, in dem Sie den Dreh raus haben, nach und nach in Ihre alten schlechten Gewohnheiten zurückfallen. Denken Sie daran, dass die Gesellschaft, die Lebensmittelgeschäfte und wahrscheinlich auch Ihr erweiterter Freundeskreis und die Familie Sie unverhofft zu Fall bringen können. „Nimm einen Keks." „Den Kuchen musst du kosten." „Trink doch noch einen." Und so weiter. Sie wissen, dass es in Ordnung ist, wenn man sich vielleicht einmal pro Woche etwas außer der Reihe gönnt, aber nicht jeden Tag. Bleiben Sie standhaft, seien Sie wachsam, lassen Sie nur solches Essen Ihren inneren Wärter passieren, das Ihnen hilft, stark, schlank und fit zu bleiben. Eignen Sie sich die mentale Stärke an, Nein sagen zu können. Seien Sie stolz auf diese Stärke.

Und: Achten Sie darauf, dass Sie kein Langweiler werden. Niemand mag es, wenn Sie zu selbstgerecht auftreten. Lassen Sie Ihre neue Figur und Ihr strahlendes Aussehen für sich sprechen und reden Sie über den Inhalt dieses Buches nur, wenn Sie danach gefragt werden. Es soll doch unser Geheimnis sein!

WOCHE 8: FLEISCH & FISCH

Sie befinden sich auf der Zielgeraden. Wenn Sie es bis hierhin geschafft haben, können Sie sich selbst auf die Schulter klopfen. Wenn es ein Kampf für Sie war, ist es das auch in Ordnung. Willkommen im Club!
Von nun an wird es immer einfacher, da Sie die positiven Angewohnheiten immer mehr verinnerlichen.

Draußen in der Wildnis tue ich alles, was nötig ist, um zu überleben. Und weil Überleben selten mit schönen Dingen zu tun hat, kann das manchmal auch bedeuten, dass man ziemlich außergewöhnliche Tiere isst, die sonst nicht auf dem Speiseplan stehen.

Sind Sie aber nicht in einer Überlebenssituation, sieht die Sache anders aus. Viele Menschen essen zweimal am Tag Fleisch. Ich halte das für zu viel. Wir brauchen nicht viel Fleisch, um ausreichend Protein zu bekommen, und wenn wir welches essen, sollten wir darauf achten, dass es das richtige ist. Auf den Seiten 71–78 finden Sie ausführliche Informationen dazu.

Ich versuche, jede Woche an drei Tagen vegetarisch zu essen, an zwei Tagen Fisch und an zwei Tagen Fleisch. Wenn Sie sich nicht viel aus Fisch machen, ist das nicht tragisch – ersetzen Sie in diesem Fall die Fischtage durch vegetarische Tage. Und nicht vergessen: Verarbeitetes Fleisch und Fleisch aus Massentierhaltung sind absolut tabu. Führen Sie sich bei solchen Lebensmitteln stets vor Augen, dass der Schein immer trügt! Würstchen enthalten zum Beispiel jede Menge Weizen als Füllstoff. Seien Sie clever. Essen Sie naturbelassene Lebensmittel. Am Ende dieser Woche werden Sie erstaunt feststellen, wie leicht Sie sich auf einmal fühlen.

Wenn Sie nicht jeden Tag Fleisch essen, sparen Sie darüber hinaus eine Menge Geld. Was Sie einsparen, können Sie für mehr Gemüse, Kerne, Samen und Nüsse ausgeben und für ein Stück Fleisch oder Fisch guter Qualität, wenn Sie das doch mal essen. Suchen Sie nach Fleischereifachbetrieben und Erzeugern in Ihrer Gegend, die gutes Bio-Fleisch aus Weidehaltung anbieten, und statten Sie denen an einem freien Wochenende mal einen Besuch ab. In großen Mengen eingekauft ist Fleisch viel billiger, also legen Sie sich einen Vorrat im Gefrierschrank zu. Oder kaufen Sie ein ganzes Bio-Freilandhuhn (anstatt teurere einzelne Hähnchenbrüste), braten Sie es im Ofen und essen Sie es über mehrere Tage verteilt.

Wenn es um Fleisch und Fisch geht, sollte Ihnen Qualität immer wichtiger sein als Quantität.

Und falls Sie zu den Menschen gehören, die sich angewöhnt haben, jeden Tag Fleisch zu essen, probieren Sie einige der leckeren fleischlosen Rezepte in diesem Buch aus. Es gibt jede Menge ausgezeichneter vegetarischer oder sogar veganer Kochbücher, die es sich anzuschaffen lohnt, wenn Sie sich vorgenommen haben, sich praktisch fleischlos zu ernähren, oder wenn Sie sich eine größere Bandbreite an Rezepten wünschen.

Es macht Spaß, nach Rezepten zu stöbern. Sie sollten nur darauf achten, dass Sie die positiven Ernährungsgrundlagen aus diesem Buch weiterhin beherzigen.

EIN PAAR WORTE ZUM SCHLUSS

Sie haben das Programm jetzt beendet. Respekt! Ich weiß, Sie werden wie ich festgestellt haben, dass Sie energiegeladener sind und Ihre Verdauung besser ist. Und Sie werden mit Sicherheit einige unliebsame Fettpolster losgeworden sein. Seien Sie stolz auf Ihr wohlgeformteres, fitteres, gesünderes Ich. Da stecken zweifelsohne großes Engagement und harte Arbeit drin, aber das Resultat fühlt sich gut an, oder? Ich wette, Sie haben Ihren Körper und Ihren Geist etwas besser kennengelernt – Ihre Fallstricke, Ihre Stärken, die Zeiten am Tag, zu denen Sie anfälliger sind – und ich hoffe, bei alldem haben Sie auch einige versteckte Bauch- oder andere Muskeln entdeckt, die Sie vielleicht noch gar nicht kannten! Sie sind von dem, was Sie erreicht haben, wahrscheinlich selbst überrascht. Das sind alles großartige, positive Emotionen: ein hart erkämpfter, dauerhafter Sieg. Darum sage ich zu IHNEN: Respekt!

Es ist an der Zeit, dass Sie sich all die großartigen gesundheitlichen Veränderungen notieren, die Sie jetzt sehen und fühlen können. Am besten, Sie nehmen sich jetzt noch einmal den Fragebogen vor, den Sie zu Beginn der acht Wochen ausgefüllt haben. Schreiben Sie auf, wie Sie aussehen und wie Sie sich fühlen. Es kann nicht schaden, wenn Sie sich dann und wann an das Erreichte erinnern und an die Gefühle, die Sie hatten, als Sie auf eine fettärmere, gesündere Ernährung umstellten.

Mein Appell an Sie ist folgender: Sie haben harte Arbeit geleistet. Bauen Sie darauf jetzt auf. Halten Sie sich an den Ernährungsplan. Er ist fundiert und er funktioniert. Und die Lebensmittel und Rezepte schmecken lecker. In Wahrheit ist das gar kein Acht-Wochen-Plan. Ich habe Sie reingelegt. Aber genau das brauchten Sie, geben Sie es zu! Vor acht Wochen wäre es zu viel verlangt gewesen, für den Rest Ihres Lebens zu planen. Aber jetzt haben Sie diesen Punkt erreicht: Sie sind gesünder, fitter und schlanker – und das soll auch so bleiben.

Die Grundlagen in diesem Buch sind die Grundlagen einer gesunden Ernährung – ein Leben lang.

Die Rezepte lassen sich natürlich verbessern und ausbauen. Das ist ja das Schöne daran. Sie kennen jetzt die Rahmenbedingungen, innerhalb derer Sie spielen dürfen. Also spielen Sie.

Ich denke, Sie verfügen von nun an über sämtliche Instrumente der Ernährung, die Sie benötigen, damit Sie und Ihre Lieben zufrieden, gesund und fit bleiben, viele abenteuerlustige Jahre lang. Toll!

Bear

Index